The Female Offender

여성과 범죄

Meda Chesney-Lind, Lisa Pasko **지음**

한민경 · 김세령 · 최재훈 · 홍세은 **옮김**

역자 서문

「여성과 범죄」의 원제는 「여성범죄자: 여자청소년, 여성, 그리고 범죄(*The female offender: Girls, women and crime*)」다. 이 책을 처음 접했던 것은 제3판이 출간되었던 2013년이었다. 박사과정 때 있었던 독일의 막스플랑크 비교형법 및 국제형법 연구소(지금은 막스플랑크 범죄·안전·법 연구소로 명칭이 바뀌었다)에는 미국과 유럽에서 출간된 범죄학 분야 신간이 수시로 들어왔는데, 사서는 분기당 한 번꼴로 신간 중 다섯 권을 인트라넷에서 도서관 카탈로그를 접속할 때 보이는 첫 화면에 추천도서로 게시했다. 「여성과 범죄」는 2013년 봄에 사서가 추천한 다섯 권 중 첫 번째였다.

당시 「여성과 범죄」를 읽고 부끄러움과 놀라움이 교차했다. 1997년 제1판 출간부터 널리 반향을 일으켰던 이 책을 2013년에야 알게 되었다는 부끄러움의 감정은 −저자 또한 범죄학계의 성편향을 지적한 버나드의 표현("수사슴 효과^{stag effect»})을 빌어 지적하고 있는 바와 같이− 그동안 내가 남성의, 남성범죄학자에 의한, 남성범죄자를 위한 범죄학 연구만 배운 탓이라고 얼버무렸다. 놀라움은 우리나라의 척박한 범죄학 연구환경에서 과연 이러한 연구가 발표되거나 있는 그대로 받아들여질 수 있을까 하는 데서 기인했다. 그때 나는 우리나라에도 이러한 연구가 나오기 위해서는 피해자 보호에 못지않게 가해자 처우도 중요하다는 점, 형사사법체계 내에서 남성뿐만 아니라 여성의 가시성을 높여야 한다는 점에 대한 공감대 형성 내지 인식전환이 있어야 할 것이라고 생각했다. 여성을 피해자로만 인식하는 경향이 강한 우리나라에서 피해자가 아닌 범죄자로서의 여성을 선불리 강조한다면 해방가설이 주장하는 바와 같은 '여성범죄의 물결' 오해를 빚지 않을까 싶었다.

2017년 한국형사정책연구원에서 '교정시설 의료처우에 관한 연구'를 수행하면서 「여성과 범죄」를 다시 펼쳐보게 되었다. 교도소 한쪽 귀퉁이에 위치한 '여사(여자수용동의 줄임말)'에서 '바깥사람'을 만난 것이 얼마만인지 모르겠다며 말을 잇지 못하고 눈물만 흘리던 여성수용자들을 만나면서 과연 이들을 구금하는 것만이 유일한 범죄대응 전략인 것인지 새삼 혼란스러웠다. 실질적으로 재범을 방지하기 위해서는 여성을 피해자로 바라보는 단선적인 시각을 넘어 범죄를 저지른 여성이 처한 환경을 이해하고 여성의 욕구를 반영한 전문적인 처우를 필요로한다. 이는 「여성과 범죄」를 비롯한 페미니스트범죄학의 핵심적인 주장이기도 한데, 너무나 타당한 주장임에도 이를 역설하기에는 범죄를 저지른 여성을 바라보는 우리사회의 시선이 너무나 냉랭하다.

2020년 1학기 경찰대학 치안대학원에 '젠더와 범죄 세미나' 강의를 처음 개설하면서 주교재로 「여성과 범죄」를 가장 먼저 떠올렸다. 수강생들에게 살짝 운을 띄워보니 메다 체스니-린드와 리사 파스코와 같은 페미니스트범죄학자를 낯설게 여기는 것은 2013년의 나와 다르지 않았다. 메다 체스니-린드는 2018년부터 2019년까지 미국범죄학회 회장을 역임하기도 했고, 그 사이 「여성과 범죄」는 제3판만도 국제적으로 2천회 이상 인용되는 범죄학의 대표적인 저서로 자리매김했는데도 말이다. 우리말로 옮겨 원서의 부담을 줄인다면 더 많은 학생들이 페미니스트범죄학을 접할 수 있지 않을까 하는 생각이 이 책의 번역을 추진하게 된 계기가 되었다.

「여성과 범죄」는 경찰대학 치안대학원에서 '젠더와 범죄 세미나' 강의를 수강하였으며, 경찰교육기관 및 연구기관에 재직하고 있기도 한 박사과정생 세 명과 함께 우리말로 옮겼다. 개인의 관심을 반영해서 번역할 장을 정했으며, 7장과 8장은 김세령, 1장과 5장은 최재훈, 2장과 3장은 홍세은, 4장과 6장은 한민경이 책임 번역했다. 수강신청으로 말미암아 1년 넘게 이 주제에 천착하게 된 세 명의 공동역자에게 감사한 마음을 전한다. 혼자였다면 지지부진했을 번역 작업에 큰 지지가 되었다. 앞으로 활발한 연구를 진행하게 될 공동역자들에게 이 책이 이정표가 되기를 바라는 마음 간절하다.

번역 과정에서 나름 심혈을 기울였던 부분은 크게 두 가지였다. 하나는 영어 원문에 적합한 우리말을 고르는 작업이었다. 가장 고민스러웠던 단어는 무심하게 흔히 사용하는 단어이자 이 책에서 가장 많이 쓰인 단어 중 하나인 girl이었는데, '소녀'라는 번역어에서 느껴지는 서정성이 문맥에 적절하지 않다고 생각해 언론 보도 헤드라인 등에 쓰인 일부 경우를 제외하고는 가급적 '여자청소년'으로 옮겼다. 통상 지위비행으로 번역해 온 status offences는 형법 저촉행위인 비행(delinquency)과의 모호한 경계가 여자청소년들이 형사사법체계에 대거 편입된 배경이라고 지적하는 저자의 의견을 감안하여 지위위반으로 달리 새겼다. 덧붙여, 네 명의 역자 간 차이가 없도록 용어의 통일성을 기하고자 노력했다. 또 하나는 이해를 돕기 위해 역자 주를 충실하게 다는 작업이었다. 페미니스트범죄학은 범죄학, 사회학, 여성학의 성과가 융합된 학제적인 성격을 지니기 때문에 저자들은 학문적 경계를 초월하여 용어 내지 개념을 사용하고 있다. 이러한 점을 고려하여 책을 읽는 도중 낯선 용어를 별도로 찾아보지 않아도 되도록 가급적 상세히 역자 주를 추가하였다. 또한, 원저자들이 우회적으로 비판하는 어투를 사용한 경우에 대해서도 역자 주를 통해 문맥에 대한 이해를 돕고자 하였다(원제인 *The female offender*부터가 여성범죄자는 생래적으로 타고났다고 보았던 '범죄학의 아버지' 체사레 롬브로조의 「여성범죄자」를 비튼 것이다).

번역을 마친 2021년은 여성범죄자를 대하는 우리 사회와 형사사법체계의 시각에 상당한 변화가 요청되는 시점이기도 하다. 동부구치소 여성수용자들은 코로나19 확진자 파악을 위한 전수검사에서 "필요성도 없는데 예산 낭비"하지 않겠다는 이유로 검사에서 제외되었다. 교정시설 내 기본적인 의료처우도 이루어지기 어려운 상황에서 여성의 욕구를 고려한 교정프로그램을 제공할 것을 강조하는 역서를 내놓으려니 또 다른 맥락의 부끄러움과 놀라움이 교차한다. 캐서린 매키넌$^{Catherine\ MacKinnon}$과 같이 페미니즘의 제2물결을 선도했던 페미니스트법학자의 주장이 여전히 우리 사회에 유효하게 통용되고 있는 가운데, 형사사법체계에서 동등성^{parity}의 원칙에 따라 남성과 여성을 동일하게 처우하는 것은 '보복이 있는 평등$^{equality\ with\ a\ vengeance}$'이라고 일갈하는 저자의 주장이 어느 정도 받아들여질지 자못 궁금하다. 한편, 올해부터는 특히 개정된 청소년성보호법이 시행됨에 따라 성매매에 유입된 아동청소년을 성매매 대상아동·청소년이 아닌 피해아동·청소년으로 규정하고, 이들에게 소년원 송치 등 보호처분을 내리는 것이 아니라 법적인 보호

지원을 제공하게 되었다. 성매매에 연루된 아동청소년들을 피해아동·청소년으로 온전히 이해하는 데 이 책의 사유가 도움이 될 것이라고 기대한다.

　　자신의 저서가 번역된다는 소식에 기뻐하며 기꺼이 한국어판 서문을 보내주신 원저자 메다 체스니-린드와 리사 파스코께 감사드린다. 이 책의 번역을 통해 좀더 많은 사람들이 페미니스트범죄학에 관심을 가졌으면 좋겠다는 희망을 구체화 해주신 박영사, 그 중에서도 마케팅을 담당하는 오치웅 대리님과 편집을 맡아주신 우석진 선생님께 감사의 말씀을 전한다.

2021년 2월

역자를 대표하여 한민경

한국어판 서문

「여성범죄자: 여자청소년, 여성, 그리고 범죄(*The female offender: Girls, women and crime*)」한국어판 발간을 환영한다. 이 책의 목적은 형사사법체계 내 여자청소년과 여성의 비가시성^{invisibility}뿐만 아니라 범죄위험이 높은 남성을 통제하고 구금하기 위해 고안된 체계 속에서 여자청소년과 여성이 겪는 문제를 기록하는 데 있다. 분명 최근 수십년간 이 주제, 특히 형사사법체계 내 여자청소년과 여성의 성적 취약성과 관련된 문제는 상당한 관심을 받았다. 중요한 것은 우리가 지적한 이러한 문제가 미국에 한정된 문제가 아니라는 것이다. 미국이 세계 최고의 여성구금률을 기록하고 있지만, 여자청소년과 여성을 구금하는 유일한 국가는 아니다. 유감스럽게도 미국에 대해 우리가 기록한 것과 같은 동향이 전세계적으로 나타나기 시작했다.

현재 전세계에 70만명 이상의 여자청소년 및 여성이 구금되어 있다. 이 수치는 2000년 이래 50% 증가한 여성구금률을 반영한다(형사정책연구소^{Institute for Criminal Policy Research}, 세계교정브리프^{World Prison Brief}, 2020). 여성교정인구는 지난 20년간 모든 대륙에서 증가하였으며, 아메리카, 아시아, 오세아니아 지역에서는 인구성장률의 3배에서 5배에 이르는 여성교정인구 증가율을 나타냈다. 동남아시아, 특히 캄보디아와 인도네시아에서는 교정시설 내 여자청소년 및 여성의 수가 600% 증가하였다.

이 책에서 다룬 여성범죄자의 경험과 처우의 상당 부분은 전세계 여자청소년 및 여성들이 형사사법체계에 편입되는 순간 겪게 되는 것이다. 인종주의, 성차별, 동성애혐오, 여성범죄자들과 일하는 것을 꺼리고 여성범죄자들을 신뢰하지 않고 학대하는 직원, 출산할 권리 및 자유 결여와 적절한 의료처우의 어려움, 가족, 특히 자녀의 상실, 아주 작은 사항을 위반한 경우에조차 매우 징벌적인 대응 등이 그것이다. 여자청소년의 문제가 간과되고 제대로 다루어지지 않을 경우 성인기의 범죄 및 형벌로 이어지게 된다. 범죄 및 형벌에의 경로에 영향을 미치는 요인은 보편적이며, 트라우마, 성학대 및 성착취, 폭력, 가족해체, 학업 중도탈락 및 실패, 건강하지 못한 애착관계, 약물남용 및 중독, 경제적 어려움과 빈곤, 유의미한 성인지적 프로그램 부족 등에 기인한다. 역설적이게도 일상의 혹독한 현실을 헤쳐 나가고자 여자청소년과 여성들이 취하는 전략은 종종 그들을 돌봄이나 지지가 아니라 형벌체계의 가혹함에 처하게 된다.

독자들이 이 책의 마지막 장을 덮었을 때 범죄를 저지른 여자청소년과 여성을 지역사회 내에서 처우하여야 한다는 요청이 미국에 국한된 것이 아니라 전세계적인 것임을 이해하기를 희망한다. 잘못된 정보에 근거한 신화myths나 인종차별·성차별적 고정관념이 아니라 범죄의 진정한 이유에 기반하여 여자청소년 및 여성의 범죄에 대응하여야 한다. 여자청소년 및 여성의 범죄에 적절히 대응하고자 한다면 범죄에의 경로를 영속화하는 구조를 해체하고 보다 공정하고 평등한 사회를 지향하는 해결책을 수용할 필요가 있다.

메다 체스니−린드, 하와이대학교
리사 파스코, 덴버대학교

서 문

여성범죄자가 오랫동안 형사정책 분야의 학자들과 실무자들의 관심대상이 아니었다는 점은 명백하다. 실제로 1970년대까지 대부분의 범죄학 연구, 교정프로그램 및 정책에 있어 젠더와 관련된 범죄 특성에 대한 진지한 논의가 없었다. 여자청소년과 여성들에 대한 논의가 있었다 하더라도, 그들의 범죄는 사소한 것으로 치부되거나 극히 이성애에 반하는 것으로 묘사되었다. 또한, 형사사법체계와 연구자들은 재판 및 교정단계에 이르는 여자청소년과 여성들의 범죄경로에 영향을 미치는 학대와 범죄피해의 성별화된 특성을 거의 간과하거나 제대로 이해하지 못했다.

이 책은 여성범죄자를 중심에 두고 여자청소년과 여성들의 범죄행위, 범죄피해 이력, 재판 및 교정에서의 경험에서 보이지 않는 장막을 걷어낸다. 이전처럼 제3판도 여자청소년과 여성들의 과거 및 현재의 경험들과 범죄에 관해 설명하였다. 이 책은 현안의 복잡성을 살펴보고 여자청소년과 여성들이 형사사법체계에서 남성범죄자처럼 변하고 있다는 최근 보고들을 비판적으로 검토한다.

제3판에는 위험행동[risk behaviors], 체포, 양형 및 구금에 대한 통계자료와 문헌이 갱신되었을 뿐만 아니라, 지난 10년간 폭행을 이유로 한 여자청소년들의 체포 증가, 성학대 및 생존을 위한 성행위[survival sex]가 법정에 선 여자청소년과 여성들에게 미친 영향, 소년교정체계 내 성소수자 여자청소년의 범죄화, 여성 마약범죄인구의 확대, 여성 사형집행자수의 증가, 지역사회에서 범죄를 저지르는 여자청소년 및 여성들의 삶을 개선하기 위한 성인지적 프로그램을 개발하려는 분투와 지지 노력과 같은 중요한 주제에 대해 심도 있는 논의가 추가되었다.

또한, 제3판에서는 재닛 T. 데이비슨[Janet T. Davidson]이 서술한 "여성범죄자, 지역사회 감독 및 증거기반 사례"인 제7장이 새로 추가되었다. 제7장은 남녀 가석방자에 대한 재닛의 연구를 토대로 지역사회 교정인구 내 여성범죄자의 증가를 논의하고, 젠더중립적인 gender-neutral 위험성 평가도구와 가석방 및 보호관찰 중인 여성을 감독하는 데 활용되어 온 사례들의 효과를 검토하였다. 지역사회 교정은 젠더를 고려하지 않아야 할까 gender-blind, 아니면 젠더를 고려해야 할까 gender-responsive? 증거기반 위험평가도구와 감독기술은 "범용적 one size fits all"인 방법을 효과적으로 사용할 수 있을까? 제7장의 자료는 여성범죄자들이 가지는 젠더 관련 욕구들과 여성범죄자가 가석방 기간을 성공적으로 종료하기 위해 노력하는 과정에서 다루어져야 하는 젠더 관련 위험요소들을 보여주는 질적 자료(남녀 가석방자 심층인터뷰)와 양적 자료(재범 및 위험성 평가 정보) 모두를 포함하고 있다. 또한, 성차를 밝히기 위해 전국 단위 자료가 사용되었다.

감사의 글

제2판과 마찬가지로 제3판도 출간되기까지 오랜 시간이 걸렸다. 이번에는 개정판 지연에 대한 비난을 둘이 함께 나눌 수 있어 다행이지만, 이는 공동 작업을 해야 하는 여러 이유 중의 하나에 불과하다. 여러 가지를 생각하도록 이끌어 주고, 아이디어를 공유해 주고, 우리가 정직함을 유지할 수 있도록 도와준 많은 동료들이 있다.

메다 체스니－린드: 마노아의 하와이대학 사회학과와 여성학과의 많은 동료들의 지지에 다시 한 번 감사드린다. 내가 자유롭게 연구하고 글을 쓸 수 있는 것은 여자청소년과 여성들에 대한 연구를 배척하기보다는 장려하는 훌륭한 직장이 있었기에 가능한 일이다. 특히, 이번 작업에서 지난 수년간 내 연구를 격려하고 열정적으로 도와주신 브라이언 빌스키[Brian Bilsky], 딕 두반노스키[Dick Dubanoski], 캐시 퍼거슨[Kathy Ferguson], 코니아 프레이타스[Konia Freitas], 토니마 하디[Tonima Hadi], 수잔 하이펜스틸[Susan Hippensteele], 캐서린 어윈[Katherine Irwin], 데이비드 존슨[David Johnson], 미레 코이카리[Mire Koikari]에게 특별히 감사드린다.

리사 파스코: 이 연구에 항상 열렬한 관심과 정서적 지지를 끊임없이 보내준 동료와 가족, 친구들에게 감사드린다. 몇몇을 언급하자면, 나의 부모님 진 파스코와 유진 파스코[Jean and Eugene Pasko], 나의 동지 로라 화이트[Laura White] 및 크리스토퍼 본디[Christopher Bondy], 마릴린 브라운[Marilyn Brown], 폴 콜로미[Paul Colomy], 재닛 데이비슨[Janet Davidson], 모이라 드니케[Moira Denike], 펠릭스 도버[Felix Dover], 하바 고든[Hava Gordon], 스테파니 헤드릭[Stephanie Hedrick], 테리 허스트[Terri Hurst], 마이클 코한[Michael Kohan], 낸시 마커[Nancy Marker], 리사 마르티네스[Lisa Martinez], 데이브 마예다[Dave Mayeda], JD 맥윌리엄스[JD McWilliams], 돈 오반[Don Orban], 앤드류 오벤덴[Andrew Ovenden], 로라 패든[Laura Padden], 스콧 필립스[Scott Phillips], 스티븐 셸레[Stephen Scheele], 티나 슬리브카[Tina Slivka], 릭 본데르하르[Rick Vonderhaar]이다.

우리 둘다 각자가 속한 공동체에서 운이 좋은 편이다. 하와이는 직업을 갖고 살아가기에 풍요롭고 훌륭한 환경을 갖추고 있다. 청소년서비스사무소^{Office of Youth Services}, 많은 사회복지기관 및 공공기관과의 밀접한 관계가 우리의 삶과 작업을 매우 풍요롭게 했다. 버니 캠벨^{Bernie Campbell}, 데이비드 델 로사리오^{David Del Rosario}, 로드니 구^{Rodney Goo}, 칼 이마큐레^{Carl Imakyure}, 세릴 존슨^{Cheryl Johnson}, 디 디 렛츠^{Dee Dee Letts}, 버트 마츠오카^{Bert Matsuoka}, 데이비드 나카다^{David Nakada}, 밥 나카다^{Bob Nakata}, 토니 팔츠그레이프^{Tony Pfaltzgraff}, 수잔 토구치^{Suzanne Toguchi}는 우리가 하와이 청년들과 그들이 가진 문제에 접할 수 있도록 도와주었다. 마시 브라운^{Marcy Brown}, 조 데스마레츠^{Jo DesMarets}, 루이스 로빈슨^{Louise Robinson}, 마사 토니^{Martha Torney}, 마리안 쓰지^{Marian Tsuji}는 우리가 성인 여성범죄자들의 문제를 이해하는데 꼭 필요한 도움을 주었다. 이들 모두는 우리가 지역공동체 안에, 그리고 우리가 다루고자 한 현실 가까이에 있을 수 있도록 도와주었다.

콜로라도 역시 응용연구를 수행하기에 적합한 협력적인 환경이다. 형사사법부^{Division of Criminal Justice}(특히, 미셸 러브조이^{Michele Lovejoy}), 콜로라도 소년사법비행위원회^{Colorado Juvenile Justice and Delinquency Prevention Council}, 콜로라도 여자청소년연합^{Colorado Coalition for Girls}, 콜로라도 소년국선변호인연합^{Colorado Juvenile Defender Coalition}, 덴버시 여자청소년재단^{Girls Inc. of Metro Denver}, 콜로라도 스프링스시 여성자원국^{Colorado Springs Women's Resource Agency}에 여자청소년 중심 사법문제를 지속적으로 지지해 주신 데 감사를 전한다.

그러나 아이디어를 공유하고, 좌절감을 토로하고, 전략을 짰던 국내외 학문 공동체가 충분히 없었다면, 이 정도 범위의 연구는 생각하기 어려웠을 것이다. 이들 중 많은 수는 학자이자 활동가로, 이들의 연구는 진리뿐만 아니라 사회적 정의를 찾고자 하는 헌신으로 풍성하다. 우리는 크리스틴 앨더^{Christine Alder}, 조안 벨크냅^{Joanne Belknap}, 바바라 블룸^{Barbara Bloom}, 리 보우커^{Lee Bowker}, 캐시 댈리^{Kathy Daly}, 모나 댄너^{Mona Danner}, 월터 데케세레디^{Walter Dekeseredy}, 미키 엘리어슨^{Mickey Eliason}, 킴 잉글리시^{Kim English}, 칼린 페이스^{Karlene Faith}, 로라 피쉬맨^{Laura Fishman}, 존 해거돈^{John Hagedorn}, 론 허프^{Ron Huff}, 트레이시 헐링^{Tracy Huling}, 러스 이메리전^{Russ Immarigeon}, 니키 존스^{Nikki Jones}, 카렌 조 레이들러^{Karen Joe Laidler}, 베라 로페즈^{Vera Lopez}, 댄 매컬러^{Dan Macallair}, 마이크 메일스^{Mike Males}, 마르크 마우어^{Marc Mauer}, 메리 모라쉬^{Merry Morash}, 바바라 오웬^{Barbara Owen}, 켄 포크^{Ken Polk}, 니키 래프터^{Nicky Rafter}, 로빈 로빈슨^{Robin Robinson}, 비니 시랄디^{Vinnie Schiraldi}, 마티 슈워츠^{Marty Schwartz}, 프랜신

셔먼Francine Sherman, 안드레아 쇼터Andrea Shorter, 브렌다 스미스Brenda Smith, 그리고 마지막으로 랜디 쉘든Randy Shelden에게 깊은 감사를 표한다.

여자청소년 및 여성과 함께 일하는 국내외 실무자와 학자들은 여자청소년과 여성들이 지역사회에서 어떻게 살아가는가를 이해하기 위해서는 자신들의 의견에 귀 기울일 필요가 있다고 주장해왔다. 이 연구가 여자청소년 및 여성들의 현실과 연결될 수 있도록 도와 준 일린 버그스만Ilene Bergsman, 킴벌리 볼딩Kimberly Bolding, 캐롤 보와르Carol Bowar, 알레테아 캠프Alethea Camp, 엘렌 클라크Ellen Clarke, 수 데이비스Sue Davis, 일레인 데콘스탄조Elaine DeConstanzo, 제인 히긴스Jane Higgins, 일레인 로드Elaine Lord, 주디 메이어Judy Mayer, 앤 맥디아미드Ann McDiarmid, 앤디 모스Andie Moss, 카나 페트릭C' ana Petrick, 폴라 셰퍼Paula Schaefer에게 감사인사를 드린다. 또한, 여자청소년과 여성들에게 관심을 가진 훌륭한 언론인들은 범죄학자들이 해야 했고 향후 해야 할 중요한 실상을 파헤치면서 여자청소년과 여성들이 처한 상황을 알리기 위해 함께 일했다. 이 점에서 게리 크레이그Gary Craig, 안드리안 르 블랑Adrian Le Blanc, 엘리자베스 메렌Elizabeth Mehren, 마리 래그한티Marie Ragghianti, 니나 시걸Nina Siegal, 키티 와터슨Kitsie Watterson에게 특히 감사하다.

무엇보다 진실을 말하기 위해 극심한 고통에 맞서 용기를 낸 형사사법체계 내 여자청소년과 여성들에게 진심어린 감사인사를 전한다. 이들 여자청소년과 여성들 중 상당수는 익명으로 기록되어야 했지만, 다행히도 모두가 그럴 필요는 없었다. 지난 수년간 함께 우정을 쌓았고, 여성들이 현재의 제도를 이겨내고 연대를 통해 생존할 수 있다는 희망을 준 린다 누네스Linda Nunes에게 누구보다도 감사한 마음을 표한다. 여자청소년들의 문제를 다루는 데 도움을 주고 자신의 경험을 글로 써 준 데일 길마틴Dale Gilmartin과 힘, 용기, 신뢰를 보여준 미셸 앨비Michelle Alvey에게도 감사드린다. 우리가 여러분들이 전해 준 통찰력과 경험을 제대로 이해했기를 바란다.

끝으로 이 책이 출간될 것이라는 기대를 포기하지 않은 제리 웨스트비Jerry Westby에 감사드린다. 마지막까지 독려해 주신 에림 사르불란드Erim Sarbuland에게도 감사드린다.

메다 체스니-린드와 리사 파스코

차 례

제1장 서 론 / 1

제2장 여자청소년의 문제와 여성의 비행 / 13

여자청소년 체포 동향 ——————————————————— 15
남자청소년에 대한 이론들과 여자청소년의 삶 ————————— 22
여자청소년의 생존을 범죄화하기: 학대, 범죄피해, 여자청소년의 공식 비행 —— 33
비행이론과 젠더: 지위위반을 넘어서 ——————————————— 43

제3장 여자청소년들, 갱단, 그리고 폭력 / 45

여자청소년들이 거칠어진 것인가? ——————————————— 46
미디어, 유색인종 여자청소년들, 그리고 갱단 ————————— 47
여자청소년의 폭력 및 공격성 동향 —————————————— 52
여자청소년, 강도, "기타" 폭행 —————————————————— 54
여자청소년의 갱단참여 ———————————————————— 58

여자청소년과 갱단: 질적 연구들 ——————————————— 63

여자청소년에게 폭력적이라는 꼬리표 붙이기? ——————————— 74

여자청소년, 갱단, 미디어의 과장: 마지막 이야기 ————————— 76

제4장 소년사법체계와 여자청소년들 / 79

"여자아이들을 정복하기 위한 최고의 장소" ——————————— 81

여자청소년과 소년사법개혁 ——————————————————— 87

탈시설화와 사법적 후견주의: 소년사법의 이중 잣대에 대한 도전 —— 89

증가하는 구금과 인종화된 정의 ————————————————— 97

구금된 여자청소년의 위반행위 패턴: 부트스트래핑 ———————— 107

탈시설화 또는 시설이동? 여자청소년과 정신보건체계 ——————— 111

시설환경 내 여자청소년의 섹슈얼리티 ——————————————— 114

여자청소년 시설 내 인권침해? ————————————————— 115

구금에 대신하여: 여자청소년들의 욕구를 충족시키기 위해
무엇을 할 수 있을까? ————————————————————— 120

제5장 여성범죄의 동향 / 127

다루기 힘든 여성들: 여성범죄의 간략한 역사 ——————————— 129

여성체포의 동향 ——————————————————————— 133

여자가 어떻게 그럴 수가? 여성범죄의 본질과 원인 ———————— 134

횡령 134

음주운전 136

절도 / 상점절도 136

대규모 / 소규모 138

여성범죄의 경로 139

길거리 여성을 넘어서: 해방된 여성 사기꾼의 부활? ———————— 144
"폭력적인 여성범죄자"의 부활 ————————————————— 148

제**6**장 여성에 징역형 선고하기 / 153

정의 없는 평등 ——————————————————————— 153
여성범죄의 동향: 반복 ————————————————————— 156
여성, 폭력범죄, 마약과의 전쟁 ——————————————————— 157
여성범죄에 대한 강경대응 ————————————————————— 161
더 많은 여성교도소 짓기 ————————————————————— 166
미국 교도소에 수용된 여성의 프로필 ———————————————— 167
    교도소에 수용된 여성의 유년시절 167
    입소죄명 169
    재산범죄 171
    여성수형자의 마약투약 171
    교도소 담장 뒤 엄마들 173
    인종과 여성의 구금 175
    다름 대 평등? 178
    교도소와 동등함 179
효과적인 지역사회 기반 전략 및 프로그램을 통한 여성구금 줄이기 ———— 186
구금 대 예방 ——————————————————————————— 189

제**7**장 여성범죄자, 지역사회 보호처분, 증거기반 실무 / 193

보호관찰, 구금, 가석방 동향 ———————————————————— 195
증거기반 실무와 젠더 중립적인 보호처분 ——————————————— 197
젠더 중립적이고 위험을 조장하는 보호처분에 도전하기 ———————— 204
    범죄이력 205

교육과 고용 205

재정상태 207

가족과 결혼상태 208

주거안정성 210

음주 및 마약문제 211

정서적·개인적 문제 213

젠더 중립적인 보호처분에 대한 문제제기: 여성의 범죄피해 이력,
건강문제, 보육의 필요성 ──────────────────── 215

학대경험 이력 215

건강과 자녀문제 218

보호처분과 재통합 218

전진을 위하여: 지역사회 내 여성범죄자를 위한 성평등적 보호처분 ──── 220

전진을 위한 희망적인 사례들 ──────────────── 223

제8장 결 론 / 227

참고문헌(QR코드) ──────────────────── 236

용어 색인 ───────────────────── 237

인명 및 고유명사 색인 ─────────────── 257

제1장

서 론

제1장 서 론

나 자신(J, 2010)

난 널 사랑한다고 말하지만,

나 자신은 거의 사랑하지 않아.

난 널 미워한다고 말하지만,

난 오직 나 자신을 미워해.

난 내 아이가 그립다고 말하지만,

나 자신은 거의 그리워하지 않아.

난 널 걱정한다고 말하지만,

나 자신에 대해서는 거의 걱정하지 않아.

난 널 사랑하지 않는다고 말하고 있는 것이 아니야.

난 단지 나 자신을 사랑하지 않을 뿐이야.

난 나를 미워하고, 내 가족을 미워해.

그래서 난 널 사랑하려고 노력할 수 있었어.

난 죽음이 우리를 갈라놓을 때까지 널 영원히 사랑하길 바라지만,

먼저 난 나 자신을 사랑하는 법을 배워야 해.

넌 날 사랑할 것이라고 말하지만,

네 사랑은 얼마나 갈까?

난 나 자신을 사랑하고 나를 알아가고 싶어.

내가 나 자신을 사랑하고 소중히 여기고 싶지만,
내가 나를 갖게 될 때 난 어디로 가야할까?
　　　－메릴랜드 로렐의 왁스터 아동센터 여자청소년동 거주자

　　최초로 의원이 된 흑인여성인 셜리 치점^{Shirley Chisholm}은 현명하게도 "여성에 대한 정서적·성적·심리적 고정관념은 의사가 '여자아이입니다'[1]라고 말할 때 시작된다"고 했다(호드^{Hoard}, 1973). 치점의 발언은 여자청소년의 삶과 문제에 대하여 한층 분명하게 포착한 중요한 고찰이자 국가적 요청이었다. 신체 관련 이슈와 대중문화 등 여자청소년 고유의 문제라고 주장할 문제들에 초점이 맞춰진 책들이 최근 쏟아져 나오고 있다(해리스^{Harris}, 2004; 헤세-바이버^{Hesse-Biber}, 2007; 램^{Lamb} & 브라운^{Brown}, 2009). 여자청소년 문제에 대해 왜 별도로 논의할 필요가 있을까? 어찌된 일인지, 제2물결^{second wave} 페미니즘[2]이 전개되는 동안 여자청소년들은 여성이 처한 상황과 여성문제에 대한 모든 관심에서 잊혀졌다.

　　성인여성들은 여자청소년들을 잊어버리기 쉽다. 성인여성들이 직장과 가정에서 마주하는 문제들이 워낙 엄청난 것(몇 가지 예를 들면, 성희롱, 불평등한 임금, 가정폭력)들이어서 어린 시절 어떻게 자신을 형성했고, 어떤 선택에 직면했는지 생각할 만한 여력을 가지기 어렵다. 이러한 관심 부족은 오늘날 하위계층이자 정치경제적으로 소외된 여자청소년들의 삶에 대한 정보가 충분하지 못함을 확인할 때 특히 명확하게 나타난다. 여자청소년의 삶에 대한 정보 부족은 21세기에 들어서면서 사회복지사기^{welfare cheats}[3]를 저지르고 폭력적이며 마약에 중독되어 갱단 조직원으로 활동하는 여자청소년, 특히 흑인여자청소년과 히스패닉여자청소년들의 삶(특히 섹슈얼리티와 도덕성)을 조종하는 수많은 비열한 계획들을 용이하게 했다

---

1) [역자 주] 여자로 태어난 것을 의사가 태어난 아기의 성별이 여자임을 확인하는 행위 내지 언급에 비유한 것이다.
2) [역자 주] 제1물결^{first wave} 페미니즘이 참정권, 재산권 등 제도적 평등 투쟁에 집중하여 19세기 말부터 20세기 초까지 전개된 여성운동인데 반해 제2물결 페미니즘은 가정, 직장 등 사회 전반에 걸친 불평등으로부터 여성들을 해방시키기 위해 미국을 중심으로 1960년대부터 1980년까지 나타난 여성주의 운동이다.
3) [역자 주] 배정받은 금액보다 더 많은 자금을 얻기 위해 고의로 허위정보를 제공하거나 보류하여 사회복지제도를 불법적으로 이용하는 행위를 가리킨다.

(로페즈^{Lopez}, 체스니-린드 & 폴리, 2011; 메일스^{Males}, 1994; 니컬스^{Nichols} & 굿^{Good}, 2004).

최근 여자청소년들의 폭력 및 공격성을 인종에 따라 다르게 묘사하고 있는 것과 "거칠어진 여자아이들^{girls gone wild}"에 사로잡힌 매체들을 생각해보자. 이 책에서 다루는 바와 같이, 유색인종 여자청소년이 두건으로 얼굴을 가린 채 총기를 소지하고 폭력범죄를 저지르는 극적인 장면이 갑자기 대중매체에 등장했을 때 그 생생한 이미지를 반박하는 정교한 연구는 거의 없었다. 게다가 충분한 비판적인 사고 없이, 최근 "오필리아의 부활^{reviving Ophelias}"4)에 대한 주목, 그리고 백인여자청소년들의 "나쁜 여자아이^{mean girl}" 결속과 폭력사용은 공격성, 흉악성, 동성 간 ^{intragender} 범죄피해가 가득한 것으로 여자청소년기를 특징짓는데 기여하기도 하였다(체스니-린드 & 어윈^{Irwin}, 2008). 왜 여자청소년들, 폭력 그리고 범죄에 대한 비판적인 사고는 없는 것인가? 범죄학은 제시 버나드^{Jessie Bernard}가 명명한 "수사슴 효과"^{stag effect}(Bernard, 1964; Smith, 1992, 218쪽에서 인용)5)에 오랫동안 시달리고 있다. 범죄학은 남성범죄자를 연구하고 이해하고자 하는 남성(그리고 일부 여성) 학자들을 끌어들였고, 로맨스나 범죄자에 매혹되는 것이 사라질 것으로 기대하였다. 결과적으로 여러 학문 중에서도 범죄학은 가장 철저하게 남성적이다. 최근 페미니스트범죄학은 두 가지 중요한 결론을 통해 범죄학에 만연한 남성주의적 성향에 도전하였다. 첫째, 여성과 여자청소년들의 범죄는 사실상 간과되었으며, 여성의 범죄피해는 무시당하고 최소화되거나 사소한 것으로 치부되었다. 남성의 세계인 학문의 중심에서 여성과 여자청소년들은 주변에 머물렀다. 둘째, 전통적으로 남성의 비행 및 범죄에 기초하였던 범죄학 이론은 남성과 여성 사이의 지배, 권력, 불평등 관계로부터 사회적으로 구성된 젠더의 중요성, 즉 남성성^{masculinity}와 여성성^{femininity}이라는 용어와 관련된 행동 및 정체성의 결합을 거의 인식하지 못했다(벨크냅, 2007; 체스니-린드 & 쉘든, 2004; 댈리 & 체스니-린드, 1988). 페미니스트범죄학은 범죄에 이르는 경로뿐만 아니라 형사사법체계가 범죄자에 대응하는 측면에 있어

---

4) [역자 주] 미국의 임상심리학자인 메리 파이퍼^{Mary Pipher}가 1994년 자신의 임상치료경험에서 얻은 사례연구를 토대로 사회적 압력이 미국의 여자청소년들에게 미치는 영향에 대해 저술한 책이다. 이 책은 2010년 같은 제목으로 영화와 TV드라마로 제작되었다.

5) [역자 주] 과학·기술 분야 등에서 남성들이 여성들을 동료라고 생각하지 않아 비공식적 의사소통에 있어 여성을 배제하고 업적에 대해서도 남성의 이름만을 붙이는 현상을 말한다.

서 젠더가 얼마나 중요한지에 대해 설명한다.

이 책은 젠더 이론화 및 여자청소년 문제에 대한 범죄학적 관심의 상대적 부족이 수사슴 효과와 상호작용한 결과, "비행" 연구가 오랫동안 이론 및 조사에서 여자청소년들의 행동을 제외해 왔다는 점을 보여줄 것이다. 여성이 범죄를 적게 저지른다는 것이 분명해 보였기 때문에 여성범죄자들이 무시된 측면도 있다. 이러한 일반화의 유일한 예외는 성매매인데, 1970년대 섹슈얼리티 관련 연구가 학문적으로 유행이었고 대중의 주목도 많이 받았기 때문에 성매매는 날카로운 비판의 대상이 되었다(위닉^Winick & 킨지^Kinsie, 1971). 그러나 성매매에 대한 몇몇 자극적인 서적을 제외하면, 여자청소년과 여성들에 대한 침묵은 범죄학의 역사 전반에서 거의 절대적이었다. 이후 다루겠지만, 여자청소년과 여성들에 대한 범죄학의 침묵은 대중들에게 중요한 정보를 숨기고 경제적으로 소외된 여성과 여자청소년들을 처우함에 있어 충분한 공론화 과정 없이 주요한 전환을 가능토록 했다. 여자청소년과 여성들은 체포당하고, 재판을 받고, 징역형을 선고받는다. 실제로 최근 수십 년간 미국정부가 여자청소년 및 여성의 범죄를 다루는 방식에 있어서 형사사법체계로 진입하는 여자청소년과 여성에게 결코 좋은 징조가 아닌 방식으로 주요한 변화들이 있었다.

먼저 여자청소년들이 무시되었다는 점에서 관련하여, 여자청소년들은 더 이상 비행 방정식^delinquency equation에 있어 사후적인 고려사항이 되어서는 안 된다. 실제로 여자청소년들은 2009년 체포된 청소년의 30%를 약간 상회하는 비율을 보였다(FBI, 2010a). 소년사법체계에서 여자청소년들이 3분의 1 가량을 차지한다는 사실에도 불구하고, 여자청소년들은 그에 상응하는 대중의 관심이나 자원배분을 거의 주장하지 못했다. 한 예로, 소년사법 및 비행예방국^Office of Juvenile Justice and Delinquency Prevention: OJJDP의 여자청소년 연구그룹^Girls Study Group은 최근 미 전역의 61개 여자청소년 비행 프로그램을 검토했는데, 많은 프로그램이 평가를 완료하지 못했고 어떠한 프로그램도 효과적이라고 평가받지 못했다는 것을 확인하였다. 실제로 평가 막바지에는 여자청소년 비행 프로그램 대부분은 자금지원이 끊겨 더 이상 유지되지 못했다(잰^Zahn, 2009). 지난 15년간 여성범죄자들의 문제를 다루기 위해 개최된 전국 단위 및 주 단위 회의뿐만 아니라 성인지 프로그램이 증가하였지만, 특히 마약범죄에 대한 "범죄척결^{get touch on crime}" 원칙과 구금 압박은 여성 및 여자청소년에게 부정적인 영향을 미치고 있다. 여성의 범죄와 처벌에 있어 충격적인 현실이 지속되고 있다. 1980년에는 교도소에 약 12,000명의 여성이 수감되어 있었고, 2000년에는 85,000명 이상, 2009년에는 113,000명이 수감되었는데, 이는 30년이 되지 않는 기간 동안에 여성수형자 수가 9배 증가한 것이다(사법통계국^{Bureau of Justice Statistics}, 2001, 2010a; 매콰이어^{Maquire} & 패스토어^{Pastore}, 1994, 600쪽). 여성의 구금률도 계속 증가한다. 1990년 여성범죄자의 구금률은 여성 10만 명당 31명이었는데, 2009년에는 여성 10만 명당 68명이었다(사법통계국, 2010b). 현재는 125만 명 이상의 여성이 형사사법 감독을 받고 있다(사법통계국, 2010c).

왜 "평범한" 사람들이 형사사법체계와 관련되어 결국에는 교도소로 가는 여자청소년 및 여성들의 삶에 관심을 가져야 하는지 의문을 가질 수 있다. 형사사법체계에 편입된 여자청소년과 여성들은 평범한 시민들, 그리고 그들의 일상과 어떠한 관계가 있을까? 이러한 질문에 대하여 다음의 몇 가지 방법으로 답할 수 있다. 첫째, 무엇보다 중요한 것은 형사사법체계에 편입된 여자청소년과 여성들은 평범한 사람들과 그렇게 다르지 않다는 것이다. 일례로 기번스^{Gibbons}(1983)는 형사사법체계에 들어선 대다수는 실제로 "우연히 미숙한 범죄에 연루된 평범한 개인"이라고 지적한다(203쪽). 이후 살펴볼 것처럼, "우연히 미숙한 범죄에 연루된 평범한 개인"이라는 점은 이 책에서 중점적으로 다루는 여자청소년과 여성들에게 특히 해당한다. 경찰, 법원, 교정기관 같은 사회통제기관이 "범죄문제^{crime problem}"를 낙인하고 규정하는 역할은 보통 과소평가된다. 현존하는 사회질서 유지에 있어 "외부인^{outsider}"으로서 범죄자의 개념이 갖는 중요한 역할을 우리는 종종 간과한다(베커^{Becker}, 1963; 슈어^{Schur}, 1984). 몇몇 "타락한" 여자청소년들과 여성들을 마녀와 음탕한 여자로 매도하여 가혹하게 공개처벌하는 것은 가부장 사회에서 "훌륭한" 여자청소년들과 여성들의 지위를 강화하는 데 늘 필수적이었다. 여성들의 범죄나 종속 연구에 진지하게 관심이 있는 사람이라면, 현대 가부장제 유지에 있어 당대의 형사사법체계가 갖는 역할을 신중히 고민해 보아야 한다.

특히 우리가 형사사법체계에서의 여성 및 여자청소년들의 경험을 살펴보고자 할 때 떠오르는 또 하나의 의문은 범죄, 특히 폭력범죄는 왜 대부분 남성의 전유물인지, 그리고 왜 성범죄 및 그와 함께 나타나는 문제들(가령, 청소년의 "가출" 또는 성인의 성매매)은 여성의 영역에서 유독 독점적으로 나타나는지에 대한 것이다.

이후 이 책이 주장하는 바와 같이, 이러한 낙인으로 삶이 변화한 여성들은 그들의 젠더, 인종, 계층으로 인해 사회의 경제적 주변에 위치하게 되었다는 점에서 "다중적 주변화multiple marginality"의 피해자다(블룸Bloom, 오웬 & 커빙턴Covington, 2003; 비질Vigil, 1995). 형사사법체계에 속한 자신을 발견한 여자청소년 및 여성들의 삶과 선택을 이해하기 위해서는 그들의 "범죄" 행동이 위치한 맥락을 제대로 이해하는 것이 필요하다. "비행"과 "범죄"를 별개의 분리된 주제로 접근함에 따라 종종 관련성이 모호해지지만, 여자청소년들의 문제와 여성범죄 간에는 중요한 연결관계가 있다.

예를 들어, 성인여성범죄자들의 성장배경을 살펴본 최근 연구는 이들을 생애사가 있는 사람으로 바라보는 관점이 중요하다는 것을 보여준다. 미국 교도소에 있는 성인여성들의 삶에 대한 몇 가지 사실들이 이들의 생애사에 주목할 중요성을 강하게 뒷받침한다. 여성범죄자는 남성범죄자보다 학대를 경험하였을 가능성이 3배 더 높고, 학대를 경험한 여성 중 3분의 2 이상이 18세 이전에 폭행을 겪었다고 응답했다(블룸 외, 2003; 전국 여성범죄자 심포지엄National Symposium on Female Offenders, 2000). 주립교도소에 있는 여성의 3분의 1과 구치소에 있는 여성의 4분의 1은 강간당한 경험이 있는 것으로 나타났다(블룸 외, 2003). 다른 연구에서는 여성 수용자 5명 중 1명 정도가 위탁양육체계에서 성장했고 절반 이상(58%)은 양친 없이 성장했으며, 많은 가정에 술과 약물을 남용하는 성인이 거주하였다(34%; 스넬Snell & 모턴Morton, 1994).

성인여성범죄자들의 아동기에 관한 연구는 아동·청소년기 범죄피해가 초래하는 강력하고 심각한 문제가 여자청소년들의 선택권을 어떻게 극도로 제한하는지를 보여준다. 많은 사례에서 아동·청소년기 범죄피해가 초래한 문제는 여자청소년들이 노숙, 실업, 마약투약, 생존을 위한 성행위(때로는 성매매), 그리고 결국에는 다른 중범죄를 하게 되는 계기를 제공한다.

이후 이 책이 주장하는 바와 같이, 비행 또는 범죄로 규정되는 행동들은 젠더가 여전히 매우 강력하게 젊은이들의 삶을 형성하는 세상에서 나타나는 다른 모든 사회적 행동들과 같다. 이는 여자청소년들의 삶에 있어 젠더가 중요하고 여자청소년이 태어난 곳의 지역사회와 문화에 따라 젠더가 작동하는 방식이 다양함을 의미한다. 이후 살펴보는 바와 같이, 주변부에 위치한 여성과 여자청소년들이 내리는 선택은 자신을 스스로 형사사법체계에 휩쓸리도록 하는 상황에 처하게 한다. 마찬가지로, 여자청소년과 여성들의 범죄에 어떻게 대응할 것인지는 여성, 유색인종, 저소득층에 공평하지 않은 세상의 사회적 맥락에 따라 결정될 것이다. 범죄학은 오랫동안 범죄에 있어 계층이 갖는 역할을 민감하게 고려해 왔는데, 여성과 남성의 범죄를 이해하려는 시도에 있어 현재 범죄학에 새롭게 제기된 도전은 젠더와 인종을 고려하는 것이다.

이 책의 목표는 다른 문화권 및 인종의 여자청소년과 여성들이 서로 다른 상황에 살고 있으며, 결과적으로 백인여성과는 다른 선택에 직면한다는 사실에 범죄학적 관점을 견지하는 것이다. 또한, 이는 다른 문화권 및 인종의 여자청소년과 여성들이 젠더로 인한 부담(성차별 감수)에 더해 인종차별로 인한 부담도 가진다는 것을 의미한다. 계층에 대한 중요성을 무시할 수 없지만, 인종주의 또한 차별과 빈곤을 야기하기 때문에 (역사적으로 그래온 것처럼) 계층이 비행과 범죄를 이해하기 위한 유일한 렌즈라고는 할 수 없다. 그러나 인종 또는 문화(차이)에 초점을 두는 것이 젠더 또는 계층의 공통점을 제외하고 여성 안에서의 구분을 강조하는 "다름의 정치[politics of difference]"로 이어져서는 안 될 것이다. 인종을 고려하는 것으로 보일지는 몰라도, 지나치게 차이(또는 인종이나 문화)를 강조하는 것은 유색인종의 여성문제에 대한 백인여성들의 침묵을 양해하는 것이 될 수 있다(배리[Barry], 1996).

이유가 무엇이든 간에, 1977년 이래 여성의 구금률이 757%로 급격히 증가한 것에 대해 국가적 차원의 문제 제기가 전혀 없었다(프로스트[Frost], 그린[Green] & 프래니스[Pranis], 2006). 공개적인 논의는 전혀 또는 거의 없는 가운데, 교정기관은 여성교도소를 신축하고 채우는 사업을 시작했다. 우리는 이 책이 이러한 흐름에 대해 국가적 차원의 비판적 논의를 촉구하고, 특히 여성의 범죄와 처벌에 대한 논의에서 등장하는 중요한 질문들에 가장 적절한 해답을 제공할 수 있기를 바란다.

여성들을 범죄행위로 이끈 것은 무엇인가? 오늘날의 여성범죄자들은 수십

년 전 여성범죄자들보다 폭력적인가? 논의가 거의 이루어지지 않은 상황에서 어떻게 여성에 대한 공공정책이 변화할 수 있었을까? 끝으로 (만약 있다면) 여성에 대한 구금 경향을 바꾸기 위해 어떠한 지지와 정책적 노력이 이루어지고 있는가?

이 책이 다루고 있는 바와 같이, 이 질문들에 대한 답은 단순하지는 않지만, 상당수는 여성청소년 및 여성범죄자에 대중들이 느끼는 불편함과 현대적 처벌에 수반되는 비밀유지에 기인한다. 우리는 체포된 여자청소년 및 여성에 대해 거의 생각하지도 않을 뿐 아니라, 그들이 구금되는 장소에 대해서도 간과하기 쉽다. 교도소는 우리 대다수가 바라보는 곳이 아니고, 심지어 큰 교정시설이 있는 마을의 시민들조차 운전할 때 다른 길로 돌아가기도 한다.

침묵은 이들 교정시설에 구금된 사람들을 뒤덮어버린다. 이후 이 책이 다루는 것처럼, 우리가 체포하고 구속하고 재판하고 구금하는 대부분의 사람은 가난하며, 그들은 가난하기에 법률자원도, 변호사도, 목소리도 갖지 못한다. 이러한 침묵은 특히 여성들을 구금하는 데 주의를 기울이는데, 그 이유는 여성들은 "나쁘지" 않고 "착해야" 하기 때문이다. 여자청소년 및 여성범죄자들의 비극, 괴로움, 고통은 뉴스거리가 되지 못하고, 우리 대부분은 여자청소년 및 여성범죄자들이 감내해야 할 고통이 무엇이든 이는 그들이 마땅히 받아들여야 할 것이며, 여자청소년 및 여성범죄자들을 다루는 "[형사사법]체계"는 공정하고 정의로운 것이라고 믿고 싶어 한다. 실제로 대중이 범죄와 처벌에 대한 생각을 이야기할 때에는 [형사사법]체계가 범죄로부터 시민을 보호하지 못하고 악랄한 범죄자에 대해 너무 관대하다고 불평하는 것이 일반적이다. 우리가 상상하는 악랄한 범죄자^{vicious criminals}는 남성이고, 폭력적이며, 보통사람들과는 매우 다르다.

우리의 일상에서 악랄한 범죄자라는 [사회적] 구성체^{construction}에 대해 대항하는 일은 거의 없다. 매일 밤 우리는 무분별한 폭력의 이미지에 노출되고 그러한 행동을 저지르는 사람들은 대부분 젊고, 흑인이며, 남성이다. 무엇이 우리에게 도시의 통제를 벗어난 분노와 폭력이라는 두려운 이미지를 형성하게 하는가?

먼저 범죄에 대한 사회적 구성체에 있어 지적하여야 할 매우 중요한 점은 이것이 완전히 틀렸다는 점이다. 미국의 범죄는 증가하는 것이 아니라 감소하고 있다. 최근의 경제불황, 실업률 증가, 실직에도 불구하고 살인범죄 발생률은 사실상

1929년보다 낮고 심지어 1939년보다도 낮은데,[6] 이는 1940년대 후반과 1950년대와 비슷하게 낮은 수준이다(FBI, 2010a).

그러나 대중매체가 폭력으로 가득 차 있는 상황에서 범죄가 감소하고 있다는 것이 어떻게 진실이 될 수 있을까? 애석한 현실은 대중매체, 특히 코미디나 드라마와는 달리 영화 등 예능 매체에서 폭력이 인기가 있다는 것이다.

무엇보다 영화는 해외시장을 고려하여 제작되는 경우가 증가하는데, 폭력은 다른 형태의 "예능"보다 저렴하다. 아이들(그리고 우리)은 TV를 많이 볼수록, 영화에서 보는 무섭고 비열한 세상이 문밖에도 존재한다고 믿게 된다. 예를 들면, 로머[Romer], 재미슨[Jamieson]와 어데이[Aday]의 연구(2003)에 의하면, 지역TV 뉴스를 보는 것이 범죄두려움 증가에 직접적인 관련이 있는 것으로 나타났다.

비열한 사회[mean society]라는 개념은 범죄 및 다른 사회문제의 복잡한 원인을 설명하는 것보다 "피가 이끄는 대로 따라가는" 취재가 손쉽다는 것을 알게 된 지역언론매체들에 의해 조장되었다. 끝으로, 정치인들은 범죄두려움 및 그 근본원인인 비논리적인 인종주의를 발견하고 자신의 이익을 위해 범죄두려움과 인종주의를 활용하는 것에 대해 거리낌이 없었다. 범죄는 인종을 뜻하는 음어가 되었고, 사실상 모든 정치인이 상대편에 의해 "범죄에 무신경한 사람[out-crimed]"이 되지 않도록 신경쓰는 가운데 범죄척결은 선거의 필수조건이 되고 있다.

우리의 지도자들은 자신이 범죄에 강경한 입장을 취한다는 것을 보여주기 위해 서둘러 사실상 모든 범죄, 특히 마약범죄 처벌을 급격히 강화했다. 그러자 교도소들은 새롭게 등장한 악랄한 범죄자들로 채워지는 것이 아니라 종래에는 보호관찰이 부과되던, 혐의가 가벼운 범죄자들로 가득 차게 되었다. 우리가 구금하고 있는 범죄자들 중에 가장 보이지 않는 범죄자들이 여성으로, 여성수용자들은 구금인구 중 가장 빠른 속도로 증가하고 있다(프로스트 외, 2006).

그 결과, 21세기의 처음 10년이 끝나갈 무렵 미국은 세계에서 수감률이 가장 높은 나라라는 달갑지 않은 영예를 차지하게 되었다(양형 프로젝트[Sentencing Project], 2011). 유색인종 및 마이너리티가 교도소 수용인구의 60% 이상을 차지하고 있기

---

6) [역자 주] 1929년은 주가 폭락, 기업 연쇄파산 등으로 미국에서 대공황이 시작된 해이고, 1939년은 제2차 세계대전이 발발한 해다.

때문에 이러한 구금 열풍은 특히 유색인종 공동체를 황폐화한다(양형 프로젝트, 2011). 주 및 연방예산이 부족한데도, 교정 관련 예산은 보건, 교육, 주거 및 사회복지사업에 배정될 예산을 강탈하여 항상 부풀려져 있다. 교정에 지속적으로 예산이 지출되는 것은 범죄증가 때문이 아니라 미국 사회의 고질적인 인종적·경제적 불평등을 악용하려는 이기적인 정치세력이 조장한 것이다.

범죄 및 범죄자에 대한 우리의 두려움을 먹고 급속하게 성장하고 있는 교정산업단지correctional-industrial complex에 대해 우리는 어떻게 맞설 수 있을까? 우선 수형자를 한 명의 사람으로 만나고 그 이야기에 귀 기울여야 한다. 수형자가 자신의 삶과 교도소에서의 경험을 이야기할 때, 따분한 수치 위에 한 인간의 얼굴이 겹쳐진다.

이 책은 여자청소년과 여성범죄자에 관심을 집중함으로써 구금에 열광하는 국가에 의한 불의의 피해자들 —백인여성의 3배나 높은 구금률을 보이는 유색인종 여성— 에 대한 대중의 논의가 촉발되기를 기대한다(양형 프로젝트, 2007). 이 책은 범죄를 저지른 여자청소년 및 여성에 집중함으로써 아마도 무엇이 그 여성들을 교도소로 이끌었는지를 좀더 쉽게 이해할 수 있도록 할 것이다. 우리는 그들의 삶을 이해함으로써 여자청소년과 여성범죄자들에 대한 폭력을 끝내는 데 예산을 사용하는 것이 여성의 범죄 감소에 큰 도움을 준다는 것을 알게 될 것이다. 또한, 우리는 불의의 피해자를 처벌하기보다는 가족과 공동체를 파괴하는 영속된 반곤을 끝내는 것이 여자청소년 및 여성범죄 감소에 기여한다는 것을 알게 될 것이다. 마지막으로, 이 책은 여자청소년과 여성범죄자의 비가시성invisibility이 사라지도록 도울 것이다. 여자청소년 및 여성범죄자들의 삶과 처벌에 대한 우리의 무지가 금전보다도 더 큰 대가를 치르게 한다. 침묵 속에 우리는 우리 스스로의 인간성과 우리가 구금한 이들의 인간성을 부정하게 된다.

제2장

여자청소년의 문제와 여성의 비행

제2장 여자청소년의 문제와 여성의 비행

　　여자청소년은 매년 미국에서 체포된 전체 청소년의 3분의 1가량을 차지한다 (FBI, 2010a, 239쪽). 그러나 정식 체포나 소환을 통해 소년사법체계에 들어선 젊은 여성들은 거의 완전히 보이지 않는다^invisible. 우리는 비행청소년이 두말할 것도 없이 남성이라고 생각하는 고정관념을 가지고 있기 때문에 일반 대중, "비행"을 연구하며 범죄학 분야에서 경력을 쌓아온 전문가들, 비행청소년들을 대상으로 일해온 실무자들은 여자청소년과 그들이 가진 문제를 거의 고려하지 않는다.

　　이후 제시되는 세 개의 장은 이러한 비가시성이 몇 가지 분명한 방식으로 젊은 여성들에게 불리하게 작용해왔다고 주장한다. 첫째, 이 장에서 보여주듯이, 상당한 수의 여자청소년이 체포된다는 사실에도 불구하고 비행의 "원인"에 대한 설명은 명시적으로 또는 암묵적으로 여자청소년을 다루는 것을 피한다. 둘째, 소년사법체계가 청소년을 처우하는 방식을 개혁하기 위한 주된 노력은 여자청소년과 소년사법체계 내에 존재하는 여자청소년이 가진 문제에 대한 고려 없이 이루어졌다. 마지막으로, 비록 이제는 여자청소년이 학문 및 정책적 차원에서 완전히 배제되어 있지는 않지만, 여자청소년의 발달, 생존 전략, 범죄에 이르는 경로^pathways to criminality에 대한 정보에 있어서는 여전히 공백이 존재한다. 여자청소년과 관련된 지식의 부족은 여자청소년을 대상으로 일하는 사람들이, 여자청소년 다수가 경험하는 문제에 대응할 수 있는 프로그램을 만들거나 자원을 개발하는 데 있어 참고할 지침이 거의 존재하지 않는다는 것을 뜻한다.

여자청소년 체포 동향

2009년에 체포된 전체 청소년 중 여자청소년들이 30%를 차지하고 있음에도 체포된 여자청소년들은 왜 눈에 띄지 않을까(FBI, 2010a, 239쪽)? 대부분 그 이유는 여자청소년들이 저지르는 비행의 종류와 관련이 있다. 많은 사람들이 인식하지 못할 수 있으나, 청소년은 범죄행위뿐만 아니라 흔히 지위위반[status offenses]1)이라고 불리는 다양한 행위로 인해 구속될 수 있다.

형법위반[criminal violations]과는 달리 지위위반은 "가출"을 하거나 "감독이 필요한 사람", "감독이 필요한 미성년자", "선도불가[incorrigible]", "통제불능"이 되는 것, "무단결석"을 하거나, "보살핌과 보호"가 필요한 경우 등 부모의 권위를 위반하는 광범위한 행위에 대해 청소년의 체포를 허용한다. 지위위반은 엄밀히 따지면 범죄가 아님에도 불구하고, 청소년들이 체포되고 형사사법체계에 편입되는 결과를 낳을 수 있다. 비행청소년의 범주에는 범죄 또는 비범죄[noncriminal] 지위위반으로 체포된 청소년이 포함된다. 마지막으로, 이 장에서 알 수 있듯이 지위위반은 여자청소년들의 비행에서 큰 역할을 차지한다.

청소년이 실제로 체포되는 범죄 유형을 살펴보면 대부분의 청소년들은 덜 심각한 범죄행위나 지위위반으로 체포된다는 점이 명확해진다. 예를 들어, 2009년에 체포된 120만 명의 청소년 중 4.5%만이 살인, 강간, 강도, 상해와 같은 심각

---

1) [역자 주] 통상 소년범에 의한 형법위반인 delinquency는 비행, 소년이라는 연령 내지 학생이라는 신분에 요구되는 기대에 부합하지 않는 행위인 status offense는 지위비행으로 옮기는 것이 일반적이다. 그러나 이 책의 저자는 delinquency와 status offense는 엄밀한 차이가 있음에도 양자의 경계를 모호하게 하여 status offense를 저지른 청소년에도 delinquency를 저지른 경우에 준하는 형사처분을 적용해 왔으며, 이러한 방식으로 형사사법체계는 점차 확대되어 왔다는 비판적인 견해를 취하고 있다. 이와 같이 비행(delinquency)과 지위위반(status offense)을 명확히 구분하고 있는 저자의 입장을 좇아 역서 전반에 걸쳐 status offense를 지위비행이 아닌 지위위반으로 새김으로써 용어상 delinquency와의 차이를 드러내고자 하였다.

한 폭력범죄로 체포되었다(FBI, 2010a, 240쪽). 대조적으로, 그 수의 4배 이상에 달하는 소년범죄자들은 단 한 번의 범죄(절도[larceny theft])로 체포되었고, 특히 여자청소년들의 경우 그 한 번의 범죄 중 많은 경우가 상점절도[shoplifting]인 것으로 나타났다(돈[Dohrn], 2004).

표 2.1은 선별된 범죄에 대한 남자청소년 및 여자청소년 체포에서 나타나는 10년간의 변화를 보여준다. 이를 통해 남자청소년의 비행과 여자청소년의 비행 모두에서 덜 심각한 범죄들이 지배적인 것으로 나타나는 가운데, 사소한 범죄, 특히 지위위반과 절도(상점절도)는 여자청소년의 체포에서 더 확연하다는 것을 알 수 있다. 예를 들어, 지위위반은 여자청소년 체포의 15%를, 절도는 25%를 차지한다. 이에 비해 남자청소년 체포 중 지위위반이 차지하는 비율은 단지 9%이며, 절도는 13%에 불과하다.

표 2.1을 통해 지난 10년간 남자청소년과 여자청소년 체포에서 몇 가지 차이점을 확인할 수 있다. 첫째, 지난 수십 년간 일관되게 지속되어 온 것처럼 절도와 지위위반은 남자청소년보다는 여자청소년의 공식통계상 비행에서 더 중요한 역할을 하고 있다(체스니-린드[Chesney-Lind] & 쉘든[Shelden], 2004 참조). 여자청소년의 비행에서 절도와 지위위반이 차지하는 안정성은 다소 놀라운데, 이는 1974년에 소년사법 및 비행예방법[Juvenile Justice and Delinquency Prevention Act]이 통과되면서 절도·지위위반 등과 같은 범죄를 이유로 하는 소년범 체포는 급격히 감소할 것으로 예상되었기 때문이다. 소년사법 및 비행예방법은 무엇보다도 사법당국이 범죄가 아닌 위반으로 기소된 청소년들을 다른 곳으로 전환하고 탈시설화하도록 장려했다. 비록 지위위반으로 체포된 청소년의 수는 1970년대에 상당히 감소했지만(지위위반에 의한 여자청소년의 체포건수는 24% 감소했고, 남자청소년의 체포건수는 훨씬 더 많이 감소하여 66%나 감소하였다; FBI, 1980, 191쪽), 1980년대에 이러한 경향은 역전되었다. 예를 들어, 1985년과 1994년 사이에 가출한 여자청소년을 체포한 건수는 18% 증가하였고, 통금위반을 이유로 여자청소년을 체포한 건수는 83.1% 증가했다(FBI, 1995, 222쪽). 21세기의 첫 10년 동안 여자청소년과 남자청소년 모두에 있어 가출을 이유로 한 체포가 감소하였는데, 2000년에 비해 가출한 여자청소년 체포는 39.5%, 가출한 남자청소년 체포는 29.8% 감소하였다. 그러나 가출은 (그리고 그보다 훨씬

표 2.1 18세 이하 남자 및 여자청소년의 10년간 체포율, 2000년-2009년

기소된 범죄	남자청소년			여자청소년		
	2000년	2009년	변화율(%)	2000년	2009년	변화율(%)
총계	1,047,690	807,818	−22.9	407,526	354,012	−13.1
지표범죄[Index Offenses]2)						
살인	576	599	+4.0	80	53	−33.8
강간	2,652	1,792	−32.4	22	28	+27.3
강도	14,861	17,342	+16.7	1,532	1,994	+30.2
가중 폭행 aggravated assault	31,550	22,685	−28.1	9,583	7,247	−24.4
침입절도[Burglary]	51,950	40,897	−21.3	7,013	5,740	−18.2
절도	146,160	106,852	−26.9	85,599	90,011	+5.2
차량 절도	23,314	9,412	−59.6	4,802	1,942	−59.6
방화	4,922	3,138	−36.2	662	477	−27.9
총 폭력범죄	49,639	42,418	−14.5	11,217	9,322	−16.9
총 재산범죄	226,346	160,299	−29.2	98,076	98,170	+0.1
기타 범죄[Other Offenses]						
기타 폭력	98,731	88,631	−10.2	43,968	46,494	+5.7
위조 및 변조	2,746	889	−67.6	1,398	388	−72.2
사기	3,871	2,637	−31.9	2,003	1,454	−27.4
장물: 구입, 취득, 보관	15,179	9,670	−36.3	2,812	2,320	−17.5
친족 간 범죄	3,029	1,701	−43.8	1,738	988	−43.2
성매매	332	167	−49.7	397	624	+57.2
횡령	686	224	−67.3	638	169	−73.5
공공기물파손	62,404	48,203	−22.8	8,863	7,554	−17.5

기소된 범죄	남자청소년			여자청소년		
	2000년	2009년	변화율(%)	2000년	2009년	변화율(%)
무기(휴대 등)	20,096	18,553	−7.7	2,287	2,143	−6.3
마약	102,909	86,857	−15.6	18,757	16,800	−10.4
도박	431	304	−29.5	27	8	−70.4
주류법 위반	66,585	41,879	−37.1	30,753	25,980	−15.5
음주운전	10,500	6,033	−42.5	2,183	2,052	−6.0
주취	11,406	7,381	−35.3	2,846	2,456	−13.7
풍속범죄	69,814	61,616	−11.7	29,020	31,138	+7.3
부랑죄Vagrancy	1,287	824	−36.0	360	223	−38.1
모든 기타 범죄	186,628	145,383	−22.1	65,789	50,653	−23.0
혐의Suspicion	575	376	−79.3	174	33	−81.0
통금/배회Curfew/Loitering	67,275	50,288	−25.3	30,078	21,915	−27.1
가출	37,693	26,800	−28.9	53,571	32,423	−39.5

출처: FBI(2010b, 239쪽).

낮은 규모로 성매도) 실제 여자청소년이 체포인원수의 대다수를 차지하는 지위위
반 범주로 남아 있다.

　　수년간 지위위반으로 많은 여자청소년들이 체포되었음을 보여주는 통계들은
남녀 비행유형의 다름을 대표하는 것으로 간주되어 왔다. 그러나 (학령기 청소년들
에게 비행행동을 저지른 적이 있는지를 질문하는) 남녀 비행에 대한 자기보고식 연구들
은 공식통계에서 발견되는 비행의 극적인 차이를 반영하지 않는다. 구체적으로,

---

2) [역자 주] FBI는 표준범죄보고Uniform Crime Reporting: UCR 프로그램을 통해 미국 전역의 경찰 및 법집행
기관에서 처리한 범죄 관련 통계를 정기적으로 보고받는다. 표준범죄보고는 범죄유형을 1군 범죄
Part I Offenses와 2군 범죄Part II Offenses로 나누어 집계한다. 1군 범죄는 다시 폭력범죄violent crimes와 재산범
죄property crimes로 구분되고, 폭력범죄에는 살인, 강간, 강도, 가중 폭행aggravated assault이, 재산범죄에는
침입절도, 절도, 차량절도, 방화(1982년에 추가)가 포함된다. 1군 범죄는 많은 사회적인 주목을 받
는 범죄로 구성되어 있다는 점에서 지표범죄index offenses라고도 불리는데, 이러한 맥락에서 이 책의
저자는 1군 범죄는 지표범죄index offenses로, 2군 범죄는 기타범죄other offenses로 표현하고 있다.

비범죄 지위위반으로 기소된 여자청소년들은 재판인원^{court population}에서 상당히 과장
되어 왔고, 계속하여 과장되어 있는 것으로 보인다.

테일만^{Teilmann}과 랜드리^{Landry}(1981)는 가출 및 선도불가로 인한 여자청소년 체포
건수와 가출 및 선도불가에 대한 여자청소년들의 자기보고 결과를 비교하였으며,
그 결과 가출로 체포된 여자청소년 중 10.4%, 선도불가로 체포된 여자청소년 중
30.9%가 과장되었음을 발견했다. 이 자료를 통해 테일만과 랜드리는 "자기보고에
따른 비행률과는 달리 여자청소년들이 지위위반에 의해 체포되는 비율은 남자청
소년들보다 높다"고 결론지었다(74-75쪽). 이러한 발견은 또 다른 자기보고식 연
구를 통해 다시 한번 확인되었다. 피게이라-맥도너^{Figueira-McDonough}(1985)는 청소년
2,000명을 대상으로 비행행위를 분석해 "여성들이 지위위반에 더 많이 관여했다
는 증거는 없음"을 확인하였다. 이와 유사하게 캔터^{Canter}(1982b)는 전미청소년조사
^{National Youth Survey: NYS}에서 어떤 유형의 비행행동 범주에서도 남성에 비해 여성이 더 많
이 관여했다는 증거가 없다는 사실을 발견했다. 이 표본에서 남성은 여성보다 지
위위반을 했다고 보고할 가능성이 높았다. 실제로 정거-타스^{Junger-Tas}와 동료들
(2009)은 국제 자기보고식 비행조사^{International Self-Report Survey}3)를 통해 조사가 이루어진
28개국 모두에서 남자청소년들이 여자청소년들보다 비행을 더 자주 저지른 것으
로 보고하였음을 확인하였다.

21세기 초반에는 남자청소년과 여자청소년의 체포 추세에 있어 또 다른 당
혹스런 차이가 나타났다. 남자청소년 체포는 2000년 이후 23% 가까이 줄어든 반
면, 여자청소년 체포는 18% 이상 늘어났는데, 단순폭행, 마약범죄, 주류법 위반에
서 가장 크게 증가하였다. 단순폭행, 마약범죄, 주류법 위반 등의 범죄유형은 현
재 전체 여자청소년 체포건수의 28%를 차지한다. 2009년에 여자청소년들은 청소

---

3) [역자 주] 국제 자기보고식 비행조사는 국제 자기보고식 비행연구^{International Self-Report Study: ISRD}의
일환으로 이루어졌다. 국제 자기보고식 비행연구는 여러 국가의 연구자들이 협동으로 수행한
연구로, 3차례에 걸쳐 동일한 표본은 아니지만 비교가능한 표본을 대상으로 청소년 비행과 피
해자화에 대한 자료를 수집하였다. 국제 자기보고식 비행연구의 주요 목적은 청소년 비행 및
피해에 대한 각 국가의 추세를 살펴보고 그 차이점과 유사점을 관찰·비교하는 것이었다. 연구
의 주된 초점은 유럽 국가이나, 비유럽 국가의 표본 또한 포함하여 자료를 수집하였다. 이 조
사는 중간 규모의 도시 또는 대도시 두 곳에서 무작위로 학교들을 선정하고, 7~9학년(12~16
세) 학생들로 하여금 표준화된 자기보고식 설문지에 응답하도록 하여 자료를 수집하였다.

년이 저지른 전체 폭력범죄의 18%, 마약범죄 위반의 16%를 차지하였으며, 이는 1992년 이후 각각 6%와 4%가 증가한 수치이다. 여자청소년들에게 있어 가장 큰 문제는 마약투약으로 인한 체포인데, 이 건수는 1992년 이후 200% 증가하였다 (남자청소년의 경우 110% 증가한 것과 비교된다). 또한, 1988년과 1997년 사이에 여성비행 관련 전체 공판사건수는 80% 이상 증가하였으며, 이 중에서 여자청소년들의 마약범죄 사건발생률은 106% 증가하였다(식문드^Sickmund, 2000). 여전히 남자청소년들이 폭력이나 마약 관련 범죄에서 압도적으로 많은 부분을 차지하고 있지만, 의문점은 남아 있다. 왜 여자청소년에게서 폭력범죄나 마약범죄가 증가하는가? 여자청소년들이 폭력행동과 마약투약, 음주에 있어서 성차를 좁히고 있는 것인가?

남녀 청소년이 자기보고한 위험행동을 살펴보면, 그 대답은 "아니오"인 것으로 보인다. 만약 체포에서의 변화가 여자청소년들의 행동변화를 반영하는 것이라면, 우리는 자기보고된 비행 관련 자료에도 이러한 극적인 변화가 반영될 것이라고 기대할 수 있다. 하지만 전미청소년위험행동조사^National Youth Risk Behavior Survey의 2001년 및 2009년 자료를 비교하면, 이 가설은 모순된다. 즉, 이 조사에서 여자청소년들의 폭력사용 증가는 확인되지 않았으며, 마약투약과 음주에 있어서도 성차가 현저히 좁혀지지 않았다.

표 2.2에 제시된 자료는 2001년에 비해 2009년에 신체적 싸움, 부상, 무기에 대한 관여가 더 적음을 보여주며, 남자청소년뿐만 아니라 여자청소년의 경우에도 2001년보다 2009년에 폭력적인 행동에 관여할 가능성이 더 적음을 보여준다. 단순폭행으로 인한 남자청소년 체포는 10.2% 감소한 반면, 여자청소년 체포는 5.7% 증가하였음에도 이러한 결과가 나타났다(표 2.1 참조). 게다가 남녀 청소년이 음주사건을 더 많이 보고하고 있는 것도 아니다. 남녀 청소년 모두 일생 동안의 음주량 및 현재 음주량에 있어 2001년보다 2009년에 더 낮은 수준을 보였다. 마찬가지로, 남녀 청소년 모두에서 마리화나 및 코카인 투약 감소가 보고되었으나, 성차는 여전한 것으로 나타났다.

여자청소년의 문제, 여자청소년 체포 경향, 그리고 여자청소년의 폭력, 마약, 갱단활동 관여는 다음 장에서 상세히 다루어진다. 여기서 주목해야 할 점은 심각

표 2.2 위험행동에 관여한 고등학생의 비율
(전미청소년위험행동조사, 2001년 및 2009년)

	남자		여자	
	2001년	2009년	2001년	2009년
신체적 싸움을 한 적 있음	43.1	39.3	23.9	22.9
신체적 싸움으로 다친 적 있음	5.2	5.1	2.7	2.2
무기를 휴대한 적 있음	29.3	27.1	6.2	7.1
술을 마신 적 있음	78.6	70.8	77.9	74.2
현재 술을 마심	49.2	40.9	45.0	42.9
마리화나를 피운 적 있음	46.5	39.0	38.4	34.3
현재 마리화나를 피움	27.9	23.4	20.0	17.9
코카인을 사용한 적 있음	10.3	7.3	8.4	5.3
현재 코카인을 사용함	4.7	3.5	3.7	2.0
학교(교내)에서 불법마약을 권하거나 판매하거나 제공한 적이 있음	34.6	25.9	22.7	19.3

한 폭력범죄에서 성차는 여전히 분명한데, 법집행 실무enforcement practices가 아마도 (학교운동장에서의 싸움부터 비교적 심각하지만 생명을 위협하지는 않는 폭행까지를 포괄하는) 경미한 폭행에서의 격차를 극적으로 좁혔을 것이라는 점이다. 스테판스마이어Steffensmeier와 스테판스마이어Steffensmeier(1980)는 1970년대의 이러한 법집행 관행을 처음으로 언급하며, "증거에 따르면 '기타 폭행'으로 인해 체포된 여성은 본질적으로 비교적 심각하지 않고 대부분 실랑이나 싸움 등에 연루된 남성의 동료거나 그들의 행동을 방관한 경우에 해당하는 경향이 있다"고 평했다(70쪽). 펠드Feld(2009)는 1990년대와 21세기 여자청소년들의 폭행에 대한 체포를 분석하면서 위 주장에 덧붙여, "더 많은 수와 더 많은 비율의 여자청소년들이 단순폭행으로 수감되는 것은 보안수용시설secure placement facilities 접근권을 확보하기 위해 선도불가와 같은 지위위반을 재낙인relabeling하는 과정이 일어나고 있음을 시사"한다고 지적했다(260쪽). 이

러한 수치들은 여자청소년들이 저지르는 실제 행동과는 달리, 법집행 관행 및 그 변화는 시간이 지남에 따라 공식통계상 여자청소년 비행의 특성에 극적으로 영향을 미칠 수 있음을 강하게 시사한다.

숫자는 이야기의 일부만을 말해준다. 이러한 패턴들, 특히 여자청소년들이 남자청소년에 비해 중한 재산 및 폭력비행을 상대적으로 덜 저지르는 것은 어떻게 설명할 수 있을까? 이 질문에 답하기 위해서는 청소년 비행행동의 원인을 오랫동안 추측해 온 비행이론들을 살펴보아야 한다.

남자청소년에 대한 이론들과 여자청소년의 삶

기존의 비행이론들은 남자청소년의 행동을 설명하기 위해 고안되었지만, 일각에서는 이러한 이론들이 여자청소년들의 행동을 설명하는 데 있어서도 적용될 수 있다고 주장한다(배스킨[Baskin] & 소머스[Sommers], 1993; 캔터, 1982a; 피게이라-맥도너 & 셀로[Selo], 1980; 하트젠[Hartjen] & 프리야달시니[Priyadarsini], 2003; 로[Rowe], 바즈소니[Vazsonyi] & 플래너리[Falnnery], 1995; 시몬스[Simons], 밀러[Miller] & 아이그너[Aigner], 1980; 스미스[Smith] & 패터노스터[Paternoster], 1987).

이 장은 남자청소년 행동을 설명하기 위해 고안된 비행이론이 여자청소년 행동을 설명하는 데에도 적용될 수 있다는 주장에 문제가 있음을 입증하기 위해 비행행동에 대한 과거와 현재의 주요 이론들에 나타나는 남성중심적 편향[androcentric bias]을 간략히 검토하는 것으로 시작하고자 한다. 이어 여자청소년의 삶과 더불어 여자청소년이 가진 문제와 공식통계상 여자청소년들의 비행 간의 연관성에 대해 가용한 증거들을 검토함으로써, 젠더를 무시하는 것이 아니라 젠더를 염두에 둔 여성비행모델의 필요성을 탐색하고자 한다. 이러한 비행모델은 전통적인 비행이론에서 얻은 통찰력을 최대한 활용함과 동시에, 젠더, 청소년기, 사회통제에 대한 당대 연구의 통찰력을 통합한다. 이러한 논의는 빈곤한 남성들에게만 광범위하게 초점을 맞추는 것이, 여자청소년의 범죄피해, 그리고 그 피해경험과 공식통계상의 여자청소년 비행 사이의 관계가 체계적으로 무시되어 왔다는 것을 의미함을 보여준다.

페미니스트 연구를 제외한 모든 연구들이 놓친 점은 여성비행의 성별화 sexualization와 여자청소년의 생존전략을 범죄화하는 데 있어서 소년사법체계가 역사적인 역할을 해오고 있었다는 점이다. 소년사법체계 내에서 여자청소년들이 무엇을 경험하였는지 온전히 이해하는 것은 소년사법체계의 공식조치action에 대한 설명을 포함하여야 한다. 소년사법체계는 가족이 아무리 폭력적이고 제멋대로일지라도 가족의 권위가 요구하는 것에 모든 젊은 여성들이 순종할 것을 강화하는 역할을 오랫동안 해왔기 때문에, 여성에 대한 사회통제의 주된 힘이라고 이해되어야 한다. 또한, 우리는 현재 여자청소년들이 지위위반으로는 더 적게, "폭력" 범죄로는 더 많이 체포되고 있다는 증거가 있음에도 불구하고, (폭행과 같은) 새로운 범죄들이 종종 수십 년 전의 지위위반을 대체함에 따라 실제 상황은 상당히 더 복잡하다는 사실을 규명할 것이다.

비행행위를 설명하기 위한 초기의 학문적 노력은 남성비행행위자들을 연구하기 위한, 분명하고도 당당한 것이었다. 알버트 코헨Albert Cohen은 1955년에 쓴 갱단비행에 관한 그의 영향력 있는 저서에서 "비행행위자는 불량한 남성"이라고 선언했다(140쪽). 10여 년 후, 트래비스 허쉬Travis Hirschi(1969)는 **비행의 원인**Causes of Delinquency이라는 제목의, 역시 중요한 저서에서 "이후 분석에서 '비−흑인non-Negro'은 모두 '백인'이 되고, 여자청소년들은 사라진다"라는 다소 변명하는 듯한 어투의 각주로 여성을 격하시켰다(35−36쪽).

비행에 대한 학문적 접근 속에서 이처럼 무심한 남성중심주의androcentrism를 더는 찾아볼 수 없다고 믿고 싶을 것이다. 이러한 이유에서, 비교적 최근의 두 사례를 살펴보는 것은 유익하다. 트레이시Tracy, 울프강Wolfgang과 피글리오Figlio(1985)는 그들의 저서 **두 출생코호트 집단의 비행경력**Delinquency Careers in Two Birth Cohorts에서 오직 남자청소년들만 그들의 비행코호트 집단에 포함시키는 관행을 재검토하였다.

우리는 1945년에 태어나 10세 이전부터 최소 18세까지 필라델피아에 거주한 모든 남자청소년들로 구성된 코호트에서 비행 및 비행의 부재를 연구하기로 결정하였다. 여자청소년들은 배제되었는데, 부분적으로는 여자청소년들의 비행이 적기 때문에, 또 한편으로는 남자청소년들은 추적 종료 연령에 병역등록기록^{registration for} ^{military service}을 통해 도시에 있었는지 여부를 확실하게 확인할 수 있[지만 여자청소년들은 그러한 확인 기록이 없]기 때문이었다(9쪽).

요컨대, 트레이시와 동료들은 여자청소년들을 연구에서 배제하는 것을 옹호하였는데, 비행에 대한 구시대적이고 근시안적인 사고방식에 대해 유감을 표현하기보다는 오늘날에도 여전히 타당하다고 여겨질 만한 주장으로 이를 옹호하였다.[4]

1990년대 미국을 사로잡았던 갱단의 광란에서 남성중심주의 연구의 또 다른 예를 찾아볼 수 있다. 마틴 산체즈 얀코프스키^{Martin Sanchez Jankowski}(1991)가 널리 인용한 거리의 섬들^{Islands in the Streets}에는 "여성"이라는 색인 아래 다음과 같은 항목들이 기재되어 있다.

- [여성,] 그리고 행동규범^{and codes of conduct}
- [여성]에 대한 개인의 폭력
- "재산"으로서의 [여성]
- [여성,] 그리고 도시의 갱단들

마지막 항목이 여자청소년 갱단이나 갱단에 속한 여자청소년에 대해 새로이 등장하는 문헌을 언급하고 있을 것이라고 믿고 싶을지도 모르지만(캠벨^{Campbell}, 1984, 1990; 해리스^{Harris}, 1988; 밀러, 2001; 쿠이커^{Quicker}, 1983 참조), 이 항목에 포함된 "그리고^{and}"라는 표현은 실수가 아니다. 즉, 여자청소년들은 단순히 갱단에 속한 남성 멤버의 성적 소유물이나 남자청소년들이 갱단에 가입하도록 유도하는 "인센티브"로 취급된다("여성들이 갱단 멤버들을 우러러보기" 때문이다; 얀코프스키, 1991, 53쪽).

얀코프스키의 연구와 "갱단 비행"에 관한 현재의 논의들(테일러^{Taylor}, 1990, 1993)은 실제로 반세기도 더 전에 시카고에서 이루어졌던, 눈에 띄는 하위계층 남

---

4) [역자 주] 저자는 연구자들이 여자청소년을 연구대상에서 배제하면서 그 이유를 합리적인 것으로 포장하였다며 비판적으로 바라보고 있다.

성들의 비행을 이해하려는 초기의 노력을 특징으로 하는 성차별주의를 부활시켰다. 시카고의 비행 갱단에 대한 초기 현장조사는 수십 년간 이어질 비행연구에 대한 발판을 마련했다. 그러나 이 경우에도 연구자들은 오직 남자청소년들과 대화하는 것이나 남자청소년들을 따라다니는 것에만 관심을 갖고 있었다. 스래셔Thrasher(1927)는 시카고의 청소년 갱단 1,000개 이상을 연구했는데, 현장관찰에서 마주친 5~6개의 여성갱단에 대해서는 600쪽 중 오직 1쪽만을 할애하였다. 스래셔는 지나가는 말로 여자청소년 갱단이 적은 이유를 설명할 수 있을 만한 두 가지 요인을 언급했다.

> 첫째, 전통과 관습의 엄청난 무게에 의해 강력하게 뒷받침되는 여자청소년의 행동에 대한 사회적 패턴은 갱단이나 갱단의 활동과는 반대된다. 둘째, 도시의 무질서한 지역에서도 여자청소년은 남자청소년보다 훨씬 더 면밀히 감독되고 보호받으며, 대개 가족이나 다른 사회집단에 잘 통합되어 있다(228쪽).

스래셔의 활동과 거의 같은 기간 동안 시카고에 있는 다른 학자들은 비행에 대한 또 다른 영향력 있는 접근법을 고안하고 있었다. 1929년부터 클리포드 쇼Clifford R. Shaw와 헨리 맥케이Henry D. McKay는 청소년 비행에 대한 연구에 생태학적 접근법(또는 "사회생태학")을 적용했다. 쇼와 맥케이의 인상적인 연구, 특히 **도시 지역의 청소년 비행**Juvenile Delinquency in Urban Areas(1942)이나, 쇼의 **범법 형제들**Brothers in Crime(1938) 및 **잭 롤러**The Jack-roller(1930)와 같은 강력한 전기적biographical 사례연구는 비행에 관련된 다수의 하위문화 연구를 위한 발판을 마련했다. 시카고 (그리고 그 시대의 다른 주요 도시들) 안에서, 쇼와 맥케이는 범죄율과 비행률이 도시의 지역에 따라 다르게 나타난다는 것을 알아차렸다(오늘날에도 마찬가지로, 특정 도시의 지도를 조사하여 대부분의 범죄자들이 거주하는 곳과 대부분의 범죄가 발생하는 곳에 빨간색 점을 표시하면, 그 점들은 비교적 적은 수의 지역에 군집될 것이다). 쇼와 맥케이는 또한 한부모 가족, 실업, 무직 상태, 다세대주택, 복지수급welfare cases, 저학력과 같은 여러 가지 다른 사회문제들이 높은 비율을 차지하는 지역에서 범죄율과 비행률도 가장 높게 나타남을 확인하였다(체스니-린드 & 쉘든, 2004, 81-82쪽). 범죄율과 비행률 분포는 제도적인 통제 및 공동체 기반의 통제 붕괴에, 그리고 이러한 통제의 붕괴는 산업화, 도시화, 이민이라는 세 가지 일반적인 요인에 기인한다. 지역 내 기관들(예를 들어, 학교, 가족, 교회)이 지역에 속한 아이들에게 더 나은 돌봄과 지침을 제공할 만큼 충분히 강건하지 않기 때문에, 이러한 지역에 사는 사람들은 "공동체[community]" 의식이 부족하다. 이러한 환경 속에서 전통적인 가치 및 전통을 대체하는 범죄적인 가치 및 전통의 하위문화가 발달한다. 그러한 범죄적인 가치와 전통은 그 지역에 누가 살든지 상관없이 시간이 지나도 사라지지 않고 지속된다(체스니-린드 & 쉘든, 2004, 81-82쪽).

　　범죄에 대한 (이후에 확대되어 "사회해체"라고 불리는) 이러한 생태학적 접근방식은 범죄에 대한 사회학적 이론화에 중요한 기여를 했지만, 그 기원은 남성의 비행에만 초점을 맞추었다. 쇼와 맥케이(1942)는 그들의 생태학적 연구에서 오직 시카고의 남성비행청소년 체포에 대한 공식자료만을 분석한 뒤, 반복적으로 이 비율을 "비행률[delinquency rates]"이라고 칭했다(때때로 여성 체포에 대한 자료를 괄호 안에 포함해 언급했지만, 356쪽). 마찬가지로, 그들의 전기적 연구는 법에 관련된 남성의 경험만을 추적했다. 예컨대, 쇼(1938)는 **범법 형제들**[Brothers in Crime]에서 다섯 형제의 비행 및 범죄 경력을 15년 동안 추적하였다. 이 연구들 중 어느 것에서도 남성의 비행과 비행을 동일시하는 것에 대한 정당화가 이루어지지 않았다.[5]

　　비행에 대한 다른 주요 이론들 또한 비행행동을 조장하는 환경으로써 하위계층 공동체의 하위문화에 초점을 맞추고 있다. 여기서 다시 비행연구자들은 전적으로 또는 거의 전적으로 하위계층 남성의 문화에 집중했음을 지적하고자 한다. 예를 들어, 스래셔가 사망한 지 거의 20년이 지난 후 저술된 비행 갱단의 하위문화에 대한 코헨(1955)의 연구는 의도적으로 남자청소년의 비행만을 고려한다. 여자청소년들을 배제한 것에 대한 코헨의 명분은 상당히 분명하다.

　　　내 피부는 솜털이나 비단 같은 품격이 전혀 없고, 내 목소리도 맑거나 플루트
　　　같은 음색과는 거리가 멀다. 나는 바늘과 실로는 아무것도 할 줄 모르고, 내 자세

---

5) [역자 주] 이 연구들에서 남성의 비행과 비행 자체를 동일시하며 여성비행의 존재를 무시하였으면서도 그에 대해 납득할 만한 이유를 제시하지 않았음을 의미한다.

와 행동거지에는 전적으로 우아함이 결여되어 있다. 이러한 불완전함은 나에게 아무런 괴로움을 일으키지 않는다. 오히려 그런 결함은 만족스러운데, 왜냐하면 나는 나 자신을 남자라고 생각하고 사람들이 나를 남자의 자격을 온전히 갖춘 full-fledged, 명백한unequivocal 남성의 대표자로 인정하기를 바라기 때문이다. 반면, 나의 아내는 자동차의 내부 부품을 고칠 수 없거나 부품에 대해 얘기할 수 없다고 해서, 계산을 잘하지 못하거나 무거운 물건을 들지 못한다고 해서 크게 당황하지 않는다. 사실, 나는 많은 여성들 −내 아내가 그들 중 하나라고 이야기하는 것은 아니다− 이 종종 무지와 연약함, 그리고 정서적 불안정을 꾸며낸다고 믿는다. 그렇게 하지 않으면 여성성의 평판에 맞지 않기 때문이다. 요컨대, 사람들은 단순히 뛰어나기를 원하는 것이 아니라 남자로서, 또는 여자로서 뛰어나기를 원한다(138쪽).

이런 논의를 통해 코헨은 다음과 같이 결론지었다. 비행행동은 "도덕적 이유로 다른 사람들에게 비난받을 수도 있지만, 적어도 하나의 미덕을 가지고 있다. 그것은 모든 사람들이 보기에 그의 본질적인 남성성을 의심할 여지없이 확인시켜 준다는 것이다"(1995, 140쪽). 하위계층의 삶에 있어 "주된 관심사focal concerns"에 관한 밀러의 영향력 있는 논문에서도 말썽trouble, 강인함toughness, 격분excitement 등의 중요성을 강조하는 거의 동일한 주장이 나타난다. 저자는 이러한 특성들이 빈곤한 청년들(특히 젊은 남성들)을 형법적 위법행위로 몰고 가는 경향이 있다고 결론짓는다. 그러나 코헨의 발언은 솔직함으로 유명하며, 남성의 비행이 적어도 일부 남성이론가들을 매료시켰다는 점, 그리고 성차별주의가 여성비행행위자를 남성이론가들의 연구와 무관한 것으로 만들었다는 사실 모두를 포착했다는 점으로 유명하다.

(때때로 "긴장strain"이나 아노미 이론으로 일컬어지는) 차단된 기회에 대한 강조는 로버트 머튼Robert K. Merton(1938)의 연구에서 부상하였다. 머튼은 일부 사회구조가 사회 내 특정 사람들에게 순응적 행동보다는 비순응적 행동에 관여하도록 분명한 압력을 가하는 방식을 고려할 필요가 있다고 강조했다. 머튼은 뒤르켐Durkheim의 아노미 개념(급격한 사회변화의 여파로 발생하는 도덕적 유대, 규칙, 관습, 법 등의 붕괴)을 바탕으로 가장 오랫동안 지속되는 범죄학 이론 중 하나를 전개했다. 그의 이론은 문화적으로 정의된 사회의 목표와 이를 달성하기 위한 제도화된(즉, 합법적인) 수단 사이에 "불일치discrepancy"가 있음을 강조했다(체스니−린드 & 쉘든, 2004, 83−84쪽).

그는 그 목표들을 "성공^{success}" 목표라고 불렀는데, "성공" 목표는 통상 돈을 버는 것, 지위를 얻는 것, 물질적인 상품들을 얻는 것 등을 중심으로 한다. 머튼은 목표를 달성할 수 있는 기회는 불행하게도 사회 전체에 고르게 분포되어 있지 않으며, 모든 사람이 합법적인 수단에 동등하게 접근할 수 있는 것도 아니라고 주장했다. 따라서 그 결과로 "사회 내의 특정 개인들로 하여금 순응적 행위^{conformist conduct} 보다는 비순응적 행위에 관여하도록" "긴장" 또는 압력이 가해지게 된다(머튼, 1938, 672쪽).

　　머튼은 그 압력이 사람들로 하여금 여러 가지 방식 중 하나에 적응하도록 만든다고 주장했다. 사람들은 단순히 목표와 수단 모두에 순응하고 받아들일 수도 있다. 사람들은 머튼이 "혁신가^{innovator}라고 명명한 것이 될 수도 있다. 혁신가들은 목표는 받아들이지만 그것을 얻기 위해 일탈적인 수단을 찾는다. 모든 것을 포기하고 머튼이 말하는 "회피주의자^{retreatist}가 되어 목표와 수단을 모두 거부할 수도 있다. 또한, 맹목적으로 수단을 따르면서도 목표는 거부하는, 머튼이 말하는 "의례주의자^{ritualists}가 될 수도 있다. 마지막으로 사람들은 "반역주의자^{rebel}가 되어 성공의 정의를 다른 것으로 대체하고 다른 수단을 취하려고 할 수도 있다(체스니-린드 & 쉘든, 1998, 83−84쪽). 머튼의 연구는 클로워드^{Cloward}와 올린^{Ohlin}(1960)의 노력을 통해서 비행에 관한 연구들에 큰 영향을 미쳤는데, 클로워드와 올린은 "합법적" 기회와 "불법적" 기회에 대한 남자청소년들의 접근에 대해 논의하였다. 여성의 비행은 머튼의 이론 및 클로워드와 올린의 이론에 대한 지지자들 모두에게 문제가 된다. 만약 여성이 남성과 같은 목표를 가지고 있지만 차별 때문에 합법적인 수단으로부터 더 자주 차단된다면, 머튼의 논리에 따라 여성은 더 많은 긴장을 경험하게 되고 따라서 더 많은 범죄를 저질러야 한다. 그러나 이는 사실이 아니다. 클로워드와 올린의 연구에서도 남성의 비행에 대해 여성을 비난하는 **비행과 기회** ^{Delinquency and Opportunity}6)를 제외하고 여성과 여자청소년을 배제하고 있다. 여기서 친숙한 개념은, "여성적인 세계에 에워싸이고 그들 자신의 정체성에 확신을 가지지 못하는 남자청소년들이 여성성^{femininity}에 '대항'하는 경향이 있다"는 것이다(1960, 49쪽).

---

6) [역자 주] 클로워드와 올린이 1960년 발표한 저서의 제목이기도 하다.

에드윈 서덜랜드^{Edwin Sutherland}의 연구는 범죄행위가 친밀한 사적 집단에서 학습된다는 사실을 강조했다. 그의 이론인 "차별접촉^{differential association}"의 기본 전제는, 다른 형태의 인간행동과 마찬가지로 범죄행위 또한 가깝고 친밀한 친구와의 접촉을 통해 학습된다는 것이다. 구체적으로, 범죄행위에 대한 학습은 범죄의 기술을 배우는 것, 범죄행위에 관련된 동기, 충동, 합리화 및 태도를 형성하는 것을 포함한다(체스니-린드 & 쉘든, 1998, 86-87쪽). 또한, 범죄에의 동기, 충동, 합리화, 태도 등은 법위반을 긍정적으로 또는 부정적으로 정의하는지를 통해 학습되는데, 이러한 정의는 개인이 처한 환경에서 무엇이 지배적인 관점이냐에 따라 달라진다. 차별접촉이론의 핵심명제는 "법위반에 긍정적인 정의가 법위반에 부정적인 정의보다 클 때 비행청소년이 된다"는 것이다(서덜랜드 & 크레시^{Cressey}, 1978, 75쪽). 서덜랜드의 연구, 특히 클로워드와 올린의 연구에도 영향을 미친 차별접촉이라는 개념 또한 대부분 남성범죄자들을 대상으로 한 사례연구의 영향을 받았기 때문에 남성중심적이라고 할 수 있다. 실제로 서덜랜드(1978)는 차별접촉이 어떻게 작동하는지 설명하면서 다음과 같은 남성의 예시를 활용하였다.

비행률이 높은 지역에서는 사람들과 어울리기 좋아하고, 사교적이며, 활동적이고, 운동을 좋아하는 남자청소년은 이웃동네의 다른 남자청소년들과 접촉하여 그들에게서 비행행동을 배우고 갱단 조직원이 될 가능성이 매우 높다(131쪽).

마지막으로, 비행을 통제하는 사회유대에 대한 트래비스 허쉬(1969)의 연구("사회통제이론^{social control theory}")는 앞서 언급했듯이 남성의 비행에 대한 연구에서 비롯되었다(하지만 적어도 허쉬는 체포된 청소년만 연구하지 않고 청소년 스스로가 보고한 비행행동도 연구하였다). 허쉬에 따르면, 사회집단 및 제도(예, 가족, 학교)와 밀접한 유대를 가진 사람들은, 이러한 유대관계가 사람들을 "억제^{in check}"하는 데 도움을 주기 때문에 비행청소년이 될 가능성이 낮다. 사회유대를 구성하는 네 가지 주요 요소는 다음과 같다. (1) 애착^{attachment}은 직계가족, 또래, 학교 등과 같은 관습적인 집단과의 (주로 감정적인 종류의) 연결을 의미한다. (2) 관여^{commitment}는 우리가 관습적인 사회에 하는 일종의 "투자^{investment}"라고 말할 수 있으며, 법을 위반하는 경우 많은 것(다른 사람으로부터의 존경, 진로를 준비하는 데 소비한 시간 등)을 잃을 염려가 있기 때문에 토비^{Toby}(1957)가 한때 언급한 것처럼 "순응에의 이해관계^{stake in conformity}"를 의미한다고 할 수 있다. (3) 참여^{involvement}는 학교에 가고, 일하고, 스포츠 활동에 참가하는 것과 같이 전통적인 활동에 대한 참여를 의미하는데, 그러한 활동에 참여하느라 바쁘면 일탈행동을 할 시간이 적어질 것이기 때문이다(이는 "나태는 악마의 일터이다"라는 옛말과 관련이 있다). (4) 신념^{belief}은 기본적인 도덕 가치와 법률에 대한 수용을 의미한다. 요약하면, 허쉬는 일부 예외를 제외하고 수집한 사실들이 자신의 이론을 뒷받침하는 경향이 있음을 발견했다. 구체적으로, 강한 애착을 가진 청소년이 가장 높은 수준의 관여를 보였고 관습적인 도덕적 가치 및 법에 대해 강한 신념을 갖고 있었으며, 비행수준이 가장 낮았다. 허쉬의 연구에서 눈에 띄는 한계는 인종과 젠더를 단지 덧붙이는 정도로만 고려하고, 근시안적인 초점을 사회계층에 맞추었다는 것에 있다.

비행과 관련하여 사회계층에 대한 집요한 관심과 젠더에 대한 관심의 부재는 두 가지 이유에서 역설적이다. 허쉬의 연구가 보여준 것과 같이, 그리고 이후 연구에서도 입증된 바와 같이 사회계층과 비행 사이의 뚜렷한 관계는 확실치 않은 반면, 젠더는 비행의 인과관계에 있어 극적이고 일관적인 영향을 미치고 있음이 분명하기 때문이다(헤이건^{Hagan}, 길리스^{Gillis} & 심슨^{Simpson}, 1985).

이 장 및 다음 장이 주장하는 바와 같이, 비행에 대한 페미니스트이론을 구축하려는 노력은 무엇보다도 여자청소년들의 삶의 상황에 민감해야 한다. 범죄와 비행에 대한 페미니스트이론은 젠더가 중요하게 작용하는 무수히 많은 방식을 설명해야 한다. 젠더는 단순히 변수로 투입되거나 '여자청소년들 또는 여성들의 문제'에 대한 짧막한 해설로 삽입되는 것 이상의 의미가 있다. 페미니스트범죄학은 젠더 및 인종적으로 계층화된 사회에서 여자청소년들의 구조적인 지위가 미치는 영향을 비판적으로 고려할 것을 요구한다. 이는 여자청소년들이 가부장제에 맞서 협상하고 저항하기 위해 사용하는 전략, 그리고 그러한 전략이 여자청소년들로 하여금 어떤 범죄를 저지를지 결정하도록 하는 방식에 대해 깊이 있는 이해를 요구한다. 여자청소년들의 삶과 행동에 대한 기존의 경험적 증거를 고려하지 않으면 곧 틀에 박힌 사고로 이어지거나 이론적으로 막다른 지점에 이를 수 있다. 이러한 결함이 있는 이론구축의 한 예는 여성평등을 위한 운동이 여성범죄 증가를 초래하고 있다는 개념이다. 이러한 "자유^{liberation}" 또는 "해방^{emancipation}"이론7) (특히 여성이 더 심각하고 폭력적이며 남성적인 범죄를 저지르고 있다는 주장; 고라^{Gora}, 1982; 스테판스마이어, 1980)은 그 이론의 주요특징에 대한 경험적 증거가 나타나지 않았던 1970년대에는 다소 신빙성이 없는 것으로 여겨졌다. 다음 장에서 살펴보겠지만, 이 "자유" 또는 "해방"가설은 최근 여자청소년과 폭력에 대한 논의에서 보복^{vengeance}과 함께 돌아왔다.

이러한 유형의 사고에 대한 보다 미묘한 예는 비행에 대한 "권력－통제$^{power-control}$" 모델에서 찾을 수 있다(헤이건, 심슨 & 길리스, 1987). 이 모델에서 저자들은 여자청소년들이 비행을 덜 저지르는 이유가 부분적으로는 여자청소년들의 행동이 가부장적인 가족에 의해 보다 밀접하게 통제되기 때문인 것으로 추측한다. 저자들의 전도유망한 출발은 곧 (부모의 감독과 가족 내 권력의 변동에 초점을 맞추는) 가부장적 통제에 대한 매우 제한된 정의에서 꼼짝하지 못하게 된다. 가부장적 통제에 대한 저자들의 편협한 공식화는 어머니들이 노동시장에 참여하는 것이 딸들로 하여금 더 "평등주의적인 가족$^{egalitarian\ families}$"에 속하게 만들어 여자청소년들의 비행행동을 증가시킨다는 주장으로 이어진다.

이것은 앞서 언급한 "해방"가설을 그다지 미묘하지 않게 변형한 것이다. 그런데 이제 딸의 범죄를 야기하는 것은 어머니의 해방이 되었다. 연구에서의 많은 방법론적 문제(예컨대, 저자들은 대부분의 청소년들이 양친이 모두 있는 가정에 살고 있다고 가정하고, 여성이 가구주인 가구는 부모가 모두 일하는 상류층의 "평등주의" 가족과 동등하다고 주장하며, 적어도 일부 논문에서 저자들은 지위위반 항목이 포함되지 않은 6개 항목으로 구성된 척도를 사용하여 비행을 측정한다)는 차치하고, 가설에 더 근본적인 문제가 있다. 여성의 노동시장 참여가 증가함에 따라 여자청소년들의 비행이 증가했다는 증거는 없다. 실제로 지난 수십 년 동안 여성의 노동시장 참여 및 여성가구주 가구수가 급증했을 때, 자기보고식 조사와 공식통계로 측정한 전체 여성비행

---

7) [역자 주] 여성이 남성에게 종속된 지위에서 벗어나 남성과 동등한 법적권리와 평등을 추구하고 자유롭게 노동시장에 참여하게 된 것이, 범죄, 특히 직업 관련 범행기회의 증가로 귀결되었다는 이론 내지 주장을 가리킨다.

은 증가하지 않았다. 오히려 자기보고식 조사에 따르면 심각한 여성비행은 눈에 띄게 감소하였다(아게톤^Ageton^, 1983; 체스니-린드 & 벨크냅^Belknap^, 2002; 칠턴^Chilton^ & 데이츠맨^Datesman^, 1987; FBI, 2010a; 소년사법범죄예방사무소^Office of Juvenile Justice and Delinquency Prevention^, 1992; 파스코^Pasko^ & 체스니-린드, 2011).

　페미니스트범죄학자들은 남성의 비행이 매우 폭력적인 형태인 경우에도 그들이 처한 상황에 대한 "정상적인^normal^" 반응이라고 가정한 모든 비행이론 학파를 비난했다. 남자비행청소년과 동일한 사회적·문화적 환경을 공유했지만 비행청소년이 되지 않은 여자청소년들은 이러한 이론에 의해서 어쩐지 비정상적이라거나 "과도하게 통제된 것^over-controlled^"으로 간주되었다(케인^Cain^, 1989). 기본적으로 이러한 이론에서 적어도 일부 남자청소년과 남성의 법 준수 행동은 성격의 지표로 간주되지만, 여성이 범죄나 폭력을 피하면 그것은 나약함의 표현이 된다(내핀^Naffine^, 1987).

　전통적인 비행이론들은 여자청소년들을 자세히 살펴보거나 이들과 직접 이야기해 보지 않았기 때문에, 어느 이론도 정치경제적으로 주변부에 있는 여자청소년의 삶의 상황을 다루지 않는다. 그렇다면 젠더와 비행문제에 접근하는 또 다른 방법에는 무엇이 있을까? 첫째로, 여자청소년은 남자청소년과는 다른 세상에서 성장한다는 것을 인식할 필요가 있다(블록^Block^, 1984; 오렌스타인^Orenstein^, 1994). 여자청소년과 남자청소년 모두 비슷한 문제를 경험하지만, 그래도 여자청소년들이 "더 나쁜 일을 많이 겪는다"는 것을, 여자청소년들은 아주 어릴 때부터 알고 있다(앨더^Alder^, 1986).

　마찬가지로 유색인종 여자청소년들은 백인여자청소년들과는 매우 다른 맥락에서 젠더를 수행한다^do gender^[8]. 인종차별과 빈곤은 종종 동반되기 때문에 유색인종 여자청소년들은 그들의 피부색과 가난으로 인해 폭력, 마약, 학대의 문제를 어려서부터 자주 상대해야 한다. 이러한 문제들에 대처하기 위한 유색인종 여자청소년들의 전략은 대개 영리하고, 강하고, 대담하며, 또한 그들을 백인여자청소

---

8) [역자 주] 웨스트^West^와 짐머맨^Zimmerman^이 1987년 처음 사용한 표현으로, 개인의 타고난 성품에 따라 행동하기보다는 일상적인 상호작용 중에 형성되는 사회적 구성체로서의 젠더에 별다른 의문을 갖지 않고 그에 부합하는 방향으로 행동하는 것을 가리킨다.

년의 관습적인 기대에서 벗어나게 하는 경향이 있다(캠벨, 1984; 존스^Jones, 2009; 밀러, 2008; 네스^Ness, 2010; 오렌스타인, 1994; 로빈슨^Robinson, 1990).

이 장의 나머지 부분과 다음 장은 이러한 성차의 두 가지 측면을 다룬다. 첫째, 지위위반을 비롯한 경미한 범죄로 기소되어 소년사법체계로 편입되는 여자청소년들의 상황을 고려한다. 다음으로 여자청소년의 폭력 및 갱단참여와 같은 독특한 사안을 탐색한다. 이 두 가지 논의는 젠더, 피부색, 계층이 여자청소년들의 선택을 형성하는 독특한 방식을 설명하는데, 이때 여자청소년들의 선택은 우리사회가 종종 범죄로 규정한 것이다.

여자청소년의 생존을 범죄화하기 : 학대, 범죄피해, 여자청소년의 공식 비행

여자청소년 및 여자청소년들의 문제는 오랫동안 무시되어 왔다. 범죄학이론의 측면에서 젠더는 종종, 남자청소년의 행동과 비행을 설명하기 위해 고안된 이론의 검증을 위한 "변수"로 고려되어 왔다. 그 결과, 체포되어 법원에 송치된 여자청소년 중 (많지는 않더라도) 일부가 남자청소년과는 다른 독특한 문제를 가지고 있을 것이라고 생각한 사람은 거의 없었다. 그러나 이러한 차이를 암시하는 단서는 차고 넘친다.

예컨대, 소년사법체계 내에 많은 여자청소년들이 존재하는 주된 이유는 그 부모가 여자청소년들의 체포를 고집했기 때문이라는 것이 오래전부터 알려져 왔다. 결국 청소년이 "가출"했다고 보고할 사람이 또 누가 있겠는가? 초기에는 부모가 가장 중요한 송치사유였다. 호놀룰루에서는 1929년부터 1930년까지 법정에 출두한 여자청소년의 44%가 부모들에 의해 송치되었다(체스니-린드, 1971).

그리 명시적이지는 않지만 최근의 공식자료 또한 여자청소년들이 법집행기관보다는 그 외의 사유(부모 등)에 의해 법원에 송치될 가능성이 더 높음을 보여준다. 1997년에는 15%의 청소년만이 비행위반^delinquency offenses으로 송치되었지만, 지위위반으로 회부된 53%의 청소년이 법집행기관이 아닌 다른 사유에 의해 법원에 송치되었다. 지위위반으로 송치된 청소년 가운데 여자청소년들이 과도하게 나타나는 패턴 또한 뚜렷하다. 가출청소년(60%가 여자청소년)의 절반 이상과 통제불가ungovernability로 기소된 청소년(여자청소년이 절반을 구성) 중 89%가 법집행기관이 아닌 사유로 송치된 반면, 주취범죄liquor offenses로 기소된 청소년의 경우(68%가 남자청소년)에는 오직 6%만이 그러했다(포-야마가타Poe-Yamagata & 버츠Butts, 1996; 포프Pope & 페이어험Feyerherm, 1982; 푸잔체라Puzzanchera & 강Kang, 2010). 또한, 여자청소년은 남자청소년보다 지위위반을 더 자주 범한다. 거주시설residential facilities에서 지내는 청소년 중에서 남자청소년들은 4%만이 지위위반을 저지른 것에 비해, 여자청소년들은 16%가 지위위반을 저질렀다(식문드, 슬래드키Sladky, 강 & 푸잔체라, 2008).

이러한 불균형에 대한 설명 중 하나는 부모들이 종종 청소년 행동에 두 개의 기준을 적용한다는 사실로, 이는 현대의 가족들에서도 긴장의 주요 원인으로 고려되어야 한다. 정반대의 기대에도 불구하고, 젠더에 따른 사회화 패턴은 크게 변하지 않았으며, 부모와 딸의 관계에 있어 특히 그러하다(데이비스Davis, 2007; 이안니Ianni, 1989; 캠러Kamler, 1999; 카츠Katz, 1979; 오렌스타인, 1994; 쏜Thorne, 1993). 일반적으로 성차별에 반대하는 부모들조차 "기존의 전통을 함부로 바꾸는 것에 불편함"을 느끼며 "자녀가 부적응자가 되는 위험을 감수하고 싶지 않다"고 느낀다(카츠, 1979, 24쪽). 또한, 여자청소년들은 이성애적인 섹슈얼리티에 헌신하는 가족 내에서 젠더 정체성gender identity에 관한 문제를 두고 부모와 충돌할 수 있는데, 이는 소년사법체계에 들어선 여자가출청소년들을 대상으로 수행된 최근 연구에서 드러나고 있는 걱정거리다(데이비스, 2007; 어빈Irvine, 2010; 샤프너Shaffner, 2006 참조).

쏜(1993)은 초등학교에서의 젠더에 대한 민속지학ethnographic9) 연구에서 여자청소년들이 여전히 "교내에서 성인, 계급, 인종에 기반한 권위에 맞서기 위해 화장품, 남자친구 이야기, 성적인 옷차림, 그리고 과장된 '10대' 여성성"의 다른 형태를 사용하고 있음을 발견했다(156쪽). 또한, 쏜은 "이중 잣대는 지속되며, 노골적으로 성적인 여자청소년들girls who are overtly sexual에게는 창녀라는 꼬리표가 붙을 위험이

---

9) [역자 주] 문화기술지 또는 민족지학이라고도 불리는 민속지학ethnography은 인류학에서 발원한 접근 방식으로, 연구자가 현장조사를 통해 문화적인 혹은 사회적인 행동양식을 상세히 기술하는 것을 가리킨다.

있다"는 것을 발견했다(156쪽).

학교생활에 대한 현대 민속지학 연구는 이러한 부모들의 인식이 타당함을 확인한다. 오렌스타인(1994)의 관찰 또한 성적 이중 잣대[sexual double standard]의 내구성을 지적한다. 오렌스타인이 관찰한 학교에서는 "성이 여자청소년은 '망치고', 남자청소년은 향상시켰다"(57쪽). 쏜(1993)에 따르면 부모들에게도 뿌리 깊은 성적 이중 잣대를 강제할 새로운 이유가 있다. HIV와 에이즈는 말할 것도 없고, 아마도 타당한 이유에서 성희롱과 강간을 염려하여 "보호와 처벌을 혼합하여 표현하는 부모들은 종종 청소년기가 되면 여자청소년들에 대한 통제를 강화하는 경우가 많고, 섹슈얼리티는 세대 간 투쟁이 이루어지는 영역이 된다"(쏜, 156쪽). 마지막으로 쏜은 여자청소년들은 섹슈얼리티를 독립성의 대용물[proxy]로 사용함에 따라 슬프고도 역설적이게도 남성의 승인을 구하는 성적 대상으로서의 여자청소년들의 지위를 강화하여 마침내 종속적인 성으로서의 지위를 확고히 인정하게 된다고 지적한다.

이유가 무엇이든 성적 이중 잣대를 고수하고 강요하려는 부모의 시도는 계속해서 부모와 딸 사이의 갈등원인이 될 것이다. 최근 몇 년 동안 주목받았던 여자청소년과 그 부모 간 문제에 대한 또 다른 중요한 설명은, 신체적 학대 및 성학대에 대한 것이다. 아동기 성학대의 문제를 구체적으로 살펴보면, 아동기 성학대가 주로 여자청소년들 특유의 문제라는 것이 한층 분명해진다.

예를 들어, 여자청소년은 남자청소년보다 아동 성학대의 피해자가 될 가능성이 훨씬 더 높다(스미스, 레브[Leve] & 체임벌린[Chamberlain], 2006). 성학대 사건 10건 중 거의 8건에서 피해자가 여성인 것으로 나타났다(플라워스[Flowers], 2001, 146쪽). 지역사회 연구를 검토한 결과, 핀켈호르[Finkelhor]와 배런[Baron](1986)은 성학대 피해자의 약 70%가 여성이라고 추정한다(45쪽). 여자청소년에 대한 성학대는 남자청소년에 비해 일찍 시작되는 경향이 있다(핀켈호르 & 배런, 1986, 48쪽). 여자청소년은 남자청소년보다 가족(종종 계부)에게 폭행당할 가능성이 더 높다(드종[DeJong], 허바다[Hervada] & 에멧[Emmett], 1983; 러셀[Russell], 1986). 예를 들어, 2008년에 여성을 대상으로 한 성폭력의 57%가 피해여성이 아는 사람에 의해 저질러졌다(카탈라노[Catalano], 스미스, 스나이더[Snyder] & 랜드[Rand], 2009). 결과적으로 여자청소년들에 대한 학대는 남자청소년보다 더 오래 지속되는 경향이 있으며(베르겐^{Bergen} 등, 2004; 데종 등, 1983), 이 모든 요인들은 피해자들에게 더 심각한 외상과 극적인 장·단기적 영향을 미칠 수 있다(애덤스-터커$^{Adams-Tucker}$, 1982; 헤네시^{Hennessey} 등, 2004). 관련 연구자들이 언급한 신체적 학대 및 성학대의 영향은 잘 알려진 "두려움, 불안, 우울, 분노와 적대감, 부적절한 성적 행동"(브라운^{Browne} & 핀켈호르, 1986, 69쪽)에서 가출, 학교생활의 어려움, 무단결석, 마약중독, 임신, 조혼 등의 행동으로까지 이어진다(브라운 & 핀켈호르, 1986; 와이덤^{Widom} & 쿤스^{Kuhns}, 1996). 또한, 가족 내에서 성학대를 경험한 여자청소년들은 이후의 삶에서 계속해서 성학대를 당할 위험이 더 크다(플라워스, 2001).

　　치료 중인 친족성폭력 생존자들^{survivors}10)을 대상으로 한 헤르만^{Herman}(1981)의 연구에 따르면, "유혹하는"^{seductive} 아버지를 둔 여성이 비교군의 다른 여성들보다 가출할 가능성이 더 높았다(33% 대 5%). 여성치료대상자들을 대상으로 한 또 다른 연구에서는 아동 성학대 피해자의 50%가 18세 이전에 집을 떠났으나, 피해자가 아닌 집단의 경우에는 20%만이 18세 이전에 집을 떠난 것으로 나타났다(메이셀먼^{Meiselman}, 1978). 나아가, 가족 내에서 성학대를 경험한 여자청소년들은 "성인과 의사소통하는 가장 효과적인 방법은 성관계를 통해서"라고 학습하게 될 수 있으며(캄파냐^{Campagna} & 포펜버거^{Poffenberger}, 1988, 66쪽), 자기 자신을 상품으로 보게 될 수도 있다. 실제로 시애틀의 여성성매매에 관한 연구에서 보이어^{Boyer}(2008)는 여자청소년에 대한 성학대와 이후 성매매 관여 간에 직접적인 관계를 발견했다.

　　소년사법체계에 들어선 여자청소년의 특성에 대한 연구는 신체적 학대 및 성학대가 여자청소년의 비행에서 어떤 역할을 하는지 보여준다. 하와이 소년사법체계에 속한 여자청소년들에 대한 파스코와 체스니-린드(2010)의 연구는 여자청소년 3명 중 1명 이상이 신체적 학대 내지 성학대의 이력을 가지고 있으며, 성학대는 여자청소년들의 범행에 통계적으로 유의한 예측변수로 나타났다. 파스코와 체스니-린드의 연구에 참여한 여자비행청소년의 3분의 2 이상이 성학대 이력을

---

　10) [역자 주] 피해자^{victims}라는 용어가 내포하는 다소 수동적인 정체성에서 탈피하여 범죄피해의 트라우마를 극복하고 삶을 적극적으로 이어가는 역동성을 부여하기 위해 피해자를 생존자^{survivors}라고도 일컫는다. 특히 성적 피해$^{sexual\ victimization}$와 관련된 논의에서 성적 피해를 경험한 사람들을 피해자보다는 생존자로 지칭하는 경향이 강하다.

가지고 있었다. 미국교정협회^{American Correctional Association: ACA}(1990)가 소년교정시설에 수용
된 여자청소년들을 대상으로 수행한 연구에 따르면, 이들 중 매우 높은 비율(절반
가량이 마이너리티에 해당함)이 신체적 학대를 경험한 적이 있다고 답했으며(61.2%),
거의 절반가량은 신체적 학대를 11번 이상 경험했다고 응답했다. 많은 경우 신체
적 학대를 신고했으나, 상당수는 아무것도 변하지 않았거나(29.9%), 신고가 오히
려 상황을 더 악화시켰다고 답했다(25.3%). 미국교정협회의 연구에 포함된 여자
청소년들 중 절반 이상(54.3%)은 성학대를 경험한 적이 있으며, 이때 성학대는 대
부분 일회에 그치지 않았다. 여자청소년의 3분의 1은 성학대가 3~10차례 발생했
다고 응답하였고, 27.4%는 성학대가 11차례 이상 발생했다고 보고했다. 성학대가
시작되었을 때 대부분은 9살 이하였다. 다시 한번, 많은 경우 성학대를 신고했으
나(68.1%), 성학대 신고 이후 아무런 변화가 없었거나 성학대 신고가 오히려 상황
을 악화시키는 경향이 있었다(ACA, 1990, 56-58쪽).

　이러한 이력을 감안했을 때, 가족 내에서 학대를 경험한 여자청소년의 대다
수가 가출한 것(80.7%)과 이 중 39%가 10번 이상 가출을 감행했다는 것은 놀라운
일이 아니다. 절반 이상(53.8%)이 자살을 시도한 적이 있다고 했고, 그 이유를 물
었을 때 "아무도 신경쓰지 않는 것처럼 느껴졌기 때문"이라고 답했다(ACA, 1990,
55쪽). 마지막으로, 생존전략 또는 대응전략이라고 할 수 있는 행동들이 범죄로
규정되었다. 소년교정시설에 수용된 여자청소년들은 자신의 첫 번째 체포가 보통
가출(20.5%)이나 절도(25.0%)로 인한 것이라고 답했다(ACA, 1990, 46쪽).

　플로리다의 소년사법체계에 들어선 청소년들을 대상으로 수행한 상세한 연
구는 여자청소년과 남자청소년의 "문제 구성^{constellations of problems}"을 비교했다(뎀보^{Dembo},
수^{Sue}, 보든^{Borden} & 매닝^{Manning}, 1995; 뎀보, 윌리엄스^{Williams} & 슈마이들러^{Schmeidler}, 1993). 뎀보
와 동료들은 여자청소년들이 남자청소년들보다 학대이력을 가질 가능성 및 지위
위반으로 인해 소년사법체계와 접촉하게 될 가능성이 높은 반면, 남자청소년들은
다양한 비행행위에 더 많이 관여하게 된다는 사실을 발견했다. 템파의 한 분류심
사원에 수용된 청소년 코호트집단(2,104명)을 대상으로 한 후속연구는 "여자청소
년들의 문제행동은 보통 정신적 외상을 초래하는 가정생활이나 가학적인 가정생
활과 관련이 있는 반면, 남자청소년들의 위법행동은 비행적인 생활양식에 대한

관여를 반영하는 것"이라고 결론지었다(뎀보 등, 1995, 21쪽).

이는 많은 젊은 여성들이 가정의 심각한 성적 피해로부터 도망치고 있고, 일단 거리로 나가게 되면 살아남기 위해 범죄로 내몰리게 된다는 것을 시사한다. 학대를 받은 남자청소년에 비해 성학대를 당한 여자청소년은 성적 피해의 직접적인 결과로 인해 가출하게 될 가능성이 더 높다. 장기간 가출한 청소년으로서 이 여자청소년들은 성매매 생활양식에 연관될 가능성이 더 높고, 이러한 생활양식은 에이즈, 우울증, 강간과 같은 또 다른 이후의 문제 및 피해와 높은 상관관계를 가진다(보이어, 2008; 플라워스, 1987, 2001; 와이덤 & 쿤스, 1996). 또한, 성매매 생활양식은 사법개입 가능성이 커지는 것과도 관련된다. 2005년 미국에서는 청소년 성매매와 관련된 범죄로 약 1,450건의 체포/구금이 이루어졌다(미첼[Mitchell], 핀켈호르 & 볼락[Wolak], 2009, 21쪽). 미국 여자청소년들의 평균 성매매 시작연령은 14세인데, 이는 아동 성학대 비율이 12세에서 17세 사이의 여자청소년에서 가장 높다는 점을 고려할 때 이해할 수 있다(플라워스, 2001, 146쪽; 오툴[O'Toole] & 쉬프만[Schiffman], 1997).

또한, 최근의 연구는 유년기의 신체적 학대 및 성학대가 여자청소년들을 상업적인 성착취로 내모는 주요 위험요인임을 보여주었다. 윌슨[Wilson]과 와이덤(2010)은 15세 이전에 성행위를 시작하는 것이 성착취에 대한 가장 강력한 예측인자이지만, 초기 성관계는 학대이력과 결합되었을 때 특히 해롭다는 사실을 발견했다. 실제로 학대사례가 기록된 연구에서 학대이력이 있는 청소년은 그러한 이력이 없는 청소년보다 상업적인 성착취에 연루되었을 가능성이 두 배 이상 높았다.

가출한 여자청소년들과의 인터뷰는 여자청소년들이 그들의 비행활동에 큰 애착을 가지고 있지 않음을 매우 분명하게 보여준다. 여자청소년들은 비행청소년이라는 꼬리표를 갖게 된 것에 분노하면서도 불법행위에 관여하고 있다(체스니-린드 & 쉘든, 1998; 파스코 & 드와이트[Dwight], 2010). 위스콘신에서 수행된 한 연구는 가출한 여자청소년들 중 54%가 살아남기 위해 돈, 음식, 옷을 훔칠 필요가 있음을 알게 되었다는 것을 발견했다. 몇몇은 성적인 접촉과 돈, 음식, 쉼터[shelter]를 교환했다(펠프스[Phelps] 등, 1982, 67쪽). 마틴[Martin], 허스트[Hearst]와 위덤[Widome](2010)은 노스 미니애폴리스[North Minneapolis]에서 상업적인 성착취를 당한 청소년이 성인 성노동자보다 "생존을 위한 성관계[survival sex]"(성관계를 음식, 주거지, 옷, 기타 일상적 생활용품과 교환하는 것)

에 관여할 가능성이 높다는 사실을 발견했으며, 이는 이 청소년 표본들이 방임되어 온 이력을 보여준다. 마지막으로, 가출 청소년에 대한 연구에서 맥코맥McCormack과 동료들은 성학대를 경험한 여성가출자들이 학대를 경험하지 않은 여성가출자들보다 마약중독, 좀도둑질, 성매매와 같은 비행이나 범죄활동에 관여할 가능성이 훨씬 더 높다는 것을 발견했다(맥코맥, 야누스Janus & 버제스Burgess, 1986, 392-393쪽).

성인여성수형자의 성장배경은 여성의 유년기 피해와 이후 범죄 경력 사이에 중요한 연관성이 있음을 강조한다(스넬Snell & 모턴Morton, 1994). 여성범죄자들은 자신의 생애사에 학대가 있었음을 보고하는 것이 잦다. 구치소에 수용된 여성의 약 절반(48%)과 주립교도소에 수감된 여성의 57%가 일생동안 성학대 내지 신체적 학대를 경험한 적이 있다고 보고한다(사법통계국, 1999).

유년기의 성학대 및 신체적 학대가 성인여성의 범죄행위로 이어지는 결과는 실체적이고 검증된 피해이력을 가진 개인들에 대한 대규모 양적연구를 통해 확인되었다. 와이덤(1988)은 학대받거나 방임된 여자청소년들이 매칭된 통제집단에 비해 성인기에 범죄전과가 있을 가능성이 두 배 더 높음을 발견했다(16% 대 7.5%). 남성들 사이에서도 차이가 나타났지만, 이 차이는 그다지 극적이지 않았다 (42% 대 33%). 학대받은 남성은 통제집단에 비해 성인범죄자로서 폭력범죄로 체포되는 경우가 더 많아 "폭력의 순환cycle of violence"에 기여할 가능성이 높았다. 이와는 대조적으로, 학대받은 이력이 있는 여성들이 형사사법체계에 들어오게 될 때에는 재산범죄나 질서위반(무질서행위, 통행금지, 배회 위반과 같은; 와이덤, 1988, 17쪽)에 연관되어 체포되는 경향이 있었다.

성학대 및 신체적 학대가 범죄행위에 미치는 성차를 고려했을 때, 여성비행의 원인에 대해 페미니스트적 관점을 취하는 것은 적절한 다음 단계로 보인다. 첫째로, 남자청소년처럼 여자청소년은 흔히 폭력과 성학대의 대상이 된다. 그러나 남자청소년과 달리, 여자청소년들의 피해 및 그에 대한 대응은 젊은 여성으로서의 지위에 의해 특정하게 형성된다. 아마도 가부장적인 가족에서 발견되는 젠더와 성 각본sexual script11) 때문에 여자청소년은 남자청소년보다 가족 관련 성학대의

---

11) [역자 주] 사회학자인 사이먼Simon과 개그년Gagnon이 1986년 처음 사용한 표현으로, 성에 대해 사회가 인정하는 일련의 행위와 이를 통제하는 사회적인 규칙과 기대 등을 가리킨다. 개인은 자신이 속

피해자가 될 가능성이 훨씬 더 높다. 남성, 특히 여성에 대한 관습적인 태도를 가진 남성은 딸이나 의붓딸을 자신의 성적 소유물로 간주하는 경향이 있으며 성인으로서 갖고 있는 성적인 힘을 딸이나 의붓딸에게 행사하는 것을 정당하다고 느낀다(암스트롱^{Armstrong}, 1994; 핀켈호르, 1982). 남녀관계의 불평등을 이상화하고 여성의 젊음을 숭배하는 사회에서 여자청소년은 나이 많은 남성들에게 성적으로 매력적이라고 정의되기 쉽다(벨^{Bell}, 1970). 게다가 여자청소년들로 하여금 가해자가 접근권한을 가진 집에 머물도록 요구하는 규범으로 인해 신체적 학대와 성학대 모두에 대한 여자청소년들의 취약성은 높아진다.

우리가 다음 장에서 보게 될 것처럼 여자청소년에게 피해를 끼치는 사람들(보통 남성들)은 젊은 여성들이 집에 머무르고 취약한 상태로 두기 위해 공식 사회통제기관을 개입시킬 수 있는 능력을 갖고 있다. 즉, 학대가해자들은 전통적으로 소년사법체계가 부모의 권위에 대해 가지고 있는 무비판적인 믿음을 이용하여 여자청소년들이 자신을 학대하는 가해자에게 순종하도록 강요할 수 있었다. 최근까지 학대에 대한 여자청소년들의 항의는 일상적으로 무시되었다. 이러한 이유로 원래는 청소년들을 "보호"하기 위해 제정되었던 법령들은 일부 여자청소년들의 입장에서는 그들의 생존전략을 범죄화하는 것이 되었다. 여자청소년들이 자신을 학대하는 가정으로부터 도망치더라도 부모들은 공식 사회통제기관들을 통해 귀가를 강제할 수 있다. 만약 계속해서 집에 머무르는 것을 거부한다면, 여자청소년들은 구금된다.

성학대와 부모의 방임으로부터 도피한 많은 젊은 여성들은 여성들을 보호하기 위해 만들어진 바로 그 법령에 의해 도주한 범죄자의 삶으로 강제된다. 발각될까 두려워 학교에 등록하지도, 취업하지도 못하는 젊은 여성가출자들은 거리로 내몰린다. 거리에서 생존하기 위해 젊은 여성가출자들은 동냥, 좀도둑질, 그리고 때때로 성매매를 한다. (보통 정당한 이유로) 부모와 갈등을 빚고 있는 젊은 여성들

한 사회의 문화적 맥락 내에서 성 각본을 발달시킨다. 가부장제에서 비롯된 성 각본은 남성이 여성과 여성의 성을 포함한 모든 것을 소유하며, 그 자녀들도 합법적으로 남성의 소유물이라고 전제한다. 따라서 남성에게 종속되는 여성은 원하지 않는다고 하더라도 남성의 성관계에 응해야 한다는 성 각본이 구성된다.

은 실제로는 소소한 범죄행위, 성매매, 마약투약으로 인해 현행법에 따른 처벌을
받는다.

또한, 어린 여자청소년들은 (어린 남자청소년의 경우에는 반드시 그렇지는 않다)
성적 매력이 있는 것으로 간주되기 때문에(나이듦에 대한 이중 잣대로 인해 연장자들
보다 더 매력적으로 여겨진다), 거리에서의 여자청소년의 삶(그리고 그들의 생존전략)은
또다시 가부장적인 가치관에 의해 형성되는 독특한 형태를 취한다. 가정에서의
학대 때문에 가출한 여자청소년들이나 길거리에서 생활하는 여자청소년들은 극
심한 빈곤을 겪기 때문에 여자청소년들이 성적 대상으로서의 지위를 악용하는
범죄행위에 연루되는 것은 우연이 아니다. 미국사회는 젊고 신체적으로 완벽한
여성을 매력적이라고 규정해 왔다. 이것은 거래할 다른 값어치 있는 것을 가지지
못한 거리의 여자청소년들이 이 "자원"을 이용하도록 장려된다는 것을 의미한다
(캄파냐 & 포펜버거, 1988). 섹슈얼리티는 여자청소년들에게 주된 권력의 원천이 되
고, 성적 서비스는 여자청소년들의 주요상품이 된다. 이는 또한 범죄하위문화가
이러한 관점에서 여자청소년들을 바라본다는 것을 의미한다(밀러, 1986).

앞의 설명이 분명 여성의 비행에 관한 이야기의 전부는 아니지만, 남자청소
년과 여자청소년을 차별화하는 경험들이 남성지위위반자보다 많은 여성지위위반
자가 소년사법체계에 들어서는 것과 같은, 당혹스럽지만 지속되는 사실들을 설명
할 수 있다는 가정에서 시작하는 이론을 실증한다. 그러나 여자청소년과 남자청
소년의 삶의 공통된 부분에 민감한 이론들을 완전히 무시해서는 안 된다(이 이론
들이 어떻게 여성의 비행에 대해 밝혀낼 수 있는지에 대한 논의는 체스니-린드 & 쉘든,
2003을 참조). 하지만 그러한 많은 이론은 젠더가 남자청소년과 여자청소년의 현
실을 형성하는 방식을 고려하지 않은 채 만들어졌고, 따라서 젠더를 염두에 두고
재검토되어야 한다.

여기서 두 가지 추가적인 설명이 중요하다. 첫째, 남자청소년의 행동을 설명
하기 위해 고안된 이론들을 복원하려는 최근의 시도는 그 이론들이 옳다고 주장
한다. 여자청소년과 남자청소년은 매우 다르게 양육되지만, 만약 여자청소년이
남자청소년처럼 양육되고 그들과 같은 상황에 처해 있다면, 여자청소년도 남자청
소년만큼 비행을 할 것이라고 주장하는 것이다(로 등, 1995). 이는 헤이건과 그의

동료들의 통찰에서 퇴보한 것으로 보인다. 여자청소년과 남자청소년은 성별화된 세상에서 살고 있고, 완전히 다른 방식으로 각각의 행동을 규제하는 체계(특히 가족과 학교)에 귀속된다. 이러한 차이는 결국 여자청소년(그리고 남자청소년)의 삶에 중대한 영향을 미친다. 우리는 범죄에서 뿐만 아니라, 여자청소년과 남자청소년이 가지는 삶의 기회에 있어서 이러한 성차와 그 의미를 더 넓게 생각해볼 필요가 있다.

일반적으로 남자청소년들, 특히 백인 특권층 남자청소년들의 사회화는 그들이 권력의 삶$^{lives\ of\ power}$을 준비하도록 한다(코넬^{Connell}, 1987). 여자청소년들의 사회화, 특히 청소년기 여자청소년들의 사회화는 매우 다르다. 특권층 여자청소년의 경우에도 수학 및 과학에서의 낮은 성취 때문에 자기 인식에 극적이고 부정적인 변화가 발생한다(미국대학여성협회$^{American\ Association\ of\ University\ Women}$, 1992; 오렌스타인, 1994). 성학대와 괴롭힘은 모든 여자청소년들의 삶에서 사소한 주제가 아니라 주요 주제로 이해되고 있다. 갱단 여자청소년들에 대한 다음 장에서 보게 되겠지만, 유색인종 여자청소년의 삶은 이 젊은 여성들이 가정에서 발생하는 높은 수준의 성적·신체적 피해, 그리고 다른 형태의 지역적 폭력 및 제도적 방임과 싸우려 할 때 직면하는 추가적인 부담을 보여준다(조^{Joe} & 체스니-린드, 1995; 밀러, 2008; 네스, 2010; 오렌스타인, 1994).

당연하게도 여자청소년과 여성의 삶에 초점을 맞춘 연구, 특히 여자청소년과 여성의 피해 정도에 대한 자료는 일부에 의해 수치가 부풀려지고 무의미한 것이라고 간주되며 "역풍^{backlash}"을 일으켰다(로이프^{Roiphe}, 1993; 울프^{Wolf}, 1993). 다른 이들은 범죄피해를 강조하면 여자청소년과 여성들을 주체성이 결여된 존재로 간주하는 것이 된다고 주장했다(배스킨 & 소머스, 1993; 모리세이^{Morrissey}, 2003). 이러한 두 관점(틀림없이 하나는 이쪽에서, 다른 하나는 저쪽에서 보는 관점)은 여성의 독특한 경험에서 벗어나, 보다 친숙하고 지적으로나 정치적으로 덜 위협적인, 인종과 계급의 영역으로 초점을 돌리고자 한다. 또한, 이들은 성/젠더 체계의 가장 극명한 피해자들이 그들 자신의 고통에 대해 말할 수 있는 능력을 가지고 있음을 부정하려고 한다. 어떤 사람이 일련의 경험(심지어 매우 폭력적인 경험)을 가졌다고 말하기 위해서는 그 사람을 아무 생각이 없는 장기말로 격하시킬 것이 아니라 그 사람이 행동하고 선택하는 맥락을 충분히 밝혀야 한다.

비행이론과 젠더 : 지위위반을 넘어서

비행이론은 대개 여자청소년과 그들의 문제를 무시해왔다. 그 결과, 여자청소년들의 체포 패턴의 의미, 그리고 체포들과 이 체포들이 감추고 있는 진짜 문제들 간의 관계를 이해하려는 시도는 거의 없었다.

여자청소년들은 남자청소년들과 같은 동네에서 살고, 놀고, 학교를 다니지만, 그들의 삶은 젠더에 따라 극적으로 형성된다. 여자청소년들의 체포 패턴을 한 번 살펴보면 여자청소년들의 반항을 이론화하는 사람들의 대답만큼이나 많은 의문이 생긴다. 왜 가출은 여자청소년들의 비행에서는 주요한 부분인데 남자청소년들의 비행에서는 사소한 것인가? 또한, 자기보고 조사와 여성비행에 대한 공식통계 모두에서 (강도와 같은) 남자청소년들이 주로 저지르는 비행과 심각한 폭력범죄에 있어서는 여성 주동자가 상대적으로 없다는 점도 흥미롭다.

비행에 대한 기존 이론들은 전통적으로 남자청소년이 저지르는 비행에서 여자청소년이 상대적으로 부재한 이유를 설명하는 데 가장 적합한 것으로 보인다. 그러나 일반적으로 이러한 이론들은 남성비행을 저지르기 위한 기술과 태도는 어떻게 학습되는지, 그리고 남성비행에 참여하는 기회는 어떻게 얻게 되는지에 대해서만 이야기한다. 이 장에서는 여자청소년과 남자청소년의 공식통계상 비행의 주요 차이점을 설명했으며, 이러한 차이점을 설명하기 위한 젠더기반 이론을 제시했다. 이제는 많은 사람들이 남자청소년들의 비행활동 중 가장 "남자다운 macho" 것이라고 생각할 수 있는 비행에 대한 여자청소년들의 개입을 설명하는 데 있어 전통적인 이론과 페미니스트이론이 어떻게 적용될 수 있는지를 확인하기 위해 여자청소년들의 비행 중 특정한 형태의 비행(여자청소년들의 폭력 및 갱단 개입)에 눈을 돌리는 것이 적절할 것이다.

제3장

여자청소년들, 갱단, 그리고 폭력

제3장 여자청소년들, 갱단, 그리고 폭력

여자청소년들이 거칠어진 것인가?

　　체포에 대한 공식통계에서 지위위반과 기타 사소한 위반들이 여전히 여성비행의 지배적인 부분으로 나타나고 있음에도, 1990년대에는 여자청소년들, 대개 유색인종 여자청소년들이 갱단에 가입하고, 총기를 소지하고, 다른 여자청소년들과 싸우는 등 비전통적이고 남성적인 행동을 하는 것에 대한 호기심 어린 관심이 되살아났다. 21세기 초에는 감추어진 문화로서 백인 여자청소년들의 관계 내 공격성과 따돌림[bullying]에 초점을 맞춘 이러한 "나쁜 여자아이들[bad girls]" 담론이 지속되었다.

　　"기타 폭행"으로 체포된 여자청소년들이 증가한 것이 "나쁜 여자아이들" 담론에 기름을 부었다. 1980년대 중반 이후 "기타 폭행" 범죄로 인한 여자청소년들의 체포가 200% 가까이 증가했고, 2009년까지 "기타 폭행"으로 체포된 청소년 3명 중 1명 이상이 여성이었다(FBI, 2010a). 무슨 일이 벌어지고 있는 것인가? 우리는 한때 거의 남자청소년들만의 독점적 영역이었던 갱단 폭력을 포함한 폭력적인 행동에 여자청소년들이 진입하고 있는 거대한 변화를 목도하고 있는 것인가?

앞으로 보게 되겠지만, 이는 신문과 텔레비전을 통해 도출할 수 있는 결론이다. 그러나 추세를 면밀히 살펴보면 관점은 한층 복잡해진다.

미디어, 유색인종 여자청소년들, 그리고 갱단

"새롭고" 폭력적인 여성범죄자에 매료되는 것은 사실 새롭지 않다. 1970년대에 여성운동이 여성의 중범죄 급증을 "야기"했다는 개념이 등장했지만, 이러한 논의는 주로 성인여성, 보통 백인여성범죄에 있어서의 상상 속 증가에 초점을 맞추었다(체스니-린드^{Chesney-Lind}, 1986). 현재의 논의는 여자청소년들이 폭력범죄를 저지르는 것에 맞춰져 있다. 본질적으로는 동일한 주제를 가진 뉴스기사들과 온라인 비디오 게시물을 통해 진위 논쟁이 이어져 왔다. 뉴스기사들과 온라인 비디오 게시물이 다루는 주제는 여자청소년들이 점점 더 폭력적으로 변해 가고 갱단에 들어가며, 갱단에서의 여자청소년들의 행동은 여성비행에 대한 전통적인 고정관념에 부합하지 않는다는 것이다.

예를 들어, 1993년 8월 2일 뉴스위크는 십대의 폭력에 관한 특집기사에서 "여자아이들은 여자아이다워야 한다^{Girls Will Be Girls}"는 제목의 칼럼을 실었다. 그 글은 "일부 여자아이들은 이제 총을 가지고 다닌다. 다른 여자아이들은 면도칼을 입안에 숨긴다"고 논평했다(레슬리^{Leslie}, 비들^{Biddle}, 로젠버그^{Rosenberg} & 웨인^{Wayne}, 1993, 44쪽). 이러한 추세를 설명하면서 이 기사는 "십대 폭력이라는 전염병은 동등한 기회^{equal-opportunity}로 인한 재앙이다. 여자청소년 범죄가 증가하고 있으며, 여러 지역에서 확인된다"(44쪽)고 언급한다. 정확히 1년 전, 스트리트 스토리^{Street Stories}라는 CBS 방송국 프로그램에 단편 방송이 나왔다. "후드를 쓴 여자아이들^{Girls in the Hood}"은 1992년 1월에 처음 등장한 이야기를 재방송한 것이었으며, 다음과 같은 해설음성으로 시작한다.

일부 정치인들은 올해를 여성의 해라고 부르기를 좋아한다. 앞으로 만나게 될 여성들은 아마도 이 정치인들이 생각하고 있던 여성들이 아닐 것이다. 이 여성들은 활동적이고, 독립적이며, 남성이 지배하는 분야에서 권력을 행사하고 있다. 1월에 해롤드 다우Harold Dowe는 길거리 갱단의 조직원인 보기 드문 여성 두 명을 만나기 위해 로스앤젤레스의 거리로 우리를 처음 데려갔다(CBS, 1992).

21세기 초에도 갱단에 속한 여자청소년들에 대한 공포는 끝나지 않았다. 2001년 6월, ABC 방송국은 미국 내에서 갱단 활동이 전국적으로 감소했지만, 법무부는 여자청소년들의 갱단참여 문제가 점점 심각해지고 있음을 경고했다고 보도했다. ABC 방송국은 여자청소년들이 "이 한 분야에서 남자청소년들을 따라잡고 있으며", "남자청소년들과 같은 이유로 갱단에 합류하고", "마약을 판매하고 살인을 저지르는 등 남자청소년들과 같은 활동을 한다"고 주장했다. 갱단참여가 어떻게 감소하고 있는지(일부 지역에서는 20%까지 낮아짐)에 대한 발표로 시작된 이 이야기는 마약을 판매하고 폭력적인 갱단에 소속된 여자청소년이 "어디에나" 있다는 두려움으로 마무리되었다(깁스Gibbs, 2001).

21세기의 첫 10년 동안 이런 이야기들이 계속되었다. 2006년 5월 16일 토론토 스타Toronto Star는 토론토에 여성으로만 구성된 갱단은 존재하지 않고 여자청소년들은 알려진 갱단조직원의 6%에 불과함에도 여성폭력이 증가하고 있다며, "캐나다에서 점점 더 많은 여자청소년들이 갱단에 연루되고 있다. 이는 불과 5년 전만 해도 거의 없었던 경향"이라고 보고했다(토론토 스타, 2006). 2008년 8월 3일 인디펜던트Independent는 사설에서 "친절하고 다정하던… 우리의 어린 소녀들은 왜 나빠졌을까?"라고 한탄했다(스트릿-포터Street-Porter, 2008). 2010년 8월 25일 라스베이거스 리뷰 저널Las Vegas Review Journal은 "한 여성 갱단조직원 10명이 강도 및 침입절도 혐의로 체포되었다"고 보도했다(블래스키Blasky, 2010). 이 기사는 이 젊은 여성들이 주로 신발과 옷을 훔쳤고 아무도 심각한 부상을 입지 않았다는 사실을 인정하면서도, 적어도 한 명의 여성에 대해서는 살인미수 혐의가 예상된다고 지적했다.

이러한 이야기들은 평등을 위한 여성의 투쟁이 여자청소년들의 폭력적 활동이 극적으로 증가하는 것과 같이 의도하지 않은 결과를 초래한다고 주장하는, [페미니즘의] 제2물결 이후 등장한 많은 미디어 사례 중 일부 예시에 불과하다. 이러한 주장은 어디서 나타났는가? 아마도 시작은 1990년 1월 25일 월스트리트 저널에 실린 "몰^{Moll}, 당신은 먼 길을 왔군요"라는 제목의 기사였을 것이다. 이 기사는 "1978－1988년 사이에 폭력범죄로 체포된 여성의 수가 41.5% 증가(남성은 23.1% 증가한 것에 비해)했으며, 이러한 추세는 십대들에게서 더욱 극명하다"고 지적했다(크리튼던^{Crittenden}, 1990, A14쪽). 이 경향은 자유가설^{liberation hypothesis}의 새롭고 구체적인 버전을 확인함으로써 가속화되었다. 뉴욕타임즈의 1면을 "금귀걸이와 안전^{protection}을 위해 더 많은 여자청소년들이 폭력으로의 길을 택한다"고 공언한 기사는 다음과 같이 시작하였다.

> 알레이샤^{Aleysha J.}에게 범죄에의 길은 거대한 금귀걸이와 유명 브랜드의 옷으로 꾸며져 있다. 브롱크스에 있는 알레이샤의 고등학교에서 인기란 그런 (물질적인) 부분을 보는 데서 나온다. 알레이샤의 어머니는 좋은 물건을 사줄 돈이 없기 때문에 이 15살짜리 작은 아이는 물건을 훔치고 그 (절도) 행동은 알레이샤 자신을 나쁜 여자아이로 느껴지게 함과 동시에 해방된 여성으로 느껴지게 만든다(리^{Lee}, 1991, A1쪽).

뉴욕타임스의 기사는 다음 주장으로 이어진다.

> 청소년 관련 활동을 하는 사람들은 뉴욕 대도시 지역의 문제가 있는 동네에서 알레이샤와 같은 여자청소년들이 점점 더 많아지고 있다고 말한다. 갱단에서 활동하는 여자청소년들이 많아지고, 마약거래에 관여하는 여자청소년들이 많아지고, 총칼을 소지한 여자청소년들이 많아지고, 곤경에 처한 여자청소년들도 점점 더 많아진다(리, 1991, A1쪽).

원래 출처가 무엇이든, 이 시점에서 "팩 저널리즘^{pack journalism}"1)으로 알려진 현상이 자리를 잡았다. 예를 들어, 필라델피아 인콰이어러는 1992년 2월 23일에 "문제가 많은 여자아이들, 골치 아픈 폭력"이라는 부제목의 기사를 통해 다음과 같이 주장했다.

---

1) [역자 주] 나름의 논점을 갖거나 새로운 정보원을 발굴하지 않고 다른 언론사의 보도를 참고하여 비슷비슷한 보도를 재생산하는 것을 비판적으로 일컫는 표현이다.

여자청소년들은 그 어느 때보다 폭력범죄를 더 많이 저지르고 있다. 여자청소년들은 주로 남자청소년들의 공범으로 이런 곤경에 처하곤 했지만, 더 이상은 그렇지 않다. 폭력범죄를 저지르는 여자청소년들은 남자청소년들을 필요로 하지 않는다. 그리고 여자청소년 본인, 부모, 경찰 및 학교관계자에 대한 기록 및 인터뷰에 바탕한 이 기사에서 보는 바와 같이 범죄에 대한 여자청소년들의 태도는 종종 그들이 휘두르는 무기들만큼이나 강하다. 청소년범죄의 대부분은 여전히 남자청소년들이 차지하고 있지만, 여자청소년들이 남자청소년들을 따라잡기 시작하고 있다(산티아고[Santiago], 1992, A1쪽).

이 이야기는 한 흑인 여자청소년이 지하철에서 ("중산층"으로 묘사되고 기사에 첨부된 그림에서 백인으로 보이는) 다른 여자청소년을 공격한 단일 사건을 다루었다. 1992년 12월 23일 워싱턴 포스트는 "워싱턴 D.C.에서 폭력적인 평등을 달성하는 여자 비행청소년들"이라는 제목의 비슷한 기사를 실었다(루이스[Lewis], 1992). 2006년 3월, ABC의 굿모닝 아메리카 프로그램은 "여자아이들은 왜 더 폭력적으로 변해가는가? 고등학교 여자아이들 사이에서 폭력이 증가하고 있다"라는 제목의 연재로 여자청소년의 폭력 보도에 기여했다(ABC, 2006). 그 중 한 기사에는 특별히 "여자아이들이 때리고 따돌리고 있다"라는 제목이 붙었다.

여자청소년의 폭력을 다룬 거의 모든 기사에서 쟁점은 비슷한 방식으로 구성된다. 일반적으로 여성폭력에 대해 구체적이고 터무니없는 예시가 묘사된다. 이어서 폭력범죄로 체포된 여자청소년의 수가 크게 증가한 것처럼 보이는 FBI의 체포통계가 빠르게 검토된다. 마지막으로 "전문가"(일반적으로 경찰관, 교사, 또는 기타 사회복지 종사자)의 의견을 인용하기도 하고, 때로는 범죄학자들이 사건을 해석하기도 한다.

이러한 구성방식에 따라 오프라 윈프리 쇼(1992년 11월), 래리 킹 라이브(1993년 3월), 리키 레이크 쇼(1997년 10월), 머레이 쇼(2008년 11월), 타이라 뱅크스 쇼(2009년 2월) 등 인기 토크쇼가 여자청소년의 폭력을 주제로 한 방송을 진행했다. 실제로 NBC 뉴스는 여성의 "평등"과 여자청소년들의 갱단참여 사이의 연결고리로 시작하는 야간뉴스를 방송했다.

여자청소년들이 단지 남성 갱단조직원들의 조수 역할을 하며 성관계와 금전을 제공하고 총과 마약을 밀수하던 시대는 지났다. 이제 여자청소년들도 총을 쏜다… 보통 12세 정도로 어린 신규 조직원들이 가장 폭력적이다… 역설적이게도 여성들이 사업이나 공공 분야에서 점점 더 권력을 얻고 있는 것처럼 갱단 내에서도 동일한 일이 일어나고 있다(NBC, 1993).

많은 페미니스트범죄학자들에게 이 패턴은 꽤 익숙한 것이다. 예를 들어, 1972년 뉴욕타임즈가 보도한 "여성의 범죄율이 남성의 범죄율보다 급격하게 높아져"라는 제목의 기사는, "여성들이 범죄라는, 적어도 전통적으로 남성지배적^{male} ^{supremacy}인 영역을 급속도로 장악해 가고 있다"라고 지적했다(로버츠^{Roberts}, 1971, 1쪽). 그리고 2006년 4월, 코렉션스 투데이^{Corrections Today}는 미국에서 갱단에 소속된 여자청소년의 수가 증가하고 있고, 여자청소년들이 남성과 마찬가지로 강도나 살인 같은 범죄를 저지르고 있다며, 앞선 지적과 유사한 "평등"에 관한 주장을 했다(에기지안^{Eghigian} & 커비^{Kirby}, 2006, 48-49쪽).

해방가설^{emancipation hypothesis}로 알려지게 될 확장 버전은 애들러^{Adler}(1975b)의 **범법자매들**^{Sisters in Crime}의 "미성년 여자청소년들과 중대 범죄들^{Minor Girls and Major Crimes}"이라는 제목의 장에서 나타났다.

여자청소년들은 음주, 절도, 갱단 활동, 싸움 등 남성의 역할을 수용한 행위들에 더 많이 관여하고 있다. 또한, 우리는 여성일탈의 총 건수가 증가하는 것을 발견할 수 있다. 전통적인 여성 역할이 주는 안전에서 벗어나는 것과 불확실한 대안적 역할을 시험해보는 것은 범죄위험 요인을 유발하는 청소년기의 혼란과 동시에 일어나 여성일탈을 증가시킨다. 이러한 점은 1969년에서 1972년 사이 중범죄로 인한 전국단위의 체포에서 남자청소년의 경우 82%, 여자청소년의 경우 306%의 증가율을 보인다는 사실을 설명하는 데 도움이 된다(95쪽).

애들러(1975b)에 의해, 그리고 그보다 소규모로 사이먼^{Simon}(1975)에 의해 설명된 여성범죄의 물결은 후속연구에 의해 확실하게 반박되었으나(고라^{Gora}, 1982 참조; 스테판스마이어^{Steffensmeier} & 스테판스마이어^{Steffensmeier}, 1980), 적어도 대중들의 입장에서 이러한 관점의 인기는 사그라지지 않은 것으로 보인다. 21세기에 특히 여자청소년과 갱단, 폭력과 관련하여 뭔가 다른 일이 벌어지고 있는지 여부는 아직 두고 봐야 한다. 이 장은 이제 그 문제로 넘어간다.

여자청소년의 폭력 및 공격성 동향

지난 10년간(2000–2009년, 2005–2009년; 표 3.1 참조) 폭력범죄로 인한 여자청소년의 체포를 살펴보면 여자청소년들이 더 많은 폭력범죄에 가담하고 있다는 주장을 뒷받침하는 것처럼 보인다. 살인 및 가중폭행으로 인한 여자청소년의 체포는 2000년 이후 감소했지만, 강도로 인한 것은 30.2% 증가했고, "기타 폭행" 범주에 속하는 체포도 소폭 증가했다(FBI, 2010a, 239쪽). 또한, 최근 몇 년 동안 폭력범죄로 인한 여자청소년들의 체포는 다소 감소한 것으로 나타났지만, 폭력범죄에 대한 남자청소년들의 체포 감소보다 훨씬 적다. 특정 기간 동안의 여자청소년 인구 변화에 맞추어 조정한 체포율 변화 또한 동일한 패턴을 보인다.

여자청소년 체포율 증가폭은 매우 두드러진 것처럼 보이지만, 면밀히 살펴보면 그다지 극적인 것은 아니다. 첫째로, 체포에 대한 10년 및 5년 동안의 추세를 비교해 보면(표 3.1), 여성청소년의 경우 지난 5년과 10년 사이에 가장 폭력적인 지표범죄[2]를 저지른 경우가 감소했음을 알 수 있다. 또한, "기타 폭행"은 2005년 이후 감소(–10.6%만큼)했으며 친족범죄 또한 2000년(–43.2%)과 2005년(–27.8%) 이후 감소했다. 만약 여자청소년들이 점점 더 공격적으로 변해왔다면 폭력범죄로 인한 체포는 전반적으로 증가했어야 했다. 실제로는 그 반대가 사실이다. 대부분의 범죄는 지난 몇 년 동안 단지 아주 조금 증가했거나 대체로 감소했다.

---

2) FBI는 살인, 강간$^{forcible\ rape}$, 강도, 침입절도^{burglary}, 가중폭행, 절도, 차량절도, 방화(1979년에 추가)를 지표범죄로 정의한다.

표 3.1 남자·여자청소년의 폭력범죄로 인한 체포율의 변화(%)

기소된 범죄	남자청소년		여자청소년	
	2000-2009 % 변화	2005-2009 % 변화	2000-2009 % 변화	2005-2009 % 변화
지표범죄				
살인	+4.0	−1.2	−33.8	−36.4
강간	−32.4	−20.5	+27.3	−32.1
강도	+16.7	+7.7	+30.2	+13.6
가중폭행	−28.1	−21.3	−24.4	−19.6
전체 폭력범죄	−14.5	−11.1	−18.2	−10.6
기타 폭력범죄				
기타 폭행	−10.2	−14.4	+5.7	−10.6
친족범죄	−43.8	−18.2	−43.2	−27.8

출처: FBI(2010b, 239, 241쪽).

둘째, 지난 10년 및 5년 동안 남자청소년들의 폭력범죄가 (일부 예외를 제외하고) 감소하긴 했지만, 살인[murder] 및 유의적 고살[nonnegligent manslaughter][3]로 인한 체포의 92%, 강도로 인한 체포의 90%, 가중폭행으로 인한 체포의 76%를 남자청소년들이 차지하고 있다는 점에 주목해야 한다. 심각한 폭력범죄는 여자청소년의 비행 중에서는 극히 낮은 비율을 차지하며, 그 수치는 역사를 통틀어 본질적으로 변하지 않았다. 폭력범죄는 압도적으로 남성의 영역이다. 또한, 남자청소년과 여자청소년 모두를 대상으로 2000년 이후의 전반적인 폭력범죄 체포 건수를 비교해 보면 여자청소년 체포가 남자청소년 체포와 거의 비슷한 변동을 보인다는 것을 알 수 있다. 그렇다면 여자청소년 폭력범죄 체포율 증가라는 패턴은 오로지 여자청소년의 행동에 있어서만 극적인 변화가 있었다기보다는, 청소년 행동에 전반적인

---

3) [역자 주] 살인[murder] 및 유의적 고살[nonnegligent manslaughter]이란, 과실이 아닌 고의를 가지고 다른 사람의 목숨을 빼앗는 행위를 의미한다. 우리나라 형법에서는 살인과 유의적 고살을 구분하지 않으며, 단일한 살인죄로 처벌한다.

변화가 있었음을 반영하는 것이다.

여자청소년, 강도, "기타" 폭행

이제 마저 설명해야 할 부분은 "기타 폭행"과 강도를 이유로 한 여자청소년들의 체포가 증가하는 이유이다. 한때 지위위반으로 분류되었던 행위를 폭력범죄로 다시 분류하고 "상위 범죄화[up-criming]"하는 것은 폭력범죄에 대한 체포 통계치가 더 높아지게 된 원인에서 배제될 수 없다(스테판스마이어 등, 2005). 예를 들어 메릴랜드의 소년사법체계에서 "대인"범죄로 분류된 2,000건이 넘는 여자청소년의 사례를 검토한 결과, 이러한 범죄의 대부분(97.9%)이 "폭행"과 관련이 있는 것으로 나타났다. 이 기록들을 추가 조사한 결과, 절반가량이 "가족 중심"이었으며, "여자청소년이 어머니를 때리고 난 이후에 어머니가 그 여자청소년을 고소하는" 것과 같은 행태가 포함된 것으로 드러났다(메이어[Mayer], 1994, 1쪽). 이전의 수십 년 동안 이러한 행동은 아마도 부모와 경찰에 의해 "선도불가"라고 분류되었을 것이다. 지위위반을 형법범죄로 재분류하고 상위 범죄화하는 다른 방법으로는, 자녀가 가출하겠다고 위협할 때 경찰관이 부모에게 문을 막으라고 조언하고, 이 청소년이 부모를 밀치고 지나갈 때 이들을 "폭행"으로 기소하는 것이 있다(쉘든[Shelden], 개인 연락, 1995). 실제로 여자청소년인 보호관찰 대상자 112명에 대한 심층 사례 분석에서, 파스코[Pasko](2006)는 여자청소년 가해자가 가출할 때 보호자를 밀거나 보호자에게 작은 물건을 던지면 지위위반보다는 단순폭행으로 기소될 가능성이 높다는 것을 발견했다. 이러한 "대인범죄"로 인한 체포는 이후 구속이나 수용으로 귀결될 수 있다.

부자와[Buzawa]와 호탈링[Hotaling](2006)은 여자청소년이 연관된 가정폭력을 구체적으로 언급하면서, 여자청소년들의 부모가 가해자라는 증거가 있다고 하더라도 오히려 당국은 여자청소년들을 자주 체포하고 이들이 당한 폭력을 최소화하기 때문에 여자청소년들은 "흔히 법률상 요구되는 경찰의 조치를 받게 될 가능성이 낮다"는 사실을 발견했다. 예를 들어, 부자와와 호탈링은 딸이 어머니에게 뺨을 맞고 어머니를 때리거나 밀어내는 방식으로 보복한 두 건의 사례에 주목했다. 어느 경우에도 부모는 체포되지 않았다. 대신에 고소인인 부모들은 경찰에 의해 "부상을 입은 당사자"로 대우받았고, 여자청소년들은 체포되었다(부자와 & 호탈링, 2006, 29쪽). 부자와와 호탈링은 여성 및 청소년(특히 딸) 모두 용의자가 되면 체포될 가능성이 더 높다는 사실 또한 발견했다. 그 사건이 성인 파트너, 애인, 형제자매, 부모 및 자녀와 관련이 있든 없든 관계없이 여성이 체포될 가능성은 항상 더 높았다.

여자청소년과 부모 사이의 논쟁을 지위위반이 아닌 폭행으로 재분류하는 것은 일종의 "부트스트래핑bootstrapping"4)이며, 이는 구금시설 또는 소년원에 여자청소년들을 수용하는 등 비범죄적 지위위반으로 체포되었다면 불가능했을 일들을 용이하게 했다. 대인범죄로 체포된 여자청소년에 대한 분석에서 펠드Feld(2009)가 지적한 것처럼, "단순한 폭행으로 더 많은 수, 더 높은 비율의 여자청소년들이 수감된 것은 보안수용시설secure placement facilities에 접근하기 위해 선도불가와 같은 유사지위행동status-like conduct을 재분류하는 과정을 암시한다"(260쪽).

여자청소년 및 학교에서의 폭행에 관한 파스코와 드와이트Dwight의 연구(2010)도 비슷한 결론을 확인시켜 준다. 파스코와 드와이트의 연구에 참여한 여자청소년들은 가정·공동체·정서적 스트레스 요인이 많고 어려운 환경에 처해있음에도 불구하고 싸움을 일으키지 않고 잘 넘기는 것resistance to fighting으로 나타났다. 교내 폭행으로 체포된 여자청소년 중 23%만이 신체적 싸움에 가담한 적이 있는 것으로 나타났다. 나머지 10명은 학생에게 연필을 던지고, 교사에게 연필을 던지고, 경비원에게 불이 붙은 담배를 던지고, 학생에게 책을 던지고, 사물함 문으로 학생을 때리고, 학생을 밀친 혐의로 체포되었다. 체포된 여자청소년 몇몇은 싸움을 시작하기에 앞서 중재방안을 모색했다. 파스코와 드와이트의 연구에서 여자청소년들이 그들의 싸움이 우발적이고 사전에 계획되지 않았다고 한 경우는 거의 없었다.

---

4) [역자 주] 통계학에서 부트스트래핑bootstrapping은 원자료의 사례수와 동일한 수만큼의 사례를 무작위 복원 추출random selection with replacement하는 것을 가리킨다. 저자는 이러한 부트스트래핑의 통계학적 의미에 착안해서 실제 폭력범죄가 증가하지 않았음에도 폭력범죄에 해당하지 않은 지위위반을 폭력범죄와 한데 묶는 방식으로 '여자청소년이 저지른 폭력범죄'라는 모집단이 커진 것처럼 보이도록 하는 것을 부트스트래핑이라고 지적하고 있다. 부트스트래핑에 대한 상세한 논의는 제4장 참조.

만약 여자청소년들이 싸웠다면, 오랫동안 지속되어 온 갈등이 있었다. 여자청소년들은 대개 다른 친구와의 문제가 불거졌을 때 학교 상담사에게 도움을 청하거나, 교사에게 알리거나, 말싸움에 휘말렸다고 보고했다. 그러한 도움은 대부분 효과적이지 못했다. 한 여자청소년은 다음과 같이 언급했다.

> 계속해서 저에 대한 (루머) 문자를 보내던 여자애랑 싸움을 시작하게 되었는데, 교실에서 싸우니까 선생님이 우리를 교장실로 보내셨어요. 그런데 우리가 둘다 자기 입장을 설명하려고 하니까, 교장선생님은 우리에게 화를 내더니 이제 싸움은 끝났으니 말하는 건 그만두고 나가라고 하셨어요. 그래서 우리는 나가긴 했지만 싸움은 끝나지 않았고, 그 다음 주에 그 애가 화장실에서 내 머리를 잡고 잘랐어요. 그래서 제가 그 애를 때렸고, 지금 여기(법원명령 프로그램)에 와 있어요. 선생님들은 그걸 알고 있었는데도 상관하지 않았어요. 마치 우리가 싸우는 걸 적발해서 쫓겨날 수 있도록 하는 것 같아요.
>
> – 라티나[Latina], 15세, 폭행으로 보호관찰을 받는 중

파스코와 드와이트의 연구는 여자청소년들의 공격적인 말싸움에 대한 학교의 대응이 여자청소년들이 폭행으로 체포되는 사례가 증가하는 데 일부 기여하고 있음을 보여준다. 또한, 파스코와 드와이트의 연구는 신체적인 공격성에 과민반응하고, 무관용 정책을 적용하며, 문제를 외부제도(소년사법체계)에 아웃소싱하는 학교제도의 모습을 밝혀냈다. 그러나 학교는 여자청소년들이 보고하는 갈등상황을 심각하게 받아들이지 않는 듯하다.

여자청소년들과 강도범죄를 살펴본 경우에도 유사한 결과를 얻을 수 있다. 1998년 호놀룰루에서 강도로 체포된 여자청소년을 대상으로 한 연구는, 호놀룰루에서도 다른 지역과 마찬가지로 강도 혐의로 체포된 여자청소년의 수가 상당히 증가한 것을 확인하여 1991년부터 1997년 사이에 청소년의 강도 범행패턴에 큰 변화가 나타나지 않았음을 보여주었다(체스니-린드 & 파라모어[Paramore], 1998). 오히려 덜 심각한 범죄들, 특히 여자청소년이 저지르는 덜 심각한 범죄들이 형사사법체계 속으로 휩쓸려가고 있었던 것으로 보인다. 이 설명은 다음과 같은 관찰가능한 패턴들과 일치한다. 범죄자의 연령이 하향 이동했고, 강취한 물건의 가치가 감소

했고, 사용된 무기는 사실상 치명적일 가능성이 적었으며, 그 결과 피해자들의 부상도 줄어들었다. 무엇보다 중요한 것은, 성인피해자의 비율은 급격히 감소한 반면, 청소년피해자의 수는 증가했다는 점이다. 요약하면, 이 연구는 호놀룰루 시내 및 카운티에서 발생한 여자청소년의 강도 문제가 대체로 (이전에는 법집행기관이 아닌 학교제도의 범위에서 비공식적 또는 공식적으로 처리되어 왔던) 나이가 좀더 많은 청소년들이 어린 청소년들을 괴롭히고 약간의 현금, 그리고 가끔은 보석류를 "낚아채는hi-jacking" 특성이 있다는 것을 시사한다.

마지막으로, 여자청소년과 폭력에 대한 스테판스마이어와 슈와츠Schwartz(2009)의 조사 또한 여자청소년들이 강도범죄에 있어 성차를 좁히고 있지 않음을 확인시켜 준다. 1980년부터 2003년까지 청소년 체포 추세의 성차가 좁혀지고 있는지, 커지고 있는지, 또는 변함없는지를 시계열 분석을 통해 파악한 결과, 강도, 강간, 살인에 대해서는 큰 변화가 일어나지 않았음을 확인하였다. 뿐만 아니라, 스테판스마이어와 슈와츠가 주목할 만한 변화가 일어났는지 확인하기 위해 자기보고식 자료를 살펴보았을 때에도 "폭력범죄 전반 및 강도 모두에 있어 성차가 매우 안정적인 것"으로 나타났다(72쪽).

청소년의 폭력범죄 관여에 대한 자기보고식 자료의 추세분석 또한 극적인 변화를 보여주는 데 실패하고 있다. 특히 1977년 전미청소년연구National Youth Study와 1989년 덴버청소년조사Denver Youth Survey를 통해 조사된 "고위험high-risk" 청소년(13세에서 17세)의 매칭된 표본은 중한 폭행, 경미한 폭행, 중마약류hard drugs5) 투약, 중한 절도, 경미한 절도, 지표범죄 등 광범위한 비행행동에 있어 여자청소년들의 참여가 현저히 감소하였음을 보여주었다(하위징아Huizinga, 개인연락, 1994). 청소년 위험행동 감독시스템Youth Risk Behavior Surveillance System: YRBSS 자료도 유사한 결론을 도출하였다. 1991년에 34.3%의 여자청소년이 일생동안 신체적 다툼에 참여한 적이 있다고 보고했다. 이 수치는 2001년 23.9%로 떨어졌고, 2009년에는 22.9%로 감소했다(YRBSS, 2010).

---

5) [역자 주] 중마약류hard drugs란, 신체적·심리적 의존과 중독을 야기하며 종국에는 사망으로 이어질 수 있는 마약류를 지칭한다. 중마약류에는 헤로인과 같은 아편류와 하이드로코돈, 옥시코돈, 몰핀과 같은 진통제류, 벤조다이아제핀과 같은 진정제류와 메스암페타민, 코카인, 니코틴, 알코올 등이 포함된다.

공식자료와 자기보고식 자료의 차이점이 실질적으로 중요한가에 대해서는 많은 의문이 제기될 수 있지만, 이들 자료에 관한 신중한 분석은 여자청소년이 지나치게 폭력적이라고 주장하는 언론의 해석에 대해 의구심을 불러일으켰다. 그러나 공식자료와 자기보고식 자료는 여자청소년들이 갱단에 연루되어 있다는 것을 이해하는 데 도움이 되지 않는다. 그 이유는 간단하다. 공식 범죄통계와 자기보고식 자료의 변화는 남녀 모두에 있어서 청소년 갱단의 증가를 밝히는 데 실패했다. 결과적으로 갱단에 대한 다른 정보를 검토하고 갱단참여에 있어서 젠더의 역할이 무엇인지 살펴보는 것이 더 유용할 수 있다.

여자청소년의 갱단참여

수년간 주춤한 뒤, 미국의 갱단문제는 더욱 심각해졌다. 가장 최근의 경찰 추산에 따르면, 미국의 갱단 수는 27,000개, 갱단의 구성원 수는 대략 788,000명이다. 이는 2001년에 최저치를 기록한 이후 12년 만에 갱단문제를 보고한 지역의 수가 25% 증가한 것이다(국립갱단센터[National Gang Center], 2009). 2007년 대도시의 86%가 갱단문제가 있다고 보고했는데, 이는 미국에서 갱단문제가 막 커지기 시작하던 1983년을 기점으로 약 50% 증가한 것이다(커리[Curry], 폭스[Fox], 볼[Ball] & 스톤[Stone], 1992; 국립갱단센터, 2009). 그런데 갱단참여에 있어서 젠더의 역할은 무엇인가?

갱단에 여자청소년들이 있는가? 만약 그렇다면 갱단의 환경에서 젠더는 얼마나 많이, 그리고 어떤 방식으로 작용하는가? 갱단에 속한 여자청소년들의 수에 대한 몇 가지 추정치에서부터 시작해보자. 본질적으로 남성적이라는 갱단의 이미지에도 불구하고, 갱단에는 여자청소년들이 존재하며 상당히 많은 수를 차지하고 있다. 그러나 실무자와 연구자 모두의 성별화된 버릇[gendered habits]은 지난 수십 년 전까지 오랫동안 이 여자청소년들을 "존재하지만 보이지 않는[present but invisible]" 상태로 만들어 왔다(맥로비[McRobbie] & 가버[Garber], 1975).

청소년들에게 갱단에 속해본 적이 있는지 질문한 결과(자기보고식), 2006년에 남자청소년의 3%(12세에서 16세)와 여자청소년의 1%가 갱단에 속한 적이 있다고 응답하였다(그린Green & 프래니스Pranis, 2007, 36쪽). 이는 갱단에 속한 청소년의 약 4분의 1이 여자청소년이라는 것을 의미한다. 조금 더 이른 시기(2001)에 수행된 또 다른 전국 단위의 자기보고식 연구는 "갱단에 속해있다"고 보고하는 청소년 중 3분의 1이 여자청소년라는 것을 발견했다(스나이더Snyder & 식문드Sickmund, 2006, 70쪽). 잉글랜드와 웨일즈에서 수행된 연구는 "갱단"에 대한 좀더 느슨한 정의를 바탕으로 "비행적인 청소년 집단delinquent youth group"에 속하는 것으로 분류된 이들의 대략 절반 정도를 여자청소년들이 차지하고 있음을 확인했다(샤프Sharp, 앨드리지Aldridge & 메디나Medina, 2006, 3쪽). 이와는 대조적으로, 갱단에 속한 여자청소년의 수에 대한 경찰의 추정치는 매우 낮다(종종 10%보다도 훨씬 낮음; 커리, 볼 & 폭스, 1994; 국립갱단센터, 2009). 범죄학 분야 연구자들이 수행한 갱단문제에 관한 연구는 자기보고 자료에서의 결과와 일치하는 경향이 있으며, 갱단에 속한 사람들 중에서 대략 20%에서 46%를 여자청소년들이 차지한다고 본다(밀러, 2002).

갱단에 속한 여자청소년의 수에 대하여 서로 다른 추정치가 제시되는 현상을 설명하는 한 가지는 조사된 표본의 연령에 따른 것으로, 여자청소년들이 어린 나이에 갱단에 가입하는 경향이 있고, 남자청소년들보다 더 먼저 갱단을 떠나는 경향이 있기 때문이다(피터슨Peterson, 밀러Miller & 이스벤센Esbensen, 2001; 윌리엄스Williams, 커리 & 코헨Cohen, 2002). 11세에서 15세 사이의 청소년을 대상으로 수행된 연구에 따르면 갱단조직원의 거의 절반이 여자청소년인 것으로 나타났지만, 좀더 나이가 많은 집단(13세에서 19세)을 조사한 결과, 5분의 1만이 여자청소년인 것으로 나타났다(이스벤센 & 하위징아, 1993). 반–갱단antigang 프로그램인 GREAT[6]를 평가하기 위해 모집된 청소년들 중 8학년[7] 표본에서는, 갱단에 관여하고 있다고 응답한 사례의 38%를 여자청소년들이 차지했다(이스벤센, 데센스Deschanes & 윈프리Winfree, 1999). 이는 여자청소년들이 갱단에 가입하는 것을 방지하고자 할 때 여자청소년들에게 초점을 맞추는 것 외에도, 특히 "또래tweens"에 초점을 맞추어 예방전략을 만들어

---

6) [역자 주] GREATGang Resistance Education And Training는 1992년 아리로나 주의 피닉스Phoenix 시에서 처음 시작되어 30여 년 동안 운영되어 온 갱단 및 폭력방지 프로그램이다. GREAT 프로그램은 학교를 기반으로 구축되었으며 비행, 청소년폭력, 갱단 참여에 대한 예방을 목적으로 법집행관law enforcement officer이 갱단 참여 및 비행행동에 가장 취약한 연령 직전의 아이들에게 교육과 훈련을 제공한다.

7) [역자 주] 여기서 8학년은 한국의 중학교 2학년에 해당한다.

야 할 필요가 있음을 의미한다. 한 연구자는 이 나이가 여자청소년들이 스카우트 활동에 매력을 느끼는 나이와 거의 비슷하다는 점을 언급했다(쿠이커^Quicker, 1994).

즉, 갱단에 속한 청소년들이 갱단에 속하지 않은 비행청소년보다 비행이 더 심하지 않을 수도 있다는 점을 기억하는 것이 중요하다. 하와이에서 수행된 한 연구는 경찰이 갱단조직원으로 분류한 여성과 여자청소년들이 저지른 총 범죄 수가 남성들보다 더 적었으며, 심각한 범죄를 저지른 경우도 더 적었음을 발견했다. 실제로 갱단의 표본에 속한 여성들의 범죄경력은 전형적인 여성비행과 매우 밀접한 관계가 있다. 여자청소년의 경우 "가장 심각한" 체포의 3분의 1 이상 (38.1%)이 재산범죄(절도)로 인한 것으로 나타났다. 이 범주 다음으로는 지위위반 (19%)과 마약범죄(9.5%) 순으로 이어졌다. 남자청소년의 경우 가장 심각한 범죄는 "기타 폭행"인 경우가 많았고 절도(14%)가 뒤를 이었다. 이는 비록 갱단에 속한 것으로 의심되는 표본에 속한 남자청소년과 여자청소년이 모두 심각한 범죄자인 것은 아니지만(만성적이긴 하다), 심각한 범죄자가 아니라는 특징은 특히 여자청소 년들에게 해당하는 것임을 나타낸다(체스니−린드, 락힐^Rockhill, 마커^Marker & 레예스^Reyes, 1994 참조).

이러한 패턴은 경찰이 "갱단에 속한 것으로 의심"된다고 분류한 젊은 여성 들이 비행으로 체포된 젊은 여성들과 얼마나 다른지에 대한 추가적인 탐구를 촉 발시켰다. 이 탐구를 수행하기 위해 법률상 청소년들로 이루어진 오아후^Oahu8)의 표본으로 비교집단이 구성되었다. 갱단활동을 하는 것으로 의심되는 청소년들은 청소년 체포 데이터베이스에는 있으나 갱단조직원으로 분류되지 않은 청소년들 과 인종, 나이, 젠더를 기준으로 매칭되었다. 이 소규모 집단의 범죄 패턴을 살펴 보면, 갱단에 속한 것으로 의심되는 여자청소년과 그렇지 않은 여자청소년 사이 에 큰 차이가 없음을 알 수 있다. 갱단에 속한 것으로 의심되는 여자청소년들에 게 가장 심각한 범죄는 지위위반이었고, 갱단에 속하지 않은 여자청소년들에게 있어서 가장 심각한 범죄는 기타 폭행이었다(체스니−린드, 1993, 338쪽).

---

8) [역자 주] 오아후^Oahu/Oʻahu는 하와이의 섬들 중 세 번째로 큰 섬에 해당한다. 오아후는 하와이 언어 로 '만남의 장소'라는 의미이다. 하와이 인구의 대부분이 이 지역에 살고 있으며, 하와이의 수도인 호놀룰루가 오아후에 있다.

이 결과가 완전히 예상 밖의 것은 아니다. 젠더에 초점을 맞춘 것은 아니지만, 애리조나 주의 범죄단체들을 히스패닉 갱단과 비교한 연구(자츠[Zatz], 1985)와 라스베이거스에서 흑인 갱단과 히스패닉 갱단을 비교한 연구(쉘든, 스노드그래스[Snodgrass] & 스노드그래스[Snodgrass], 1993) 등 유사한 연구들에서 갱단조직원을 다른 "비행청소년" 또는 범죄청소년과 차별화시키는 특징은 거의 발견되지 않았다. 1997년 전미종단청소년조사[National Longitudinal Youth Survey]에서도 전체 비행에 있어 갱단조직원에 의한 것은 단지 20%에 불과한 것으로 나타났다(스나이더 & 식문드, 2006). 바우커[Bowker]와 클라인[Klein](1983)은 1960년대 로스앤젤레스 갱단에 소속된 여자청소년들에 대한 자료를 조사하였고, 갱단에 속한 여자청소년들과 속하지 않은 여자청소년들의 비행행동의 원인을 비교하여 다음과 같이 주장했다.

우리는 도시 빈민가에서 여성과 여자청소년들의 갱단참여 및 청소년비행을 결정하는 데 인종차별주의, 성차별주의, 빈곤, 제한된 기회구조가 미치는 압도적인 영향이 매우 중요하기 때문에 성격 변수, 부모와의 관계, 이성애적 행동과 관련된 문제들은 갱단참여와 청소년비행에 있어서 상대적으로 작은 역할을 한다고 결론지었다(750-751쪽).

갱단에 속한 여자청소년들에 대한 최근 연구는 남자청소년들뿐만 아니라 여자청소년들에게 있어서도 갱단에 관여하는 것이 비행행동을 증가시킨다는 것을 보여준다. 비슷한 동네에서 표집되었으나 갱단에 소속되지 않은 여자청소년들과 비교하였을 때, 갱단은 심각한 비행에 대한 여자청소년의 참여를 분명하게 증가시킨다. 갱단에 속하지 않은 젊은 여성에 비해 갱단에 속한 젊은 여성은 무기를 숨겨 소지한 적이 더 많고(30% 대비 79%), 패싸움[gang fight]에 연루된 적이 더 많으며(9% 대비 90%), "무기로 누군가를 공격하여 심각한 부상을 입힌" 적이 더 많았다(28% 대비 69%)고 보고했다. 또한, 갱단에 연루된 여자청소년들은 그렇지 않은 여자청소년들에 비해 불법마약을 판매할 가능성과 투약할 가능성 모두가 훨씬 더 높게 나타났다(이들 중 56%가 크랙 코카인9)을 판매한 것에 비해, 갱에 소속되지 않은 여

---

9) [역자 주] 코카인가루에 베이킹 소다를 섞은 후 가열하여 만드는 것으로, 1980년대 등장했다. 통상

자청소년들은 7%만이 판매하였다; 밀러, 2002, 85쪽; 데스체네스 & 이스벤센, 1999도 참조).

그러나 가장 심각한 갱단범죄들에 대한 갱단 여자청소년들의 연루는 여전히 명목적인 것에 불과하다. 데스체네스와 이스벤센(1999)은 갱단에 관여하는 것은 여자청소년들이 (피해자와 범죄자 측면에서 모두) 폭력을 경험할 가능성을 증가시켰지만, 갱단에 속한 여자청소년들이 폭력을 사용하는 빈도는 전반적으로 비교적 낮다는 것을 발견했다. 갱단에 속한 여자청소년들이 강도범죄를 저지르거나 총기를 쏘는 것은 1년에 평균 1회 정도이며, 흉기로 누군가를 폭행하는 것은 1년에 2회 정도라고 보고했다(286쪽). 무어^{Moore}와 해거돈^{Hagedorn}(2001)은 1993년부터 1996년까지 시카고의 체포 기록을 조사하였고, 유사한 결과를 도출했다. 살인 및 불법 무기 소지 혐의로 체포된 여자청소년은 각각 0.1%와 2.8%에 불과했다(5쪽).

이러한 양적 자료들은 "새로운" 폭력적인 여성범죄자의 부상에 대한 근거를 제공하지 못하며, 이 문제를 둘러싼 과장된 선전은 범죄보다는 인종차별과 더 관련되어 있음을 암시한다. 초기에 남자청소년에게 그랬던 것처럼, 갱단의 여자청소년에게 초점을 맞추는 것은 유색인종 여자청소년들의 삶에 대해 상당한 관심을 불러일으켰다는 점에서 한 가지 긍정적인 효과가 있었다. 갱단 여자청소년들에 대한 훌륭한 민속지학적 연구는 적지만 증가하고 있는데, 이러한 연구들은 일부 여자청소년들이 갱단참여를 통해 젠더, 인종, 계층문제를 해결하는, 훨씬 더 복잡한 그림을 제안한다. 이러한 연구를 검토하다 보면, 여자청소년들의 갱단 경험은 단순히 남성의 세계에 "침범$^{breaking into}$"하는 것으로 특징지어질 수 없다는 것이 분명해질 것이다. 여자청소년들과 여성들은 여성에 대한 고정관념이 가정하는 것보다 항상 더 많은 폭력적인 행동에 관여해왔고, 수십 년 동안 갱단에 소속되어 왔다. 그러나 여자청소년들의 갱단참여와 폭력조차도 젠더로부터 큰 영향을 받고 있다.

코로 흡입해서 혈관을 통해 흡수되는 코카인과는 달리, 크랙 코카인은 태워서 기체 상태로 폐를 통해 흡수되어 약효는 훨씬 강하면서도 짧게 지속된다. 또한, 크랙 코카인은 베이킹 소다를 섞어 만들기 때문에 코카인가루에 비해 상대적으로 저렴한 편이다. 이로 인해 크랙 코카인은 특히 빈곤계층에 코카인 투약이 확산된 원인으로 꼽히기도 한다.

여자청소년과 갱단 : 질적 연구들

여자청소년들의 갱단참여 정도에 대한 추정 범위를 고려했을 때, 여자청소년이 갱단의 삶에 관여한다는 것이 "존재하지만 보이지 않는"(맥로비 & 가버, 1975) 것으로 묘사되어 온 다른 청소년 하위문화에 여자청소년이 참여하는 것과 유사한 것인지 궁금할 수 있다. 오랫동안 이어져 온 연구자들의 "성별화된 버릇들"은 여자청소년들의 갱단참여가 간과되고, 성적인 것으로 치부되어 왔으며, 지나치게 단순화되어 왔음을 의미한다.[10] 남성 갱단, 폭력, 다른 범죄활동 간의 연관성을 조사하는 연구가 증가하고 있음에도 불구하고, 갱단활동에 여성이 참여하는 것에 대한 연구에서는 그에 상응하는 발전이 이루어지지 않았다. 소년사법체계에 발을 들여놓는 모든 젊은 여성들과 마찬가지로, 갱단에 속한 여자청소년들은 눈에 보이지 않아왔다. 앞서 언급했듯이, 여자청소년들의 비가시성은 의심할 여지없이 반세기 이상 전에 시카고에서 눈에 띄는 하위계층 남성의 비행을 이해하려는 초기 노력에 의해 설정된 것이다. 예를 들어, 높이 평가되고 있는 얀코프스키[Jankowski](1991)의 거리의 섬들[Islands in the Streets]은, 암묵적으로 갱단을 남성적인 현상으로 개념화하고 있으며, 앞서 지적한 바와 같이 남성의 소유물이라는 맥락에서 여자청소년들에 대해 논의한다.

내가 연구한 모든 갱단에서 여성은 소유물의 한 형태로 간주되었다. 흥미롭게도 내가 관찰하고 인터뷰한 여성들은 이 관계[소유자−소유물]의 특정 측면에 대해 완전히 편안하다고 느꼈으며, 싫어하는 측면들은 체념하고 그냥 받아들이기로 했다고 말했다. 그들이 가장 편안하게 느끼는 측면 중 하나는 남자들이 원하는 것은 무엇이든 제공해야 하는 의무를 진 하인처럼 취급받는 것이었다(146쪽).[11]

---

10) 예외에 대해서는 바우커와 클라인(1983), 브라운[Brown](1977), 캠벨[Campbell](1984, 1990), 피쉬맨[Fishman](1995), 지오다노[Giordano], 센코비치[Cernkovich] & 퓨[Pugh](1978), 해리스[Harris](1988), 무어(1991), 오스트너[Ostner](1986), 쿠이커(1983) 등 참조.

11) [역자 주] 남성의 시각에서 갱단에 속한 여자청소년들의 감정과 의견을 해석하고 있으며, 저자는 이를 비판적으로 바라보고 있다.

테일러^Taylor(1993)의 저서인 **여자청소년, 갱단, 여성, 그리고 마약**^Girls, Gangs, Women and ^Drugs은 여자청소년에게 초점을 맞추고 있지만, 정확히 말해서 남성의 관점에서만 그렇다. 그의 연구는 스래셔^Thrasher와 얀코프스키의 연구처럼 여성인 갱단조직원의 동기와 역할을 최소화하고 왜곡하는 경향이 있으며, 이는 남성 갱단조직원이나 연구자들 자신의 관점에서 여성의 경험을 설명하는 남성 갱단연구자의 젠더 편향^gender bias에 의한 결과이다(캠벨, 1990). 일반적으로 남성인 갱단연구자들은 여성 조직원들을 부적응한 선머슴^maladjusted tomboy이나 성적 소유물로 특징지어 왔으며, 어느 경우든 여성조직원들은 남성 갱단조직원의 단순한 부속물에 지나지 않는다고 간주해 왔다.

테일러(1993)의 연구는 미디어가 갱단의 여자청소년을 1970년대 해방된 여성사기꾼^liberated female crook의 청소년 버전으로 정의한 것에 학문적 지지라는 겉치장을 제공한다. 테일러가 자신의 저서를 위해 인터뷰한 여자청소년과 여성이 정확히 몇 명인지는 확실하지 않지만, 서론은 그의 연구기조를 명확하게 설정하고 있다. "우리는 여성들에게 삶의 기회가 주어지는 한 여성들도 남성들만큼 무자비하게 행동할 수 있는 능력이 있다는 것을 발견했다. 이 연구는 여성이 젠더 억압이라는 현 상황을 넘어 활동하고 있음을 보여준다"(8쪽). 테일러의 연구는 인터뷰한 여자청소년과 여성이 이야기하는 것을 보았을 때 이러한 관점이 지나치게 단순화되었다는 사실이 분명함에도 불구하고, 갱단참여에 있어 남자청소년과 여자청소년의 유사성을 강조한다. 예를 들어 "갱단의 여자청소년들이 직면한 문제들"에 대한 질문에 팻^Pat이 대답한 것을 들어보자.

만약 당신이 여자애들로만 구성된 무리를 데리고 있으면, 음, 그들은 당신이 "약하다"고 생각할 것이고, 거리에서는 약하면 모든 게 끝이에요. 남자애들, 롭 같은 애들은 여자애들이 약하다고 생각하는데 롭은 자기가 남자애, 그러니까 남자라서 최악인 상황은 면했다고 생각해요. [갱단 생활이] 험하긴 하지만 남자애들은 여자애들이 떠나는 것을 정말 싫어해요. 이제 일부 남자애들은 여자애들의 힘을 존중하지만, 대부분은 여자애들이 그냥 잠자코 있기를 원해요(테일러, 1993, 118쪽).

여성의 갱단 비행에 대한 다른 연구들은 여자청소년들이 남자청소년으로 구성된 갱단에서 보조 역할을 한다고 강조한다(바우커, 1978; 브라운, 1977; 불럭[Bullock] & 틸레이[Tilley], 2002; 플라워스[Flowers], 1987; 핸슨[Hanson], 1964; 레이들러[Laidler] & 헌트[Hunt], 2001; 로더데일[Lauderdale] & 버만[Burman], 2009; 밀러, 1975, 1980; 라이스[Rice], 1963 참조). 이 연구는 전반적으로 갱단의 일부인 여자청소년들을 남성조직원의 여자친구 또는 남성 갱단의 "여동생" 격인 하위집단으로 묘사한다(바우커, 184쪽; 핸슨, 1964). 나아가, 그들은 갱단 내에서 여자청소년들이 하는 역할이 "남자청소년들을 위해 무기를 숨기고 운반하는 것과 성적인 부탁을 들어주는 것, 그리고 때로는 적대 관계에 있는 남자청소년 갱단에 연관된 여자청소년들과 싸우는 것"이라고 이야기한다(만[Mann], 1984, 45쪽).

비록 이 이미지에 완전히 도전하는 것은 아니지만 여자청소년 갱단에 대한 일부 직접적인 설명은 이 여자청소년들이 직면하고 있는 인종과 계급의 문제에 더 직접적으로 초점을 맞추고 있다. 로스엔젤레스 동부 멕시코계 여성[Chicana] 갱단 조직원들을 대상으로 한 쿠이커(1983)의 연구는 비록 여전히 남성들에게 다소 의존적이긴 하지만 이 여자청소년들이 점점 더 독립적으로 변하고 있다는 것을 발견했다. 이 여자청소년들은 자신들을 "홈걸[homegirls]"로, 그리고 상대방이 되는 남성은 "홈보이[homeboys]"라고 인식했는데, 이는 바리오[barrio12)]에서 관계를 지칭하는 흔한 표현이다. "긴장이론"에 대해 명확히 언급하면서 쿠이커는 라틴계 거주 지역 내에서는 가족 단위의 요구를 충족시킬 수 있는 경제적 기회가 거의 없다고 지적했다. 그 결과, 가족은 해체되며 성년기에 진입하는 젊은이들에게는 문화적으로 강조된 성공 목표에 대한 접근이 제공되지 않는다. 놀라울 것 없이, 세상에서 어떻게 지내야 하는지를 배우고 바리오의 거친 환경으로부터 그들을 보호해 주는 갱단생활의 맥락 속에서, 멕시코계 여자청소년들의 거의 모든 활동이 이루어지게 된다(쿠이커, 1983).

쿠이커(1983)와 같은 시기에 시작된, 로스앤젤레스 동부의 두 멕시코계 갱단에 대한 무어(1991)의 민속지학 연구는 현재에도 의미를 가진다. 무어의 인터뷰는

---

12) [역자 주] 스페인어를 사용하는 라틴계 사람들의 거주 지역, 특히 빈곤율이 높은 지역을 가리킨다.

바리오 내 갱단과 관련하여 여자청소년들이 갖는 경험의 다면적인 특성과 갱단의 여자청소년들에 대한 남성조직원들의 인식변화 모두를 규명한다. 특히 무어의 연구는 심지어 1940년대에도 갱단에 소속된 여자청소년들 중 일부가 "남자청소년들의 패거리에 단단히 얽매이지 않고", "남자청소년들보다 특정 바리오에 덜 얽매어 있는" 등 갱단에 속한 여자청소년의 유형이 단일하지 않음을 확인하였다(27쪽). 갱단의 모든 여자청소년들은 "남자청소년들보다 더 문제가 많은 환경"에서 온 경향이 있었다(30쪽). 성적 피해로 인한 심각한 문제는 여자청소년들을 괴롭히지만 남자청소년에게는 해당하지 않았다. 무어는 갱단의 여자청소년들에 대한 남성조직원 및 동네의 부정적인 시각은 성적 이중 잣대를 그 특징으로 한다고 기록했다(무어 & 해거돈, 1995 또한 참조). 갱단 여자청소년들이 격렬히 거부하였음에도 불구하고 이들은 "잡년들tramps" 또는 "쓸모없는 것들no good" 등으로 불렸다. 더구나 일부 남성 갱단조직원들은, 심지어 갱단의 여자청소년들과 관계를 맺었던 사람들조차, "광장에서 성매매를 하는 여자애들square girls이 그들의 미래"라고 느꼈다(무어 & 해거돈, 75쪽).

산 페르난도 계곡의 라틴계 여성 갱단인 초라스Cholas에 대한 해리스(1988)의 연구도 이러한 주제를 반영한다. 많은 면에서 초라스는 남성 갱단과 닮았지만, 바리오(라틴계 거주 지역) 내 여자청소년의 전통적인 운명에 대해서 두 가지의 직접적인 방식으로 도전했다. 첫째로, 여자청소년들은 라틴계 여성에게 지워진 "아내와 어머니"라는 전통적인 이미지를 거부하고, 대신 더 "남성적인" 홈걸의 역할을 지지했다. 둘째, 초라스는 "가족과 인습적인 학교에 대한 약한 유대를 강력히 대체하는" 가족주의의 유형을 제공함으로써 조직적인 종교에서 소외된 여자청소년들을 지원하였다(172쪽).

애리조나 주 피닉스의 한 대규모 갱단에서 발견된 여성 "동년배 무리age sets"에 대한 연구에서도 동일한 "남자다움에 대한 주제macho themes"가 등장했다(무어, 비질Vigil & 레비Levy, 1995). 이들 집단에서 싸움은 여자청소년과 남자청소년들이 지위와 인정을 얻기 위한 방법으로 사용된다. 하지만 여기에서도 폭력은 젠더와 문화에 의해 매개된다mediated. 한 여자청소년은 "여자애들 중 한 명을 보호함으로써" 어떻게 인정받게 되었는지 이야기한다. "그(아는 남자애)가 여자애를 마구 때리고 발로 차고 있었어요. 저는 가서 그 남자애를 덮친 다음 때리기 시작했어요"(39쪽).
연구자들은 여자청소년들이 일단 한번 존경을 받으면 자신의 평판에 의존하며
덜 싸운다는 것을 발견했다.

　동년배의 여자청소년들 또한 "여성의 섹슈얼리티에 특히 보수적인" 멕시코
계 미국문화와 절충해야 했다(무어 등, 1995, 20쪽). 그들의 동네에서, 그리고 갱단
남자청소년들과의 관계에서 지속되는 이중 잣대는 자신감 있고 성적으로 활동적
인 여자청소년들을 이례적인 위치에 놓이게 한다. 따라서 이들은 "순수한 소녀"
를 숭상하는 문화와 싸워야 하는 동시에 갱단의 남자청소년들에 의한 성적 착취
에 대비해야 한다. 응답자 중 한 명은 남자청소년들이 때때로 여자청소년들을
[술에] 취하게 한 뒤 "기차에 태운다$^{pull\ in\ train}$"(많은 남자청소년들이 여자청소년 한 명과
성관계를 갖는 것)고 이야기했는데, 그것이 이 응답자가 분명히 반대하는 것임에도
불구하고, 이 여자청소년은 갱단의 남성조직원이 "나를 취하게 해서" 좋아하지
않는 남자와 성관계를 한 적이 있음을 인정했다(32쪽).

　포틸로스^{Portillos}와 자츠(1995)가 피닉스의 갱단에 대해 수행한 민속지학 연구는
멕시코계 갱단에 연루된 여자청소년과 여성의 성적 피해를 자세히 설명한다. 포
틸로스와 자츠는 여자청소년들이 "덜컥 뛰어들거나" "교육을 통해$^{trained\ in}$"[13) 갱단
에 들어갈 수 있으며, 전자는 갱단에 구타당하는 것을, 후자는 여러 명의 남성 갱
단조직원들과 성관계를 갖는 것을 수반한다고 지적했다. 흔히 "교육을 통해" 갱
단에 들어간 사람들은 나중에 "느슨하고^{loose}" "진짜가 아닌" 갱단조직원으로 간주
된다. 또한, 포틸로스와 자츠는 그들이 인터뷰한 여자청소년들 사이에서 극도로
높은 수준의 가족학대를 발견했고, 이에 따라 "남성 갱단조직원들이 여자청소년
을 대한 방식은 통상 남성들이 여자청소년을 어떻게 대우하는지를 단순히 복제
한 것일 수 있다"고 결론지었다(24쪽).

　갱단에 연루된 라틴계 청소년과 인터뷰를 진행한 세페다^{Cepeda}와 밸디즈^{Valdez}의

---

13) [역자 주] train이라는 단어는 '(특정한 직업 내지 작업을 위해) 교육받다'라는 동사로서의 의미 외
　에 '기차'라는 명사로서의 의미를 함께 가진다. 이러한 train의 중의적인 의미로 인해 '교육을 통해
　$^{trained\ in}$' 갱단에 들어왔다는 것은 '기차에 태운다$^{pull\ a\ train}$'는 비유적 표현이 시사하는 바와 같이, 여
　러 남성 갱단조직원들과의 성관계를 통해 갱단에 들어오게 되었음을 뜻하게 된다.

연구(2003)는 갱단의 맥락에서 "좋은" 여자아이와 "나쁜" 여자아이의 개념에 중요한 의미를 더한다. 세페다와 밸디즈는 남성 갱단조직원들이 라틴계 여성들을 매우 특별한 방식으로 보는 경향이 있으며, 서로 다른 두 집단이 갖는 "파티"는 파티에 참여하는 여자청소년 집단을 특히 위험에 빠뜨린다는 것을 발견했다. 남자청소년들과 "정서적인" 관계를 갖고 있거나, 경우에 따라서는 동거 관계에 있는 여자청소년들은 가족파티에 초대되었고, 이는 대개 존경할 만한 것으로 여겨졌다(96쪽). 이와는 대조적으로 "성적으로 난잡한 젊은 여성들hoodrats"은 비록 그들이 갱단의 일원이라고 할지라도 "느슨하고" 성적으로 이용 가능하다고 인식되었다. 누군가의 여자친구와 파티를 하는 것은 대개 가족모임을 의미하며, 젊은 여성들에게는 상대적으로 위험이 적다. 그러나 "성적으로 난잡한 여자청소년들"과 하는 즉흥적인 파티는 종종 과도한 마약투약과 음주를 수반하며, "완전히 취한" 여자청소년들을 성폭행하는 것을 포함할 수도 있다(세페다 & 밸디즈, 2003, 98쪽).

피쉬맨(1995)은 1960년대 초 시카고에 존재했던 남자청소년 갱단인 바이스 킹스Vice Kings에 종속된 흑인여성 갱단인 바이스 퀸즈Vice Queens를 연구했다. 빈곤, 실업, 낙후화, 높은 범죄율로 특징지어지는, 대부분이 흑인인 공동체에 살고 있는 십대 여자청소년들 30여 명으로 이루어진 바이스 퀸즈는 (남성 갱단과는 달리) 느슨하게 구성되어 있었고, 서로에게 친구가 되어주었다. 학교에서 낙제하고 일자리를 구할 수 없었던 여자청소년들은 바이스 킹스와 함께 술을 마시고, 성행위를 하고, 가끔 비행을 저지르는 등 거리에서 "어울려 다니며" 대부분의 시간을 보냈다. 바이스 퀸즈의 비행은 대부분 성매매, 상점절도, 가출 등 "전통적으로 여성적"인 것이었지만, 일부는 더 심각한 것이었다(예를 들어, 차량절도). 또한, 바이스 퀸즈는 다른 여자청소년 집단과 싸우기도 하였는데, 이는 주로 강인하다는 갱단의 명성을 지키기 위해서였다.

바이스 퀸즈는 거친 동네에서 생겨났기 때문에 "거리에서 싸우고 자신을 돌보는 것과 같은 전통적인 남성기술을 배울 수 있는 기회"를 얻었다(피쉬맨, 1995, 87쪽). 이 여자청소년들은 "학대하는 남성들"과 "그들의 정조integrity에 대한 공격"으로부터 스스로를 방어하는 방법을 배워야 했다(87쪽). 바이스 킹스와의 관계는 성적 파트너거나 그들 자녀의 어머니로서 주로 성적인 것이었지만, 결혼을 할 가망은 없었다. 피쉬맨은 바이스 퀸즈가 다음과 같은 특성을 가진다고 지적했다.

바이스 퀸즈는 독립적이고, 자기주장이 강하며, 흑인 저소득층 공동체 안에서 효과적으로 기능한다는 기대에 부응하기 위해 위험을 감수하도록 사회화되었다⋯ 결과적으로, 흑인여자청소년들은 필요에 의해 보다 유연한 역할을 가진다(90쪽).

1960년대 이후 흑인사회의 경제상황은 거의 개선되지 않았으며, 오늘날의 젊은 여성들은 의심할 여지없이 바이스 퀸즈보다 훨씬 더 암울한 미래에 직면해 있다. 이러한 맥락에서 피쉬맨은 "오늘날의 흑인여성 갱단은 더욱 견고하고 폭력적이며, '남성'의 범죄를 지향하게 되었다"고 추측한다(91쪽). 피쉬맨은 이러한 변화가 여성운동과는 무관하며, 오히려 "흑인사회 내 경제위기에서 비롯된 강제적인 '해방'"이라고 덧붙였다(90쪽).

현대 빈곤 지역의 여자청소년들이 직면한 젠더 억압과 구조적 한계는 비교적 새로운 갱 도시인 콜롬버스^{Columbus}와 세인트루이스$^{St.\ Louis}$의 여자청소년 갱단조직원에 대한 밀러(2001)의 최근 연구에 의해 주로 확인되었다. 갱단 인터뷰 대상의 대다수가 흑인인 가운데, 밀러는 인종적으로 분리되고 경제적으로 황폐화된 (결과적으로 여자청소년들을 범죄와 갱단 활동 주변에서 성장하도록 하는) 동네환경이 여자청소년들이 갱단에 합류할지 여부를 결정하는 영향력 있는 결정요인이라는 것을 발견했다. 또한, 약물남용, 폭력, 성적 피해와 같은 가족 내 문제들이 갱단에 속한 여자청소년들로 하여금 가출하고 갱단에 가담하도록 이끌었다고 보고했다(35쪽). 밀러의 연구에 참여한 여자청소년들은 젠더를 보호요인인 동시에 위험요인으로 인지하면서, 갱단의 삶이 어떤 면에서는 피해를 끼치기도 하지만 동시에 힘을 실어주는 것^{empowering}임을 발견했다. 여자청소년들은 갱단 내에 존재하는 젠더 평가절하$^{gender\ devaluation}$와 지역사회의 사회적 불평등 및 위험 사이에서 절충하고 전략을 짰다. 밀러는 갱단의 여자청소년들이 더 많은 비행과 폭력을 행사하게 될 뿐만 아니라, "갱단에 관여하는 것 자체가 젊은 여성들을 추가적인 피해 위험에 노출시키고 직접적인 피해자가 아닌 경우에도 폭력에 노출시키며, 이는 때때로 잊혀지지 않고 그 자체로 정신적인 충격을 준다"는 점을 밝혔다(151쪽).

헌트와 조-레이들러(2001)는 샌프란시스코 베이 지역의 마이너리티 청소년 갱단을 대상으로 한 연구에서 범죄피해와 폭력에 대한 결과를 재확인했다. 연구자들은 "여자청소년 갱단조직원들은 거리에서든, 가족과의 삶에서든, 연인과 남자친구와의 관계에서든, 그들의 삶 속에서 광범위한 폭력을 경험한다"고 결론지었다(381쪽). 비록 폭력이 일상생활을 좀먹지는 않지만, 갱단 여자청소년들은 때때로 폭력에 있어서의 (남성과 홈걸들에 의한) 피해자 역할과 가해자 역할, 그리고 목격자 역할을 경험한다. 폭력에 대한 이러한 경험은 폭력 성향이 강한 상황이나 긴장이 가득하고 때로는 적대적인 동네에서의 삶으로부터 비롯된 것이며, 갱단에 속한 여자청소년들의 "악마적인 성격" 때문이 아니다(366쪽).

육아/임신 중인 65명의 여성 갱단조직원과 그들의 모성으로의 전환에 대한 말로니 헌트[Moloney Hunt], 조-레이들러[Joe-Laidler]와 맥켄지[MacKenzie](2011)의 연구는 갱단에 속한 여자청소년들의 삶과 이들이 갱단에 참여하거나 빠져나오는 경로에 대한 추가 조사를 통해, 여자청소년들이 젊은 어머니로서, 그리고 갱단의 구성원으로서 (둘다 낙인이 찍힌 정체성이지만) 자신의 정체성을 절충하는 데 어려움을 겪었음을 밝혔다. 어머니가 된다는 것은 거리에서 물러나는 것을 의미했지만, 연구에 참여한 여자청소년들은 여전히 존중과 존경, 재정 및 경제적 자원의 문제들과 투쟁하고 있었다. 갱단 생활은 여자청소년들에게 더 많은 자율성을 의미했고, 이러한 자율성은 이들이 갈망했던 것이자 보통의 어머니로서는 누리지 못하는 삶의 한 측면이었다(말로니 등, 2011).

도레[Dorais]와 코리보[Corriveau](2009)의 연구 또한 섹슈얼리티, 성적 활동, 범죄피해의 관점에서 갱단 여자청소년들이 직면하는 복잡성과 절충을 보여준다. 갱단 남자청소년들로 하여금 성매매 조직[prostitution ring]을 통제하도록 이끄는 남성과시[machismo14)] 문화에 초점을 맞춰, 도레와 코리보는 이러한 길거리 갱단이 미성년 여자청소년의 성매매를 어떻게 유지하고 영속화하는지 보여준다. 도레와 코리보는 먼저 어떻게 해서 어린 여자청소년들이 감정·심리·경제적인 조종을 통해 갱단조직원들과 연애하고 애착을 갖게 된 다음, 결국 성매매로 팔려 가는지의 과정을 기록했

---

14) [역자 주] machismo는 스페인어에서 못마땅한 어투로, 거친 태도를 보이며 남자다움을 과시하는 것을 의미한다.

다. 도레와 코리보는 "어떻게 갱단조직원들이 애정 공세[love bombing](여자청소년에게 관심과 선물을 쏟아 붓는 것)와 같은 기술을 사용하여 젊은 여성들을 같은 편으로 끌어들이고, 그것이 어떻게 여성이 갱단을 탈퇴하고 떠나는 것을 어렵게 만들 수 있는지" 보여준다(45쪽).

경제·사회적으로 빈곤한 폭력 지역에서 성장하는 것과 결부된 인종과 젠더의 영향은 라우더백[Lauderback], 핸슨[Hansen]과 발도프[Waldorf](1992)의 샌프란시스코 흑인여성 갱단에 대한 연구와, 밀워키의 흑인갱단과 히스패닉여성갱단의 구성원 간 인종 차이를 탐구한 무어와 해거돈(1995)의 연구에서 더욱 잘 드러난다. "부적응하는, 폭력적인 선머슴", 그리고 남성 갱단조직원의 호의에 전적으로 의존하는 성적 대상이라는 여성 갱단조직원에 대한 전통적인 관념을 반박하면서, 라우더백과 동료들은 자신과 그들의 어린 자녀들을 부양하기 위해 크랙(마약) 판매에 관여하고 "자구책[boosting]"을 조직한 독립적인 여자청소년 갱단을 연구했다(57쪽). 모두 25세 이하인 이 젊은 여성들은 자녀들의 아버지로부터 버림받았고 다른 남성들로부터 학대와 통제를 받았다. 이들은 "마약판매가 아닌 다른 일을 하고 동네를 떠나고" 싶어 했지만, "많은 이들은 그들 자신을 마약판매로 이끄는 환경이 바뀌지 않을 것이라고 느꼈다"(라우더백 등, 69쪽). 이러한 연구결과에 이어, 무어와 해거돈이 인터뷰 대상자들에게 "오늘날의 남자들을 생각했을 때, 내 자녀는 내가 직접 키우는 것이 낫다"라는 진술에 동의하는지 물었을 때, 흑인여성 갱단조직원의 경우에는 75%가 동의했으나 이 진술에 동의한 라틴계 여성 갱단조직원들은 43%에 불과했다. 이와는 대조적으로, "여성이 자신의 삶을 바로잡기 위해 필요한 것은 좋은 남자를 찾는 것"이라는 진술에 동의한 흑인여성은 한 명도 없었으나, 라틴계 여성의 29%는 위 진술에 동의하였다(무어 & 해거돈, 1995, 18쪽).

뉴욕시 지역의 히스패닉 갱단에 대한 캠벨의 연구(1984, 1990)는 히스패닉 문화에서 여자청소년들을 위한 갱단의 역할을 심도 있게 탐구한다. 캠벨의 연구에 참여한 여자청소년들은 유색인종의 젊은 여성들에게 제공할 것이 거의 없는 사회에서 자신들이 차지하는 지위로서 대부분 설명되는 이유로 갱단에 합류했다(1990, 172-173). 첫째, 그들이 "가정부"를 벗어나 제대로 된 경력을 쌓을 가능성은 사실상 거의 존재하지 않았다. 많은 이들은 복지로 생계를 유지하는 여성가구

주 가정 출신이고, 대부분은 시장성 있는 기술을 가지지 못한 채 학교를 중퇴했다. 미래에 대한 그들의 열망은 락스타나 전문모델이 되는 것 등 성별에 따라 부여된 것이면서도 비현실적인 것이었다. 둘째, 히스패닉 여자청소년들은 그들의 삶에 속한 남자들이 전통적인 가장이 아님에도 불구하고 여전히 젊은 여성들에게 열려있는 가능성을 제한하는 결정을 많이 내리는, 고도로 성별화된 공동체에 자신들이 속해 있음을 발견했다. 셋째, 젊은 히스패닉 어머니가 짊어진 책임은 그들의 선택권을 더욱 제한한다. 캠벨은 매우 암울한 미래를 보여주는 최근 자료를 인용한다. 94%는 자녀를 가질 것이고 84%는 남편 없이 자녀를 키울 것이다. 대부분은 어떤 형태로든 사회복지에 의존하게 될 것이다(1990, 182쪽). 넷째, 이 젊은 여성들은 빈민가에 살면서 미혼모로서 고립될 미래에 직면해 있다. 마지막으로, 그들은 도시 하위계층의 일원으로서 남성 파트너와 무력한 미래를 공유한다. 그들의 삶은 사실상 인종, 계층, 젠더라는 세 가지 불리한 조건으로 인해 발생하는 모든 부담을 반영한다.

캠벨(1990)은 갱단이 이 여자청소년들에게 그들을 "기다리고 있는 암울한 미래에 대한 이상화된 협동적인 해결책"을 상징한다고 말한다. 여자청소년들은 자기 자신과 외부세계를 매우 이상적이고 낭만적인 삶으로 묘사한다(173쪽). 여자청소년들은 갱단에 소속되어 있다는 과장된 의식을 발달시킨다. 많은 사람들이 갱단에 합류하기 전에는 외톨이였으며, 학교친구 또는 동네의 또래집단과 느슨하게 연결되어 있을 뿐이었다. 그러나 갱단의 친밀감과 갱단생활의 즐거움은 현실보다는 허구에 가깝다. 갱단의 일상에 대한 "거리의 이야기"는 파티, 마약, 술 등 다양한 "재미"에 대한 과장된 이야기로 가득하다. 그러나 캠벨이 지적한 것처럼,

이러한 사건들은 그들이 미래에 맞이할 외로움과 고된 일에 대한 보루 역할을 한다. 또한, 이러한 사건들은 갱단생활의 일상적인 현실을 착각하게 만든다. 여가 기회의 부족, 직장이나 학교로 채워지지 않은 긴 하루, 금전 부족은 많은 시간들이 길모퉁이에서 낭비된다는 것을 의미한다. "아무것도 하지 않는 것"은 현관 계단에 걸터앉아 있는 것을 의미한다. "헛소리"의 시간은 한 번에 맥주 한 캔을 사기 위해 가게로 향하는 것으로 멈춰진다. 뜻밖의 소득이 발생하면 마리화나와 럼

주를 대량으로 구입하고 파티가 시작된다. 다음 날, 삶은 원래대로 돌아온다 (1990, 176쪽).

조^{Joe}와 체스니-린드(1995)의 하와이 청소년 갱단조직원에 대한 인터뷰는 갱단의 사회적 역할을 더 자세히 묘사하고 있다. 소외되고 혼잡한 동네에서의 일상은 두 가지 뚜렷한 방식으로 집단연대의 장을 마련한다. 첫째, 소외된 지역사회에 만연한 권태, 자원 부족, 범죄의 높은 가시성은 청소년들이 비슷한 위치에 있는 다른 사람들에게 의지하게 되는 여건을 조성한다. 갱단은 사회적 배출구^{social} ^{outlet}를 제공한다. 또 다른 차원에서, 소외된 지역에 사는 가족이 겪는 스트레스는 재정적인 어려움과 결합되어 격렬한 긴장을 조성하고, 많은 경우 가정 내 폭력을 유발한다. 조와 체스니-린드는 무어와 마찬가지로, 여자청소년들이 높은 수준의 성학대 및 신체적 학대를 경험했다는 것을 발견했다. 여자청소년의 62%가 성적으로 학대를 당하거나 폭행을 당했다. 여자청소년들의 4분의 3, 남자청소년의 절반 이상이 신체적 학대를 겪었다고 보고했다.

갱단은 여자청소년과 남자청소년 모두에게 안전한 피난처와 대리 가족^{surrogate} ^{family}을 제공한다. 주변성^{marginality}이라는 주제는 젠더와 민족성^{ethnicity} 모두에 영향을 미치긴 하지만, 여자청소년과 남자청소년, 그리고 사모아인, 필리핀인, 하와이인이 일상생활의 문제를 표현하고 대응하는 방식에는 결정적인 차이가 있었다. 예를 들어 이러한 압박, 특히 빈곤의 권태$^{boredom\ of\ poverty}$를 극복하기 위한 남자청소년과 여자청소년의 전략에는 차이가 있다. 남자청소년들에게 있어서 싸움은, 심지어 싸움을 거는 것까지도, 갱단 내에서 중요한 활동이다. 갱단조직원 주위에 여자청소년들이 있는 것은 오히려 폭력을 억제한다. 14세의 필리핀 남자청소년 한 명은 이렇게 말했다. "만약 우리가 여자애들과 같이 있지 않으면, 우리는 싸울 거예요. 만약 우리가 싸우지 않으면 여자애들하고 같이 있는 걸 거예요"(조 & 체스니-린드, 1995, 424쪽). 남자청소년들의 많은 활동에는 음주, 돌아다니기^{cruising}, 시빗거리 찾아다니기가 포함된다. "시빗거리를 찾아다니는 것"은 문제에 대비하는 것을 의미하기도 했다. 총을 구할 수는 있지만 인터뷰에 응한 대부분의 남자청소년은 방망이나 손을 이용해 싸웠는데, 전적으로 그런 것은 아니지만 주로 약자들이나 총을 들고 싸우는 것이라고 생각하는 문화적 규범 때문이다.

　여자청소년들에게 있어 싸움과 폭력은 갱단 내 삶의 일부이지만 반드시 추구해야 하는 것은 아니다. 대신 동네와 가족 내 폭력으로부터의 보호는 여자청소년들의 인터뷰에서 일관되고 중요한 주제였다. 한 여자청소년은 단순히 "아버지로부터 어느 정도의 보호"를 받기 위해 갱단에 관여하고 있다고 했다(조 & 체스니－린드, 1995, 425쪽). 이 여자청소년은 갱단을 통해 신체적으로, 그리고 감정적으로 자신을 방어하는 방법을 배웠다. "아버지는 나를 때리곤 했지만 지금은 내가 반격하기 때문에 별로 때리지 않아요." 다른 14세의 사모아인 여자청소년은, "갱단의 일원이 되지 않으면 구타당하는 사람이 될 것"이라고 했다. 이 젊은 여성은 자신의 갱단에 소속된 조직원들이 "완전한 태세total attitude를 갖추고 싸울 수 있어야 한다"고 하면서도 이어서 "우리는 우호적인 갱단이 되고 싶어요. 사람들이 왜 우리를 두려워하는지 모르겠어요. 우리는 그렇게 폭력적이지 않아요"라고 했다. 이 여자청소년들의 삶에서 싸움은 실제로 일어난다. "우리는 그 여자애가 건방지게 굴었기 때문에 다 같이 가서 공격한 거예요. 그 여자애가 '뭐야, 잡년아'라고 말해서 내가 때려잡으러 갔고 내 친구들도 뛰어들었어요"(조 & 체스니－린드, 425－426쪽).

　또한, 갱단은 범죄활동에 가담할 수 있는 기회를 제공하지만, 이러한 기회들은 젠더에 따라 영향을 받는다. 특히 빈곤가정 출신 남자청소년들의 경우, 도둑질과 단기간 마약거래로 부족한 자금을 보충한다. 이러한 활동은 여성 응답자들 사이에서는 그리 흔하지 않다. 대신, 여자청소년들의 법적 문제는 가출과 같은 보다 전통적인 형태의 여성비행에서 비롯된다. 이 여자청소년들의 가족은 여전히 이중 잣대 안에 이들을 가둬두려고 하는데, 이것은 남자청소년들과는 비교할 수도 없는 부모들과의 갈등과 논쟁을 초래한다.

여자청소년에게 폭력적이라는 꼬리표 붙이기?

　"여자청소년들의 비행"에 대한 공식적인 고정관념에 맞지 않는 활동들은 역사적으로 당국에 의해 무시되어 왔다(피쉬맨, 1995; 쿠이커, 1983; 쉐클레이디－스미스

Shacklady-Smith, 1978). 종합해 보면, 여자청소년의 갱단 비행에 대한 평가는 양적이든 질적이든 간에 새로운 폭력적인 여성범죄자의 개념을 뒷받침할 증거가 거의 없음을 시사한다. 갱단 여자청소년들에 대한 민속지학적 연구를 자세히 살펴보면 여자청소년들이 갱단생활의 일부로 폭력적인 행동에 자주 연루되었음을 보여준다. 그러나 예전에는 이러한 간헐적인 폭력이 여자청소년들의 성적 행동이나 도덕성을 훨씬 더 신경쓰는 법집행기관 담당자들에 의해 무시되었다.

앞서 언급한 바와 같이, 전통적인 범죄학 학파들은, 심지어 가장 폭력적인 형태일지라도 남성의 비행이 상황에 대한 "정상적인" 반응은 아니더라도 어떻게든 이해할 수는 있는 반응이라고 가정해왔다. 그러나 이와 같은 가정은 폭력적인 동네에 사는 여자청소년들에게는 적용되지 않는다. 사소한 폭력에 연루되었다고 하더라도 여자청소년들은 남자청소년들보다 더 공격적인 것으로 인식된다. 미디어가 여자청소년 갱단조직원을 다루는 것에서 볼 수 있듯이, 이러한 방식으로 인위적이고 수동적인 여성성을 구축하는 것은 유색인종 여자청소년들을 악마화하는 토대를 마련한다. 여자청소년과 갱단에 대한 미디어의 묘사는 인종차별 및 성차별의 피해자들이 그들 자신이 겪고 있는 문제로 인해 외려 비난받을 수 있는 정치적 분위기를 조성한다(체스니-린드 & 해거돈, 1999). 이러한 악마화는 소외된 여자청소년들이 겪고 있는 진정한 문제에 대한 무심함이나 여자청소년에 대한 소년사법체계의 가혹한 처우를 정당화하는 데 이용될 수 있다.

이러한 민속지학적 설명은 적어도 갱단의 여자청소년들이 남성동료들과 "평등"을 추구하는 것 이상의 것을 하고 있음을 시사한다(댈리^Daly & 체스니-린드, 1988). 여자청소년들이 갱단에 가담하는 것은 전통적인 백인중산층의 소녀다움^girlhood 개념에 대한 단순한 저항 그 이상이다. 여자청소년들은 그들의 가족과 동네에 존재하는 다양한 경제·교육·가족·사회적 조건과 제약이 집합된 결과, 갱단에 참여한다. 사실 갱단의 바로 그 구조와 친목^social life 은 남자청소년 및 여자청소년이 젠더를 관리하고 구성하는 무수한 방법들에 의존한다.

커리(1995)는 여자청소년들의 갱단참여에 대한 논의가 양 극단으로 향하는 경향이 있다고 주장한다. 갱단에 속한 여자청소년들은 피해를 입은 희생자로 묘사되거나, "해방되고" 젠더를 벗어난^degendered 비행집단으로 묘사된다. 진실은 두 관점 모두 부분적으로 옳지만 서로의 관점 없이는 불완전하다는 것이다. 갱단 여자 청소년들의 삶에 대한 세심한 조사는 갱단이 여자청소년들로 하여금 그들의 세계에서 생존하는 것을 용이하게 만드는 방법을 보여준다. 또한, 여자청소년들의 삶에서 갱단의 사회적 역할에 초점을 맞추는 것은 여자청소년과 남자청소년의 지역 환경, 가족, 폭력에 대한 경험이 수렴되고 분산되는 방식을 밝힌다.

여자청소년, 갱단, 미디어의 과장 : 마지막 이야기

여자청소년과 여성이 저지른 "범죄의 물결$^{crime\ wave}$"에 대한 언론의 관심이 급증할 때마다 등장했던 기사들을 빠르게 비교해 보면 많은 유사점이 나타난다. 가장 중요한 것은 이와 같은 "범죄의 물결"을 외치는 사람들이, 관찰한 추세를 설명하기 위해 조잡한 형태의 평등 페미니즘$^{equity\ feminism}$15)을 사용하며, 그 과정에서 여성운동에 대항하는 "역풍^{backlash}"을 일으킨다는 것이다(팔루디^{Faludi}, 1991).

두 차례의 여성 "범죄의 물결" 간에도 결정적인 차이가 있다. 첫 번째 범죄의 물결을 알린 1970년대 기사에서 "해방된 여성사기꾼"은 백인 정치운동가, "테러범", 마약을 투약하는 히피족이었다. 예를 들어, 뉴욕타임즈 서비스가 제시한 기사에는 패티 허스트$^{Patty\ Hearst}$와 프리데리케 크랩$^{Friederike\ Krabbe}$의 사진이 포함되어 있었다(클레메스러드^{Klemesrud}, 1978). 오늘날의 악마화된 여성은 대개 폭력적인 흑인이나 히스패닉 십대들이다.

두 경우 모두 기사 내용의 일부만이 사실이었다. 이 장에서 보여주었듯이 여자청소년들과 여성들은 여성에 대한 고정관념이 주장하는 것보다 더 폭력적인 행동에 늘 관여해왔다. 또한, 여자청소년들은 수십 년 동안 갱단에 있었다. 그렇다면 이러한 사실을 주기적으로 재발견하는 언론은 다른 정치적 목적에 부응하고 있음이 분명하다.

과거에는 그 당시의 인종차별, 성차별, 군국주의에 도전했던 젊은 백인여성

---

15) [역자 주] 남성과 여성 간 법적 평등에 집중하는 페미니즘의 입장으로, 보수적 페미니즘$^{conservative\ feminism}$이라고도 한다.

들과 그들의 보이지 않지만 중요한 상대인 흑인여성들(바넷[Barnett], 1993)의 평판을 떨어뜨리는 것이 목표였는지도 모른다. 여자청소년과 갱단에 대한 연구결과에서 알 수 있듯이, 오늘날 양 젠더에 속한 젊은 마이너리티 청소년들은 절망적인 현재와 암울한 미래에 직면해 있다. 오늘날, 갱단이 인종을 지칭하는 음어[code word]가 된 것은 분명하다. 또한, 갱단 여자청소년들에 대한 미디어의 묘사를 검토한 결과, 청소년 갱단문제에 대한 미디어의 보도는 인종차별 및 성차별의 피해자들로 하여금 오히려 자신들이 감당하고 있는 문제에 책임을 지고 처벌받도록 하는 정치적 분위기를 조성할 수 있음을 시사한다.

요약하면, 최근의 여성 "범죄의 물결"은 사회의 인종차별과 성차별 문제를 재구성하려는 문화적 시도로 보인다. 젊은 여성들이 미디어에 의해 악마화되면서, 그들의 진정한 문제는 주변화되고 무시될 수 있다. 실제로 여자청소년들 자체가 문제인 것처럼 되었다. 따라서 여자청소년들을 염려하는 사람들에게는 이중의 도전이 놓여있다. 첫째, 갱단의 여자청소년들에 대한 책임감 있는 연구는 이와 같이 피해자 비난[victim blaming]의 역학관계를 분명히 짚고 넘어가야 한다. 둘째, 여자청소년 갱단이 생겨나는 맥락에 관심을 갖고 여자청소년 갱단에 대한 이해를 지속적으로 발전시켜야 한다. 계급, 인종, 젠더의 교차점에 대한 우려가 점점 더 커지고 있는 시대에 이러한 연구는 진작 이루어졌어야 했다고 보인다.

제4장

소년사법체계와 여자청소년들

제4장 소년사법체계와 여자청소년들

여자청소년 두 명을 성폭행한 소년보호관찰관^Juvenile justice counselor에 유죄가 선고되다
— 뉴욕타임즈, 2011년 1월 2일

여자청소년들이 교도소에서의 성학대를 고발하다
— 시카고 트리뷴, 2007년 10월 9일

제2소년구치소에서의 성학대 기소 —여자청소년을 마약으로 꼬드긴 교정관이
기소된 후 기관은 은폐 의혹을 부인
— 댈러스 모닝 뉴스, 2007년 3월 2일

　　20세기 초 범죄학의 아버지들[1]은 여성범죄자들에게 관심이 거의 없었지만, 역설적이게도 소년사법체계는 그렇지 않았다. 실제로 소년사법체계의 초기 역사는 여자청소년들의 부도덕한 행위에 대한 염려가 소년사법체계를 구성하는 "아동구조운동^childsaving movement"[2](플랫^Platt, 1969)의 중심에 자리하고 있음을 보여준다.

---

1) [역자 주] "실증주의 범죄학의 아버지"로 불리는 체사레 롬브로조^Cesare Lombroso, "고전주의 범죄학의 아버지"로 불리는 체사레 베카리아^Cesare Beccaria, "정신분석학의 아버지"로 불리는 지그문트 프로이트^Sigmund Freud 등을 가리킨다.
2) [역자 주] 19세기 후반 미국에서 대두되어 소년사법체계가 형성되는 데 큰 영향을 미쳤던 운동을 가리킨다. 아동구조운동에서 적극적으로 활동하였던 사람들은 아동구조자^child saver라고 불렸다. 아

반세기 후 특히 비범죄 지위위반[noncriminal status offenses](가출, 통금위반, 선도불가[incorrigibility] 등)[3]을 다루기 위한 방식으로 소년사법체계 개혁이 이루어졌다. 제2장에서 살펴보았던 바와 같이 이들 지위위반은 소년사법체계에 대한 여자청소년들의 경험에 있어 중요한 의미를 가진다는 사실에도 불구하고, 소년사법체계 개혁 논의에 여자청소년에 대한 염려는 등장하지 않았다. 결국, 소년법정이 세워진 한 세기 후에 성인 및 청소년여성단체는 범죄자로 낙인된 여자청소년들의 삶에 놓인 어려운 문제들을 미국 의회[U.S. Congress]가 다루어야 한다고 요구하고 있다.

이 장은 (서두의 헤드라인에서 포착하고 있는 바와 같은 문제를 포함하여) 소년사법체계에 들어선 여자청소년들의, 종종 보이지 않는 경험들에 대해 고찰한다. 또한, 이 장에서는 21세기의 여자청소년들의 욕구에 보다 잘 부응할 수 있는 방법을 제안할 것이다.

"여자아이들을 정복하기 위한 최고의 장소"[4]

청소년범죄자들을 분리수용하는 시설을 설치하려는 움직임은 성매매와 기타 "사회악"[social evils](일례로, 백인 성매매[white slavery]; 크눕퍼[Knupfer](2001); 맥더모트[McDermott] & 블랙스톤[Blackstone](1994); 래프터[Rafter](1990), 54쪽; 슐로스만[Schlossman] & 발라흐[Wallach], 1978)에 대한 염려와 밀접히 관련된 광범한 진보운동의 일환이었다. 여성이 아동구조운동의 영향을 받기는 했지만, 역설적으로 아동구조는 여성의 가정성[domesticity]을 축하하는 것이기

동구조운동은 단순히 인본주의 내지 이타심에 입각하여 시작된 것이 아니었고, 형벌을 통해 빈곤계층 및 이민자 가정 청소년들에게 사회통제를 강화하는 결과를 초래하였다는 점에서 많은 비판을 받았다. 일례로, 저자가 인용하고 있기도 한 플랫(1969)은 아동구조자들이 비행을 창조[invention of delinquency]하였다고 지적하기도 하였다.

3) [역자 주] 저자는 비행[delinquency]와 지위위반[status offense]는 엄밀한 차이가 있음에도 양자의 경계를 모호하게 하여 지위위반을 저지른 청소년에도 비행을 저지른 경우에 준하는 형사처분을 적용해 왔으며, 이러한 방식으로 형사사법체계는 점차 확대되어 왔다는 비판적인 견해를 취하고 있다. 이 장에서는 지위위반의 특성을 명확히 하기 위해 의도적으로 지위위반 앞에 '비범죄[noncriminal]'라는 수식어를 붙이고 있다.

4) 이 구절은 뉴욕 앨비언 소년원 개소에 대한 래프터(1990)의 고찰 중 수용자 파일에서 가져온 것이다.

도 했다(플랫^{Platt}, 1960; 래프터, 1990).5)

상류층 여성은 도덕적 순결 운동이 전개되고 가정법원이 설립되는 상황을 통해 어떤 의미에서는 자신의 에너지를 발산할 안전한 판매처를 찾았다. 여성들은 도덕적 영역에 대한 정당한 수호자로서, 사회질서의 규범적인 경계를 살피는데 특히 적합한 것으로 보였다. 도덕적 순결이라는 고정관념에 도전하기보다는 순응함으로써, 여성들은 성인여성 및 여자청소년에 대한 치안에 있어 스스로의 역할을 개척해 나갔다(알렉산더^{Alexander}, 1995; 파인만^{Feinman}, 1980; 프리드만^{Freedman}, 1981; 쿤젤^{Kunzel}, 1993; 메서슈미트^{Messerschmidt}, 1987). 초기 아동구조자들의 활동 중 많은 부분은 바른 길에서 벗어나는 것을 방지하기 위해 어린 여자청소년들, 특히 이민자 가정 여자청소년들의 행동을 감시하는 것을 중심으로 이루어졌다.

이러한 상황은 일부 페미니스트들과 좀더 보수적인 사회적 순결 운동이 충격적으로 제휴하는 것으로 직결되었다. 여성의 범죄피해와 남성 (그리고 여성도 어느 정도는) 섹슈얼리티를 의심한다는 점에서, 수전 B. 앤소니$^{Susan\ B.\ Anthony}$6)를 포함한 저명한 여성지도자들은 성매매 규제에 반대하고 성관계 동의연령을 상향하는 것과 같은 이슈에 대해서 사회적 순결론자들과의 공통분모를 발견했다(메서슈미트, 1987). 이 파트너십의 결과는 어느 정도 이와 같은 제휴의 가능성에 직면하고 있는 오늘날의 페미니스트 운동에 중요한 교훈을 남긴다.

여자청소년, 특히 노동자 계층의 여자청소년들은 이러한 개혁 노력에서 명백한 패배자였다. 초기 가정법원 활동에 대한 연구들은 법정에 선 여자청소년 거의 모두가 "부도덕^{immorality}" 또는 "자의성^{waywardness}"을 이유로 송치되었음을 보인다(체스니-린드, 1971; 파스코, 2010a; 슐로스만 & 발라흐, 1978; 셸던^{Sheldon}, 1981). 더 중요한 것은 이러한 비행에 대한 제재가 극도로 중했다는 것이다. 일례로 (최초의 가정법원이 설립되었던 지역인) 시카고에서 1899년부터 1909년까지의 기간 동안 여성비행청소년 중 절반가량이 소년원에 송치된 데 반해, 남성비행청소년은 5분의 1만이 소년원에 송치되었다. 밀워키에서는 여자청소년이 남자청소년의 2배만큼 소년원

---

5) [역자 주] 아동구조운동의 결과, 여성의 가정에서의 역할과 삶이 한층 강조되었음을 우회적으로 비판한 것이다.

6) [역자 주] 1800년대 중반 여성참정권운동 및 노예폐지운동에 핵심적인 역할을 담당했던 활동가였다.

에 송치되었고(슐로스만 & 발라흐, 1978, 72쪽), 멤피스에서 여자청소년이 소년원에 송치될 확률은 남자청소년의 2배만큼 높았다(셀던, 1981, 70쪽).

이와 유사하게 크눕퍼는 1904년부터 1927년까지 시카고의 초기 소년법정에 대한 분석에서 여성비행청소년의 60%에서 70%가 선도불가를 이유로 보호관찰 처분을 받거나 시설로 보내졌음을 발견하였다(2001, 91쪽). 판사들은 성비행이나 부도덕을 "위험한" 성범죄로 간주하여 성비행이나 부도덕을 이유로 남자청소년보다 여자청소년들을 시설에 수용하는 경우가 잦았다. 이러한 판단에는 여자청소년에 대한 이분법적인 이미지가 내재하고 있다. 하나는 피해자로, 행동이 잘못되었지만 본질적으로는 착한 여자아이이고, 다른 하나는 자기 자신에게는 아니지만 사회에 위험을 초래하는 "성적인 악마sexualized demon"다(크눕퍼, 2001, 94쪽). 결과적으로 두 명 이상의 파트너와 성관계를 가진 거의 모든 여자청소년들은 시설에 수용되었다. 게다가, 수용된 여자청소년의 70% 정도는 친족성폭력 피해자였는데, 이러한 "발견"은 대부분 사실이었고 감경요인이 아니라는 점이 확인되었음에도 그러했다.

1929년부터 1930년에 호놀룰루 법정에 선 여자청소년의 절반 이상이 "부도덕"으로 기소되었는데, 이는 성관계의 증거가 있음을 뜻했다. 다른 30%는 "자의성"으로 기소되었다. "부도덕"에 대한 증거는 경찰관들과 사회복지사로 하여금 여자청소년 및 가능한 경우 그 여자청소년과 성관계를 가졌다고 의심되는 남자청소년을 신문하고 체포하는 방식으로 추적되었다. [성적] "노출exposure"에 대한 증거는 사실상 모든 여자청소년 사건에 통상적으로 이루어진 산부인과 검사를 통해 확보되었다. 산부인과 검사의 목적을 이해하는 의사들은 처녀막의 상태를 다음과 같이 기록하곤 했다. "성관계가 있었음이 인정되고, 처녀막이 파열됨", "열상 없음", "처녀막 파열"이 검사서에 쓰인 전형적인 기록이었다. 이 시기에 여자청소년들은 남자청소년의 2배 이상 구금되었고, 평균적으로 상대 남자청소년보다 5배 이상 오래 구금되었다. 여자청소년들은 또한 남자청소년들보다 소년원에 송치될 확률이 3배가량 높았다(체스니-린드, 1971). 1950년대까지 여자청소년들은 소년원에 송치된 인원의 절반을 차지했다(체스니-린드, 1973).

"구호와 개혁"의 장소에 더하여 이 시기에 여자청소년 대상 감화원reformatories

및 소년원^{training schools}이 대거 설립되었다는 점은 전혀 놀랍지 않다. 일례로 슐로스만과 발라흐(1978, 70쪽)는 1850년부터 1910년까지 10년당 평균 5곳의 시설이 세워졌던 것에 비해 1910년부터 1920년 사이에는 여자청소년 대상 시설이 23곳 세워졌다고 언급하였다. 이들 시설들은 여자청소년들의 비행에 대한 공식적인 대응 기조를 확립하는 데 심혈을 기울였다. 여자청소년 대상 시설들은 조숙한 여성의 섹슈얼리티에 사로잡혀, 여자청소년들을 목가적인 환경에 수용하면서 남성과의 모든 접촉으로부터 분리하였다. 이는 여자청소년들을 혼인적령까지 붙잡아 두면서 때때로 장기간의 구금 동안 가사활동에 전념하도록 하기 위한 의도였다.

수십 년 간의 법원 역사에서 이러한 편견은 너무나 명백해서, 눈치가 빠른 관찰자들은 치료, 구호, 보호의 이름으로 미성년자의 권리를 금지하는 것에 우려를 표명하기 시작했다. 이러한 비판적인 작업 중 인상적인 것이자, 지나치게 간과되어 온 것은 폴 태판^{Paul Tappan}(1947)의 **법정의 여자비행청소년**^{Delinquent Girls in Court}이다. 태판은 "법원이 했다고 말한 것보다는 법원이 한 것"에 주목하겠다고 하면서 1930년대 후반부터 1940년대 초반까지 뉴욕 소년법원에서 다루어진 수백 건의 사건을 평가하였다. 태판은 단순히 부모의 명령에 복종하지 않아서 또는 "도덕적으로 타락할 위험^{danger of becoming morally depraved}"(33쪽)에 있어서 여자청소년들을 법정으로 보내는 규정에 심각한 문제가 있었다고 결론지었다. 태판은 특히 "'도덕적으로 타락할 위험'을 해석하여야 할 필요성은 법원에 도덕적인 성격에 대한 입법적인 작용을 부여했다"(33쪽)는 점을 우려하였다. 많은 여자청소년들이 단순히 성행위로 기소되었음을 언급하며, 태판은 "간음이 형법상 죄를 구성하지 않는 상황에서 성매매 여성이 아닌 16살, 18살, 20살의 성비행은 ─법적 의미에서─ 무엇인가"(33쪽)를 질문한다.

태판(1947)은 뉴욕 소년법원의 구조가 "판사, 개혁론자, 의료인에 무한한 재량을 부여하고 그들의 개인적 견해를 신뢰"하였음을 관찰하고, 그 결과 "피고인의 운명, 사회의 이익, 사회적 목적 그 자체는 특정 행정가의 예지와 인성이라는 미약한 가닥에 달려 있었다"(33쪽)는 점을 경고한다. 이러한 방식은 태판을 심히 괴롭게 하여, 그로 하여금 "사법적 전체주의^{judicial totalitarianism}의 함의가 역사에 기록되어 있다"(33쪽)고 쓰게 했다.

20세기 전반부 시기의 로스앤젤레스 소년법원에 대해 보다 최근에 이루어진 역사학적인 작업(오뎀^{Odem} & 슐로스만, 1991)은 1950년대까지 여자청소년의 성적 도덕성에 대한 우려가 법원활동을 채색해왔다는 증거와 함께, 여자청소년의 성적 도덕성에 대한 법원의 오랜 집착을 보여주는 추가 증거를 제공한다. 오뎀과 슐로스만은 1920년과 1950년, 20세기 전반부의 두 시점에 소년사법체계에 들어선 여자청소년들의 특성을 고찰했다. 1920년에는 여자청소년의 93%가 지위위반으로 기소되었다. 이 중 65%는(대다수 -56%- 는 대개 남자친구인 단일 파트너와 성관계를 가졌음에도 불구하고) 부도덕한 성행위로 기소되었다. 오뎀과 슐로스만은 소년법원에서 다루어진 사안의 51%가 여자청소년의 부모에 의해 시작되었다는 점을 발견했는데, 이는 특히 오늘날 도시환경의 노동과 여가라는 편재하는 유혹에 자신의 딸이 노출된 것을 염려하는 노동자 계층 부모의 두려움에 기인한 것으로 해석하였다(197-198쪽). 노동자 계층 부모들은 자녀인 여자청소년이 일하기를 바라면서도(실제로 52%는 현재 또는 직전연도에 일을 하고 있었다), 변화하는 사회도덕에 극도로 양가적이었으며 일부는 자신의 딸을 직접 법정에 보내는 것을 주저하지 않았다.

오뎀과 슐로스만(1991)은 로스앤젤레스 소년법원도 여자청소년을 구금하는 의무를 태만히 하지 않았음을 발견했다. 여자청소년의 77%가 법원 심리 전 구금되어 있었다. 로스앤젤레스 소년법원에서는 심리 전과 심리 후 모두 구금하는 것이 빈번했는데, 이는 여자청소년 집단에서의 성병 발생과 "명백히 연관되어 있었다." 자료에 따르면, 이 기간에 여성비행청소년의 35%와 기소된 성범죄자의 절반 이상이 임질, 매독, 기타 성병을 갖고 있었다. 오뎀과 슐로스만은 감염 사실 확인 및 (당시에는 상당히 길고 고통스러운 과정이었던) 치료를 강제하고자 하는 욕구가 구금되어 있던 많은 여자청소년 수를 설명한다고 보았다. 법원 처분 분석결과에 따르면 당시 보호관찰 처분이 가장 일반적이었음에도 불구하고, 여자청소년 중 27%에 대해서만 심리 후 즉시 보호관찰이 선고되었다. 많은 여자청소년들은 심리가 종결된 후에도 수주 혹은 수개월 동안 구금되어 있었다.

보호관찰이 선고되지 않은 여자청소년들은 가정부로 일하도록 개인의 집에 보내지거나 선한 목자수녀원$^{Convent\ of\ the\ Good\ Shepherd}$7) 또는 미혼모의 집과 같은 민간시설에 보내졌다. 오뎀과 슐로스만이 분석한 것에 따르면, "문제 여자청소년^{problem}

girls"의 33% 가량이 구금형을 선고받았다(1991, 198-199쪽).

오뎀과 슐로스만은 1920년부터 1950년의 기간에 "법원의 여성피고인 구성에는 거의 변화가 없었다"는 것을 발견했다(1991, 200쪽). 이 시기에 법정에 선 흑인 여자청소년의 수가 2배로 증가하기는 했지만(5%에서 9%로), 여전히 백인(1920년 73.5% 대비 69%), 노동자 계층, 해체가정 출신이 많았다. 그러나 여자청소년들은 1920년에 비해 1950년에 학교를 더 다니고 일은 덜 하는 경향을 보였다(200쪽).

기소의 내용은 달라졌지만, 1950년 로스앤젤레스 소년법원에 보내진 여자청소년 중 지위위반(78%)으로 보내진 경우가 압도적이었다. 이제는 여자청소년의 31%가 가출, 무단결석, 통금위반, "가정에서 전반적으로 고분고분하지 않음general unruliness at home"을 이유로 송치된다. 지위위반자들의 절반가량은 성비행을 직접적인 이유로 송치되었는데, 이는 보통 단일한 파트너와의 관계였으며, 누구도 성매매와 연루되지 않았음에도 그러했다(오뎀 & 슐로스만, 1991, 200쪽). 성병 감염률이 급감했음에도 이들 여자청소년들은 신체검사를 받았는데, 4.5%만이 양성이었다. 그럼에도 불구하고, 여성의 성행위에 대한 염려는 1950년대 "사회정책 형성에 결정적인 것으로 남아 있었다"(200쪽).

그런데 이 기간에 제재뿐만 아니라 송치의 원천이 변화하였다. 1950년에는 여자청소년의 26%를 부모가, 그리고 학교 관계자가 1920년과 거의 같은 비율로 소년법원에 송치하였다면(27% 대비 21%), 경찰이 송치한 수가 크게 늘어났다(1920년 29% 대비 54%). 제재는 소폭 변화해서, 1950년에는 심리 전 구금되는 여자청소년의 수는 약간 감소하였지만(1920년 77% 대비 56%), 결국 법원은 거의 같은 비율의 여자청소년을 구금시설에 보내는 것으로 결론지었다(1920년 33% 대비 1950년 26%; 오뎀 & 슐로스만, 1991).

---

7) [역자 주] 선한목자수녀회Congregation of Our Lady of Charity of the Good Shepherd 또는 Sisters of the Good Shepherd는 여성 및 여자청소년의 복지증진에 헌신하기 위한 목적에서 1835년 설립된 천주교 수녀회다. 선한목자수녀회는 미국에서 19세기 말부터 가출하였거나 법정에서 선도불가를 선고받은 여자청소년들이 거주할 수 있는 시설을 운영하였는데, 이 과정에서 여자청소년들을 세탁 등 노동에 혹사하였다는 논란이 제기되기도 했다.

여자청소년과 소년사법개혁

지위위반의 모호한 속성에서 초래되는 문제와 여자청소년들에게 미치는 사악한 의미가 1960년대 및 1970년대 소년사법체계에 계속하여 출몰했다. 이 시기에 소년법원에서 사용된 지위위반 범주는 여자청소년에게 적용될 때에는 섹슈얼리티를 의심하는 "완충 혐의$^{buffer\ charges}$"임이 명백했다. 1960년대 소년원의 여자청소년에 대한 베더^{Vedder}와 소머빌^{Somerville}(1970)의 관찰을 살펴보자. 베더와 소머빌은 자신들의 연구에서 여자청소년들이 "5대$^{big\ five}$ 지위위반"(가출, 선도불가, 성범죄, 보호관찰 위반, 무단결석)으로 수용되었지만, "많은 경우에 이들 사건의 근본적인 맥락은 여성청소년의 성비행에 있었다"(147쪽)는 점을 발견했다.

이러한 경향은 다른 국가에서도 마찬가지였다. 호주의 내핀^{Naffine}(1989)은 "지위위반으로 기소된 대부분은 부도덕한 버릇을 갖고 있고 수 명의 남자청소년들과 자유롭게 성관계를 가진 여자청소년들"이라는 공식문서를 발견했다(13쪽). 1970년대 초반 뉴저지 소년원에 대해 이루어진 또 다른 연구는 "그들[여자청소년들]을 보호하기 위해" 많은 여자청소년을 구금했음을 보여준다. 이러한 패턴에 대해 질문하자 한 판사는 "내가 다루는 여자청소년의 대부분이 지위위반으로 송치된다. 여자청소년이 임신하려고 한다면 우리[법원]가 열여섯 살이 될 때까지 지키고 있다가, 그 다음에는 부양자녀기금$^{Aid\ to\ Dependent\ Children:\ ADC}$8)이 데려가면 된다고 본다"고 설명했다(로저스^{Rogers}, 1972, 227쪽).

앤드류스^{Andrews}와 콘^{Cohn}은 1972년 뉴욕에서 통제불가^{ungovernability} 사건에 대한 사법판단을 체계적으로 고찰한 결과, 판사들은 "판결할 때 개인적인 감정과 선호에

---

8) [역자 주] 부양자녀기금$^{Aid\ to\ Dependent\ Children:\ ADC}$는 1935년 제정된 사회보장법$^{Social\ Security\ Act\ of\ 1935}$에 따라 시행된 연방 지원 프로그램을 가리키는 것으로, 훗날 부양자녀가 있는 가족기금$^{Aid\ to\ Families\ with\ Dependent\ Children:\ AFDC}$으로 명칭이 변경되었다. 사회보장법은 배우자의 사망·가출 등으로 인해 홀로 자녀를 양육하는 여성을 상정하여 정부가 양육비용의 3분의 1을 보조하면, 부양자녀기금이 나머지 비용을 보조하도록 했다. 그러나 기금이 충분하지 못해 도움을 필요로 하는 한부모 가정의 대다수가 수혜를 받지 못하고 있다는 비판이 제기되었고, 결국 1996년에 부양자녀가 있는 가족기금은 폐지되었다.

따라 행동한다"는 논평으로 결론지었다(1404쪽). 이러한 논평에 대한 증거로, 앤드류스와 콘은 연구과정 중 다음과 같이 녹음된 판사의 훈계를 제시했다. "그 여자아이는 자기가 예쁘고 매력적인 줄 안다. 내 아이가 혼자 그 아이와 방에 있다면 걱정될 것이다. 그 여자아이에게서 남자아이들에 대한 생각을 지울 필요가 있다"(1403쪽).

조숙한 여성의 섹슈얼리티와 부모로서의 적절한 대응에 대한 염려를 표출하는 유사한 태도가 판사들의 논평 전반에 걸쳐 뚜렷하게 나타난다. 또 다른 판사는 "어떤 여자아이들은 14살의 나이에 미친 생각을 한다. 이 여자아이들은 남자들과 놀아나고 싶어 하고, 그건 끔찍한 문제임이 분명하다"고 했다(앤드류스 & 콘, 1974, 1404쪽). 또 다른 판사는 다음과 같이 소녀를 꾸짖었다.

> 엄마 말씀 잘 듣고, 학교 잘 다니고 하루도 빼먹지 말고, 나쁜 짓으로 이끄는 사람들과 만나지 말고, 그런 사람들이 있는 상점이나 담배점포, 길거리 구석진 곳을 돌아다니지 말고, 엄마가 말씀하시면 집에 있겠다고 나와 약속하길 바란다(1404쪽).

여자청소년이 갈 수 있는 곳에 대해 규칙을 말해주기보다는 판사는 이렇게 결론짓는다. "네가 부모님이나 목사님과 같이 있거나 병원에 가는 경우를 제외하고는 이 도시의 길에서 너를 만나기를 원치 않는다. 내 말 알아듣겠니?"(1404쪽).

1950년대부터 1970년대까지 법원에 송치된 여자청소년과 남자청소년의 사건처리에 대한 경험적인 연구들은 이러한 사법태도가 미친 영향을 잘 기록하고 있다. 즉, 지위위반으로 기소된 여자청소년들은 범죄혐의로 기소된 성인남성 또는 성인여성보다 종종 더 가혹하게 처우되었다(체스니-린드, 1973; 콘, 1970; 데이츠맨[Datesman] & 스카피티[Scarpitti], 1977; 기번스[Gibbons] & 그리스올드[Griswold], 1957; 크랫코스키[Kratcoski], 1974; 만[Mann], 1979; 포프[Pope] & 파이어험[Feyerherm], 1982; 슐로스만 & 발라흐, 1978; 셸던, 1981). 일례로 기번스와 그리스올드는 1953년부터 1955년까지 워싱턴 법원이 선고한 처분에 대한 연구에서 여자청소년들이 남자청소년보다 훨씬 적게 범행을 저질렀음에도 불구하고, 시설에 보내진 비율은 2배 이상 높았다는 점을 발견했다

(109쪽). 몇 년 뒤, 델라웨어 소년법원에 대한 연구에서는 초범 여성지위위반자들이 중범죄로 기소된 남성보다 더 강한 제재를 받았음(시설 수용을 기준으로 측정하였을 때)을 밝혔다(데이츠맨 & 스카피티, 1977, 70쪽). 재범 지위위반자의 경우에 있어서는 이러한 패턴이 한층 강해져서, 여자지위위반자들은 남자지위위반자보다 6배 이상 시설에 수용되는 비율이 높았다.

　　20세기 후반의 소년법원을 주의 깊게 살펴본 연구들은 판사와 법원공무원들이 성적 이중 잣대를 사법적으로 강화하는 데 다소 직접적으로 참여하고 있음을 시사한다. 그에 대한 가장 적나라한 증거는 법원 초기에 나타나지만, 미국 곳곳에서 동일한 패턴이 계속되고 있다는 증거가 있다. 역설적이게도 연방대법원이 법원의 소년범죄자 판단을 날카롭게 비판하는 일련의 결정을 내린 것과 같은 시기에 지위위반 범주에 대한 소년사법체계의 남용이 계속되고 있다. 그 이유의 상당 부분은 이 시기의 이정표적인 연방대법원의 결정들이 범죄로 기소된 청소년들에게 확장되었기 때문이다. 그래서 여자청소년이 아니라 남자청소년의 문제가 사법적 주시의 대상이 되었다(체스니-린드 & 셸던, 2004). 그러나 소년사법체계의 지위위반 범주 남용은 혹독하게 검증되었으며, 법원에 대해 전세계적인 비판이 제기되었던 1970년대에 일부 지역에서는 법원의 공식 관할로부터 지위위반자들을 "탈시설화하고 전환처우deinstitutionalize and divert"하여야 한다는 주요한 움직임이 시작되었다.

탈시설화와 사법적 후견주의 : 소년사법의 이중 잣대에 대한 도전

　　1970년대 중반까지 전세계의 행형개혁론자들은 소년법원의 지위위반 범주 남용을 우려했다. 일례로 호주 빅토리아 주에서는 1978년 지역사회복지서비스법1978 Community Welfare Services Act이 일부 지위위반에 대한 (특히 "도덕적 위험에 노출된") 성적 배경 폐지를 시도하고 청소년에 대한 적절한 돌봄 부족과 방임, 유기를 강조하였다. 부모의 "통제 밖에 있는beyond control" 아이를 되찾기 위해 법원에 권위를 부여하는 것과 관련된 한계도 있었다(핸콕Hancock & 체스니-린드, 1982, 182쪽). 호주 사우스

오스트레일리아주는 그보다 더 나아가 1979년에 아동보호 및 청소년범죄자법
Children's Protection and Young Offender's Act을 통과시켜 지위위반에 대한 처벌을 근본적으로 철폐
하였다(내핀, 1989, 10쪽). 캐나다에서는 브리티시컬롬비아 주가 1969년에 지위위
반 청소년을 소년원에 수용하는 것을 허용하는 법을 폐지하였고 "부모의 통제 밖
에 있는" 청소년들을 다루기 위한 연방소년범죄자법Federal Juvenile Delinquents Act의 일부
"폐기"가 적극 추진되었다(브리티시컬럼비아 주, 1978, 16-19쪽). 결국 캐나다는 연
방소년범죄자법을 청소년범죄자법Young Offenders Act으로 대체하였으며(1982), 이에 따
라 지위위반자가 캐나다 규정에서 완전히 사라지게 되었다.

　　미국에서는 1974년 소년사법 및 비행예방법Juvenile Justice and Delinquency Prevention Act of 1974:
JJDP을 통해 연방의 비행예방 예산을 받는 주는 지위위반자들을 전환처우하고 탈
시설화하도록 하였다. 소년사법 및 비행예방법 규정의 불규칙한 적용과 소년법원
판사들의 상당한 저항에도 불구하고, 여자청소년들은 그 개혁에 따른 명백한 수
혜자였다. 이후 수십 년 동안 소년원 및 구금시설에서의 여자청소년 구금은 급격
히 감소해, 20세기 초기의 패턴과는 명백한 대조를 이룬다.

　　여자청소년 구금에 대한 공식통계는 20세기 초반부 형사사법기관이 소년구
금에 가졌던 열정과 1974년 소년사법 및 비행예방법의 효과를 동시에 보여준다.
1880년(여자청소년이 19%)부터 1923년(여자청소년이 28%)까지 소년교정시설 내 인
구에서 여자청소년의 비중은 증가하였다. 1950년에 여자청소년은 전체 34%로 증
가하였으며, 1960년에도 여전히 소년교정시설 인구의 27%를 차지하였다. 1980년
에 이러한 패턴은 전환되기 시작하면서 여자청소년은 교정시설 인구의 19%로 나
타난다(캘러한Calahan, 1986, 130쪽). 1991년에 여자청소년은 구금시설 및 소년원 인구
의 11%에 해당한다(문Moore, 1993a, 2쪽).

　　보다 최근의 연구들은 여자청소년 구금 패턴이 안정화되었음을 보여준다.
포Poe와 버츠Butts(1995)의 연구에 따르면 1988년부터 1992년까지의 구치소 입소에
서 여자청소년들의 비율은 19%, 교도소 입소에서의 비율은 11%였다(15쪽). 2006
년에 여자청소년들의 비율은 높아져서, 여자청소년은 구치소 입소의 22%, 교도
소 입소의 15%로 나타났다(식문드Sickmund 외, 2008).

　　이처럼 복합적인 패턴은 아마도 법원 공무원들이 항상 탈시설화에 비판적이

었다는 사실에서 찾아볼 수 있을 것이다(슈바르츠^{Schwartz}, 1989; 슈프롯^{Sprott} & 둡^{Doob}, 2009). 소년사법 및 비행예방법이 통과되었을 때는 [탈시설화가 확산되리라는] 희망에 부풀었지만, 1978년 회계감사원^{General Accounting Office: GAO} 보고서는 법률을 집행하는 기관인 법집행지원국^{Law Enforcement Assistance Administration: LEAA}이 소년사법 및 비행예방법의 탈시설화 규정을 거의 지지하지 않았다고 결론지었다. 구금시설에서 지위위반자들을 제외하려는 법집행지원국의 노력을 검토한 결과, 회계감사원은 법집행지원국이 사실상 "그 중요성을 경시하며 어느 정도는 연방의 요구를 이행하려는 주들을 말리기도 했다"고 판단하였다(GAO, 1978, 10쪽).

1980년 3월 개최된 소년사법 및 비행예방법 확대를 위한 공청회에서 소년사법 담당공무원들 사이에 탈시설화 반대 정서가 얼마나 깊은지 명확해졌다. 전미소년 및 가정법원 판사협의회^{National Council of Juvenile and Family Court Judges}를 대표하여 존 R. 밀리건^{John R. Milligan} 판사는 다음과 같이 주장했다.

현행 소년사법 및 비행예방법의 효과는 아이들에게 학교에 갈지, 집에서 살지, 계속 가출할지, 심지어 법원명령에 따를지 여부를 온전히 아이들 스스로 결정하도록 하고 있는 데 있습니다(미국 하원, 1980, 136쪽).

결과적으로, 판사들은 "적법한 법원명령^{valid court order}"을 위반한 청소년들은 더 이상 탈시설화 관련 규정을 적용받지 않도록 함으로써 개정된 법률에서 지위위반의 범위를 좁히는 데 성공했다(미국 법령집, 1981). 상원이나 하원 어디에서도 공개적으로 토론되지 않았던 이러한 개정은 법원명령 위반을 범죄로 규정하여 지위위반자를 재분류하는 것을 판사들에게 허용함으로써 1974년 소년사법 및 비행예방법을 효과적으로 무력화했다. 이는 법원이 명령한 장소(사회복귀 훈련시설, 위탁가정 등)를 벗어난 여자청소년들을 범죄자로 다시 명명하여 구금할 수 있다는 것을 의미했다.

이러한 개정 이전에 판사들은 소년사법 및 비행예방법의 탈시설화 규정을 "우회"하기 위한 비공식적인 노력을 기울였다. 여기에는 지위위반자를 법률위반자^{law violator}로 높이기 위해 법정모독죄를 적용하고, 지위위반자를 폐쇄 정신병동 시설에 수용하고, "준폐쇄^{semisecure}" 시설을 개발함으로써 지위위반자를 범죄자로 "부트스트래핑^{bootstrapping}"하는 것들이 포함되었다.

한 연구(비숍^{Bishop} & 프래지어^{Frazier}, 1992)는 플로리다에서 법정모독죄 적용의 효과를 검토한 결과, 여성지위위반자에 불이익이 있었음을 발견했다. 1985년부터 1987년까지 소년사법 재판부에 송치된 162,012건의 사건을 검토한 이 연구에서 남성지위위반자와 비교하였을 때 여성지위위반자에 대한 차별 경향은 미약한 것으로 나타났다. 그러나 법정모독죄를 적용한 효과를 살펴보자, 그 경향은 뒤바뀌었다. 비숍과 프래지어는 법정모독죄로 기소된 여성범죄자는 다른 범죄혐의로 기소된 여자청소년보다 법원에 더 진정하는 경향이 있었으며, 법정모독죄로 기소된 남자청소년보다도 법원에 진정하는 경향이 더 높음을 발견했다. 또한, 여자청소년은 남자청소년보다 구금이 선고되는 비율이 매우 높았다. 구체적으로 살펴보면, 이 연구에서 통상 여성범죄자는 구금될 비율이 4.3%였으나, 법정모독죄로 기소된 경우에는 29.9%로 구금되는 비율이 높아졌다. 이러한 경향이 남자청소년에게서는 발견되지 않았다. 비숍과 프래지어는 다음과 같이 결론지었다.

전통적인 [성적] 이중 잣대가 아직도 작동하고 있다. 페미니스트 운동과 관련된 문화적 변화나 지위위반자를 탈시설화할 것을 의무화하는 소년사법 및 비행예방법의 규정이 뜻하는 법적 변화도 남자청소년과 여자청소년의 법 앞에서의 평등을 가져오지 못하였음이 명백하다(비숍 & 프래지어, 1992, 1186쪽).

이후 소년사법 및 비행예방법을 연장하는 것과 관련하여 1992년 3월 개최된 공청회에서 소년사법체계 내 여자청소년의 처우에 관한 규정이 최초로 언급되었다(미국 하원, 1992, 1쪽). 공청회에서는 소년사법의 [성적] 이중 잣대와 여자청소년에 대한 처우 공백이 논의되었다. 하원의원 매튜 마르티네즈^{Matthew Martinez}는 다음과 같은 말로 공청회를 시작했다.

오늘 공청회에서 우리는 여자청소년의 비행과 이 법에 따른 여자청소년에 대한 처우 규정을 논의하고자 합니다. 우리 중 대다수는 우리가 이 이슈를 다룰 만큼 충분한 자료를 갖고 있지 못하다고 생각합니다. 또한, 우리 중 대다수는 우리 사회에 여자청소년에 대한 문제가 증가하고 있고, 이러한 문제는 여자청소년들이 갱단, 범죄, 그리고 그들이 늘 고통을 겪어야 했던 다른 문제와 결부되는 것으로 귀결되는 경향이 있다는 점을 인식하고 있습니다(미국 하원, 1992, 2쪽).

마르티네즈의 발언은 지위위반으로 체포된 많은 여자청소년들의 수, 법원명령 위반의 결과로 구금에 처해진 여자청소년들의 높은 비율, 여자청소년들의 욕구를 다루는 체계의 실패를 언급하는 것으로 이어졌다. 마르티네즈의 발언은 "나는 왜 소년교정시설 외에 이들을 위한 다른 대안이 없는지 의문스럽다"(미국 하원, 1992, 2쪽)는 질문으로 끝났다. 어둠의 아이들(Children of the Night9), 여자청소년들을 위한 페이스센터(Pace Center for Girls10), 여자청소년재단(Girls Incorporated11) 등 여자청소년들을 위한 조직들의 대표와 이 조직들의 프로그램에 적극 참여한 여자청소년들도 이 공청회에서 진술하였다.

아마도 이러한 이정표적인 공청회의 결과로, 1992년에 있었던 1974년 소년사법 및 비행예방법 연장에는 연방기금을 받는 각 주에 다음과 같은 사항을 포함한 계획을 요구하는 구체적인 규정이 포함되었다.

가능한 처우의 유형을 포함한 소년비행 예방 및 치료에 대한 성인지적인 처우 분석, 여성에 대한 처우 필요성, 소년비행 예방 및 치료를 위한 성인지적인 처우 계획(미국 공법 102－586, 1992년 11월).

소년사법 및 비행예방법 프로그램의 일환으로, 시설수용 처분과 치료에 있어 성차를 방지하는 정책과 여자청소년이 처우에 동등하게 접근할 수 있도록 하

---

9) [역자 주] 1979년 설립된 NGO 단체로, 성매매 피해 청소년 구조에 주력하고 있다(https://www.childrenofthenight.org).

10) [역자 주] 1985년 설립된 NGO 단체로, 소년사법체계에 들어선 여자청소년들을 위하여 성인지적인 재사회화 프로그램 개발 및 시설화의 대안마련을 촉구하고 있다(https://www.pacecenter.org).

11) [역자 주] 1864년 설립된 NGO 단체로, 미국 및 캐나다에 걸쳐 1,500곳의 지부를 두고 여자청소년의 발달단계에 맞는 전문적인 프로그램 제공을 목표로 활동하고 있다(https://girlsinc.org).

는 프로그램 개발을 희망하는 주를 지원하는 추가 예산이 배정되었다. 그 결과, 25개 주가 이러한 프로그램 개발에 착수했는데, 이는 10개의 지원기금 활동영역 중 가장 인기 있는 것이었다(여자청소년재단, 1996, 26쪽). 또한, 소년사법 및 비행예방법은 특히 다음 사항에 주의를 기울여 주 소년사법체계에서의 젠더 편향에 대한 연구를 진행할 것을 회계감사원에 요청했다.

> 지위위반을 이유로 구금된 여성의 빈도… 1992년 12월까지 5년의 기간 동안 같은 이유로 구금된 남성의 빈도와 비교, 그리고 처분의 타당성과 수용시설의 여건 (미국 하원, 1992, 4998쪽).

　소년사법 및 비행예방법상의 의무규정은 성별화된 소년사법체계의 요소들을 통제하고 있기 때문에 소년사법체계 내 성차별주의^{sexism}가 존재하는지 또는 존재하지 않는지 여부를 명확히 측정할 수 없을 것이었다. 구체적으로, 여자청소년들은 지위위반으로 기소된 이들을 과잉대표^{overrepresented}했기 때문에, 지위위반(더 구체적으로는 지위위반의 유형)을 "통제"^{controlling}하는 것은 성차별이 감지되지 않고 지속되도록 했다. 그러나 소년사법 및 비행예방법상의 의무규정은 여자청소년의 비행에 있어 지위위반이 가지는 핵심적인 역할을 인지한 것이기는 했다(이 문제에 대한 토론은 체스니-린드 & 셸던, 2004 참조).

　결국, 구체적으로 젠더와 관련지어지지는 못했지만 소년사법 및 비행예방법이 연장된 것은 지위위반자들을 범죄자로 "부트스트래핑"하는 것을 한층 어렵게 만들었다. 소년사법 및 비행예방법은 "적법한 법원명령" 위반으로 구금된 청소년은 판사 앞에서 명령을 선고받아야 하고 명령이 선고되기에 앞서서는 "미국 헌법이 정한 바와 같이 청소년에 보장된 적법절차에 대한 권리가 온전히 인정되어야 했다." 또한, 소년사법 및 비행예방법은 명령을 선고하기에 앞서 "기소된 청소년의 행위와 청소년이 왜 그러한 행위를 하였는지에 대한 이유 모두가 평가되어야 할 것"을 요하였다. 나아가, 소년사법 및 비행예방법은 폐쇄구금시설이나 폐쇄교정시설에의 수용이 아닌 (치료를 포함한) 모든 처분이 시도되었거나 명백히 부적절하다는 점에 대해 확인을 요하였다. 최종적으로, 법원은 검토결과를 담은 "서면

보고서"를 수용해야 한다(미국 하원, 1992, 4983쪽).[12]

아마도 여자청소년을 다루는 소년사법체계에 있어 가장 뚜렷한 변화는 의회가 주에 지급할 수 있도록 한 기금을 통해 간접적으로 도출되었다. 1992년에 연장된 소년사법 및 비행예방법은 "도전 E[Challenge E]" 절[section]을 통해 여자청소년에 대한 처우를 평가하는 주에 예산을 배정했다. 미국 내 25개 주가 이러한 목표를 달성하기 위해 기금을 신청해 받았고, 이는 10개의 지원기금 활동영역 중 가장 인기 있는 것이었다(여자청소년재단, 1996, 26쪽). 이러한 주 단위의 기금은 미국 전역에 여자청소년 관련 연구, 학술회의, 프로그램의 기반을 조성했다(체스니-린드 & 벨크냅[Belknap], 2002).

1992년에 소년사법 및 비행예방법이 연장된 데 따른 또 다른 성과는 여자비행청소년에 관한 "유망한 사례"와 프로그램을 확인하는 연구그룹을 지원한 것이었다. 그린[Greene], 피터스[Peters]와 동료들(1998, 8쪽)은 여자청소년들의 건강한 발달을 위해 필요한 욕구 다섯 가지를 (1) 신체적 안전, (2) 성인 양육자로부터의 신뢰, 사랑, 존경, 인정, (3) 긍정적인 여성 롤모델, (4) 스스로의 속도에 맞춰 성적 발달을 탐색할 수 있도록 보장, (5) 능력, 가치있음, "속해있다[belong]"는 느낌으로 확인하였다. 또한, 그린과 그 동료들의 보고서는 여자청소년들이 이러한 욕구를 충족시키는 데 빈곤, 가정폭력, 부적절한 건강 돌봄, 여성(특히 여성의 섹슈얼리티)에 대한 부정적인 메시지, 부정적인 지역사회·학교·또래 경험과 같은 많은 허들에 직면한다는 점을 확인하였다. 미국과 캐나다에서 진행된 또 다른 연구는 요약문에서 신체적 학대 및 성학대 모두 높은 비율, 심각한 마약중독, 낮은 학력 및 취업률, 만성적인 역기능·학대 가정 등 "젊은 여성범죄자들이 지속적인 다중문제 상황"에 있음을 확인하였다(코래도[Corrado], 오저스[Odgers] & 코헨[Cohen], 2000, 193쪽). 오하이오의 판사들은 "여자청소년들을 위한 치료프로그램이 충분히 있다"는 문구에 3분의 2가 동의하지 않았으며, 여자비행청소년들에 대한 양형을 극도로 제한하기도 하였다(남자청소년에 대한 같은 문구에는 3분의 1 미만만이 동의하지 않았다; 홀싱어[Holsinger], 벨크

---

12) 이렇게 공청회에서 알려졌던 소년사법 개혁사항들은 최근 지위위반으로 여자청소년들을 구금하는 것과 여자청소년 관련 프로그램에 배정된 적은 예산을 삭감하는 것을 용이하게 하는 의회입법안의 도전을 받고 있다(하워드[Howard], 1996).

냅 & 서덜랜드[Sutherland], 1999).

　1992년의 소년사법 및 비행예방법 연장이 여자청소년에 대해 새로운 국가적 관심을 불러일으켰다는 낙관론이 있지만, 사실 그 결과는 다소 일관되지 못하다. 일례로 소년사법 및 비행예방법은 연방기금을 받는 주들에 "여자청소년의 현재 욕구와 처우를 분석하고 여자청소년의 욕구에 부합하는 계획을 제시할 것"을 요구했다. 2002년 아동수호기금[Children's Defense Fund: CDF]과 여자청소년재단이 완결한 계획 검토에 따르면 "많은 주들은 이러한 구상을 실천하기 위한 유의미한 단계를 이행하지 않았다. 현재 주들의 조치를 개관한 결과, (1) 상당수의 주가 성인지적인 처우의 필요를 인식하고 있지만, (2) 현재 대다수의 주 계획에는 젠더 이슈가 빠져 있거나 부적절하게 적용되어 있다"(아동수호기금 및 여자청소년재단, 2002, 3쪽). 여자청소년 이슈에 기금을 지원하는 연방 차원의 노력은 클린턴 정부 초기에 시작되었는데, 9/11 테러 직후 부시 정부가 취소하였다(레이[Ray], 2002).

　결국, 각 주에 여자청소년의 욕구에 부합하는 계획을 제시할 것을 요구하는 것은 이전에 의도한 것보다 축소된 형태로 2003년 부시 정부의 소년사법 및 비행예방국[Office of Juvenile Justice and Delinquency Prevention: OJJDP]이 시작하였다. 2004년에는 영리 목적의 리서치트라이앵글연구소[Research Triangle Institute]가 여자청소년 연구그룹[Girls Study Group]을 꾸리는 조건으로 260만 달러 규모의 기금을 받았다(래런스[Larence], 2010). 그러나 여자청소년 연구그룹의 활동과 이 연구그룹이 효과적일 것으로 전망한 여자청소년 프로그램의 결과는 비판을 받고 있다. 연구그룹 구성(학계 12명과 실무가 1명)에 대한 우려, 프로그램의 증거 구성에 있어 다분히 제한적인 정의, 실무와의 관련성이 높고 처우 제공자들에게 유용한 작업결과 도출 실패로 인해 여자청소년 연구그룹의 활동은 부분적으로 회계감사원의 대상이었다(래런스, 2010). 다행히도, 최근에 연구그룹 활동의 결점을 보완하는 동시에 미국 전역에 증대하고 있는 성인지적인 프로그램 관련 작업을 진행하기 위한 국립여자청소년연구소[National Girls Institute] 설립을 목적으로 국립범죄 및 비행위원회에 좀더 많은 예산이 배정되었다(라보이라[Ravoira], 2011).

　분명히 이러한 진전은 소년사법체계에 들어선 여자청소년들의 상황을 외면한 이전의 정책들과는 출발점이 다르다. 구금시설과 소년원에 있는 여자청소년들의 특성을 검토하는 것은 여자청소년에 대한 소년사법체계의 치료에 있어 여전히 문제가 있다는 것을 반영하기 때문에 이와 같은 정책의 가시성은 명확히 필요하다. 구체적으로, 최근 연구들은 여자청소년의 폭력에 대한 새로운 관심이 (이제는 상해와 같은 "형법적" 위반을 한) 여자청소년이 구금될 가능성을 상당히 높인다는 것을 시사한다. 나아가, 탈시설화는 장기구금의 단계에서 유색인종 여자청소년은 공립소년원이나 소년교정시설에 수용되는 반면, 백인여자청소년은 정신병원과 민간시설에 수용되는, 소년사법의 인종화된 이원주의를 양산하고 있다.

증가하는 구금과 인종화된 정의

지위위반자에 대한 탈시설화[Deinstitutionalization of Status Offenders: DSO]13)가 지위위반자를 탈시설화하여야 할 필요성을 강조했음에도, 비범죄 행위로 인해 체포된 여자청소년과 남자청소년들의 수는 여전히 많고, 여자청소년의 체포건수는 아직 증가하고 있음을 보았다. 가장 우려되는 것은 구금 증가에 대한 보고이다. 1988년부터 2007년 공식통계는 남자청소년의 구금이 36% 증가한 데 비해, 여자청소년의 구금은 82% 증가하였음을 보여준다(푸잔체라[Puzzanchera] & 강[Kang], 2010). 같은 공식통계에 따르면, 여자청소년의 구금 증가는 대인범죄로 기소된 여성이 포함된 사건수가 증가한 데 기인한다. 지난 20년 동안, 대인범죄로 구금된 여자청소년의 수는 250% 증가한 반면, 대인범죄로 소년법원에 송치된 여자청소년의 수는 300% 증가했다(푸잔체라 & 강, 2010).

여자청소년 구금이 증가하게 된 것은 지위위반을 다시 범죄화하는 주 정책의 영향을 받은 것이다. 일례로 1995년 워싱턴 주는 상습가출자인 13세 레베카 헤드맨[Rebecca Headman]이 가출 중에 살해당한 것을 계기로 "베카법[Becca's Bill]"을 통과시켰다. 이 법에 따르면, 부모는 경찰에 자신의 딸이 가출했다고 신고 및 진술할 수 있다. 가출할 때마다 여자청소년은 폐쇄 "위기거주센터[crisis residential center]"에 5일까지,

---

13) [역자 주] 지위위반으로 기소되었거나 학대 경험이 있는 청소년들을 폐쇄시설에 구금하여서는 안 된다는 소년사법 및 비행예방법의 핵심요건[core requirement]을 요약적으로 표현하는 용어다.

또는 법원명령을 위반한 경우에는 법정모독으로 7일까지 구금될 수 있다. 이 법이 통과된 결과, 구금에 처해진 청소년의 수는 1994년부터 1997년 사이에 835%가 증가했는데, 베카법에 의해 구금된 청소년의 60%는 "장기간의 프로그램이 진행된 바 없는" 여자청소년들이었다(셔먼^{Sherman}, 2002, 78-79쪽).

비행 관련 캐나다의 공식통계 및 캐나다 소년보호관찰관들에 대한 인터뷰를 분석한 결과는 여자청소년들을 구금하는 근거가 주로 보호를 위한 것으로 설정되어 있지만, 실제로는 "보호^{protection}"를 조사하는 데 유용한 것임을 시사한다(코래도 외, 2000; 슈프롯 & 둡, 2009). 코래도와 동료들(2000, 193쪽)은 여자청소년들의 섹슈얼리티를 통제하는 것이 가부장적인 차별의 일부임에도 불구하고, 소년사법공무원에 의한 양형 권고는 주로 고위험 환경과 노숙이라는 생활양식으로부터 여자청소년들을 보호하려는 희망에 기반하고 있다는 가설을 세웠다. 여자비행청소년을 보호하기 위해 구금하는 실무를 변호하는 것은 부분적으로 다음의 상황에 근거한다.

> 특정 여자청소년을 보호하기 위한 지역사회 기반 프로그램이 없고, 여자비행청소년들이 구금되어 있지 않을 때 이들을 마약이나 음주재활과 같은 재활프로그램에 참여시키는 데 어려움이 있으며, 구금시설은 충분한 수준은 아니지만 어느 정도의 의료자원을 갖추고 있다. 또한, 경미한 범죄에 관여한 여성들을 위한 개입프로그램에 대한 규정에 있어 비용-효과성 이슈도 고려될 필요가 있다(코래도 외, 2000, 193쪽).

이 연구는 한 차례 수감된 여자청소년들에게 부과된 새로운 기소내용을 확인한 결과, 4분의 3이 "행정위반^{administrative offenses}", 즉 전형적인 보호관찰 위반(예컨대, 치료불참, 통금 및 금주 위반)이었음을 확인했다.

따라서, 우리가 앞서 소년사법체계에서 지위위반을 저지른 여자청소년을 "부트스트래핑" 또는 다시 명명하는 것(그리고 다시 선보이는 것)에 대해 논의하였음에도 불구하고, 지위위반과 종종 관련되고 남자청소년보다 여자청소년에게 더 영향을 미치는 것으로 보이는 또 다른 현재의 부트스트래핑 절차, 법원명령 위반에 대한 중한 처벌/양형이 있음을 언급하는 것도 중요하다. 미국에서의 여자청소년 처분절차에 대한 검토는 캐나다 보고서에서의 것과 놀랍도록 유사하다.

범죄와 지위위반의 구분은 "부트스트래핑"으로 인해 모호해졌다. 소년사법 및 비행예방법에 대한 1980년 개정은 적법한 법원명령을 위반하는 것은 법정모독이라는 범죄행위를 구성한다는 인식하에 폐쇄구금을 가능케 했다. 적법한 법원명령은 심지어 청소년을 소년사법체계에 편입시킨 본래 위반행위가 지위위반인 경우에도 유지되었다(여자청소년재단, 1996, 19쪽).

이 보고서는 "부트스트래핑의 결과, 지위위반으로 기소된 여자청소년에게 가혹하고 불평등한 치료로 귀결되었음을 강력히 시사하는 증거에 기반하여"(여자청소년재단, 1996, vi쪽) 부트스트래핑을 금지할 것을 권고한다. 미국변호사협회 및 전미변호사협회(2001)의 연구는 여자청소년들이 남자청소년들보다 더 많이 구금되는 것뿐만이 아니라고 결론짓는다.

여자청소년들은 남자청소년들보다 석방 후 다시 구금에 처해질 가능성도 높다. 여자청소년들의 재범률은 남자청소년의 재범률보다 낮지만, 법정모독죄와 보호관찰 및 가석방 준수사항 위반을 활용하는 것은 새로운 범죄를 저지르지 않아도 여자청소년들이 구금에 처해질 가능성을 높인다(20쪽; 이 이슈에 대한 심층적인 토론은 체스니-린드 & 벨크냅, 2002 참조).

샌프란시스코의 연구자들(쇼터[Shorter], 샤프너[Schaffner], 시크[Schick] & 프래피어[Frappier], 1996)은 소년사법체계 내 여자청소년의 상황을 살펴보고 소년사법체계의 여자청소년들은 "눈에서 멀어져 마음에서도 멀어진"(1쪽) 것이라고 결론지었다. 구체적으로 살펴보면, 남자청소년들이 풀려나거나 처분을 받았을 때, 여자청소년들은 처분을 기다리며 구금시설에 머무르고 있었다. 그 결과, 여자청소년의 60%가 7일 이상 구금되었던 데 비해, 남자청소년 중에서는 6%만이 그러했다(쇼터 외, 1996).

하와이의 소년보호관찰대상자 267명에 대한 연구에서 파스코와 체스니-린드는 여자보호관찰대상자의 88%가 일정 기간 구금되었음을 발견했다. 구체적으로 살펴보면, 보호관찰관이나 판사가 통제를 반복적으로 벗어나 (예를 들어, 보호관찰 준수사항 위반 반복) 보호가 필요하다고 여긴 소년보호관찰대상자들은 대안적인 프로그램이나 처분이 거의 없는 교정시설에 수용되었다. 소년사법 의사결정자들은 "종점end of the line" 옵션 —시설 수용— 이 여자청소년의 문제적 행동에 대해 합당하고 단일한 "아동구호" 대응이라고 여겼다.

애코카Acoca와 데델Dedel은 캘리포니아의 한 카운티 소년원에서 200명의 여자청소년을 인터뷰했다. "직원들의 역겹고 모욕적인 언행의 지속 사용, 부적절한 접촉, 밀고 때리기, 고립, 청결하지 않은 의복"을 포함하여 여자청소년들이 경험한 구체적인 학대 유형을 보고하였다(애코카, 1999, 6쪽). 애코카와 데델은 남자직원들이 있는 상황에서 몇몇 여자청소년들에 대한 신체수색이 이루어졌는데, 이는 청소년인 여자수용자를 감독하는 성인남자직원에게 내재하는 문제를 분명히 보여준다는 점에서 가장 불안하였다고 보고하였다(4쪽).

어떤 청소년이 법정에 서는가? 국립소년사법센터National Center for Juvenile Justice가 발표한 2007년 공식통계에 따르면, 남자청소년이 소년법원에 송치된 모든 범죄 및 비행의 73%를 차지한다(푸잔체라 외, 2010). 표 4.1과 4.2는 송치된 비행에는 놀랍게도 젠더에 따른 차이가 거의 없지만, 지위위반 범주는 성별화되어 있음을 보여준다. 가출로 송치된 청소년의 60% 가량이 여자청소년으로, 가출은 여자청소년이 남자청소년보다 큰 비중을 차지하는 유일한 지위위반 범주다(푸잔체라 외, 2010, 77쪽).

표 4.1 성별에 따른 소년법원 송치(2007년)

위반행위 유형	남성(%)	여성(%)
대인	24	27
재물	36	35
마약	13	8
공공질서	27	30
비행	100	100
계	1,217,100	448,900

출처: 푸잔체라 & 강(2010).

표 4.2 성별에 따른 접수된 지위위반 행위 내용(2007년)

가장 중한 위반행위	남성(%)	여성(%)
가출	9	16
무단결석	36	40
통금	11	7
선도불가	13	13
음주	24	19
기타	8	5
계	100	100

출처: 푸잔체라, 애덤스[Adams], 스탈[Stahl](2010).

또한, 공식통계는 소년법원에 "접수된[petitioned]" 지위위반자는 150,700명임에 비해, 소년법원에서 처리된 사건은 거의 200만 건(1,876,856건)임을 보여준다(다만, 이 수치는 추정치로 제공된 것이다). 표 4.2와 체포 통계(제2장의 표 2.1)를 비교했을 때, 이 수치들은 지위위반으로 체포된 많은 청소년들이 더 이상 공식적으로는 소년법정에 설 필요가 없었음을 보여준다. 나아가, 지위위반으로 법정에 선 남자청소년과 여자청소년의 처분이 보다 공평해지고 있음을 보여주는 연구도 다수 있다(카터[Carter], 1979; 클라크[Clarke] & 코흐[Koch], 1980; 코헨 & 클루겔[Kluegel], 1979; 덩워스[Dungworth], 1977; 존슨[Johnson] & 쇼이블[Scheuble], 1991; 맬리콧[Mallicoat], 2007; 타일만[Teilmann] & 랜드리[Landry], 1981).

그러나 표들이 보여주는 상황은 전혀 긍정적이지 못하다. 예컨대, 체포된 여자청소년의 수는 계속해서 증가하고 있다(제2장의 표 2.1). 남자청소년과 여자청소년의 [체포에서의] 증가율이 상이하기 때문에 인구증가는 이러한 차이를 설명할 수 없다. 1990년 이래 남자청소년과 여자청소년 인구는 각각 10% 가량 증가했다. 소년체포건수의 성별화된 특성 또한 계속되고 있다. 앞서 살펴본 바와 같이, 여자청소년 1명당 남자청소년 4명이 체포되었지만, 중한 폭력범죄에서의 비율은 여자청소년 1명당 남자청소년 9명가량이다. 이 수치를 다르게 본다면, 두 가지 지

표 4.3 성별 및 인종별 구금된 청소년 인구(2006년)

빈도	백인	흑인	히스패닉	인디언	아시안	태평양제도	기타	계
남	19,799	22,339	11,438	968	580	112	620	55,856
여	3,902	2,884	1,346	322	57	23	168	8,702
계	23,701	25,223	12,784	1,290	637	135	788	64,558

출처: 식문드, 슬래드키^{Sladky}, 강 & 푸잔체라(2008).

표 4.4 성별 및 인종별 수용된 청소년 인구(2006년)

빈도	백인	흑인	히스패닉	인디언	아시안	태평양제도	기타	계
남	6,308	9,395	5,095	367	237	82	169	21,653
여	1,859	1,694	898	146	35	13	46	4,691
계	8,167	11,089	5,993	513	272	95	215	26,344

출처: 식문드, 슬래드키^{Sladky}, 강 & 푸잔체라(2008).

위위반(가출과 통금 위반)은 여자청소년 체포 5건 중 1건을 차지하지만 남자청소년의 경우에는 체포 10건 중 1건에도 미치지 못한다. 체포 관련 수치들은 이들 청소년들을 "전환처우"하고 "탈시설화"하겠다고 해 온 소년사법체계에 "선취$^{front\ end}$" 압박이 상당함을 의미한다.[14]

또한, 중요하게 인식할 것은 소년사법체계의 "전환처우" 운동에 있어서의 인종 및 민족적 특성이다. 표 4.3과 표 4.4는 소년교정인구에서의 인종/민족 구성을 보여준다. 유색인종 여자청소년은 여자 구금인구의 55%, 구금된 여자청소년의 60%에 달한다.

소년사법체계의 이원주의 발달을 탐색하는 연구들이 증가하고 있다. 하나는 유색인종 여자청소년에 대한 것이고, 다른 하나는 백인 여자청소년에 대한 것이다. 로스앤젤레스의 한 관서에서 작성된 수사보고서에 대한 연구에서 조디 밀러

14) [역자 주] 청소년들을 "전환처우"하고 "탈시설화"하겠다고 공언하였지만, 실제로는 전환처우 및 탈시설화에 착수하기에 앞서 지위위반을 이유로 한 여자청소년 체포를 확대함으로써 소년사법체계가 관리할 일정 인원을 확보해 둔 것을 비판하고 있다.

Jody Miller(1994)는 1992년부터 1993년 사이 여자청소년 사건 처리에 있어 인종과 민족성의 영향을 분석하였다. 밀러의 연구에 포함된 청소년들의 특성과 1950년대 슐로스만의 로스앤젤레스 여자청소년에 대한 초기 연구를 비교하면, 로스앤젤레스 소년사법체계에서 현재 여자청소년들의 구성이 이전과 얼마나 급격히 (그리고 인종적으로) 달라졌는지를 볼 수 있다. 라틴계가 여자청소년 인구에서 가장 큰 비중을 차지하고(43%), 백인여자청소년(34%)과 흑인여자청소년(23%)들이 그 뒤를 잇는다(밀러, 1994, 11쪽).

짐작되는 바와 같이, 유색인종 여자청소년들은 저소득 가정 출신인 경향이 높았는데, 흑인여자청소년의 경우에는 더욱 그러했다(백인여자청소년의 23%, 히스패닉 여자청소년의 21%가 저소득 가정 출신임에 반해, 저소득 가정 출신인 흑인여자청소년은 53.2%로 나타났다).

보다 중요한 것은, 밀러(1994)가 흑인이나 라틴계 여자청소년보다 백인여자청소년들이 "구금을 지향하는detention-oriented" 장소보다는 치료를 권고받는 경향이 유의하게 높음을 발견한 것이다. 사실, 백인여자청소년의 75%에 대해서는 치료를 지향하는treatment-oriented 시설이 권고되었는데, 이는 라틴계 여자청소년의 34.6%, 흑인여자청소년의 20%만이 치료를 지향하는 시설이 권고된 것과 대조된다(18쪽).

보호관찰관의 보고서를 세부적으로 살펴본 결과, 밀러(1994)는 여자청소년의 행동을 묘사하는 방식에 있어서의 ─밀러의 표현에 따르면 "인종화된 젠더 기대 racialized gender expectations"를 반영하는─ 핵심적인 차이를 발견했다. 특히, 백인여자청소년들의 행동은 낮은 자존감과 주변의 영향을 받기 쉬우며, "유기"된 결과로 묘사된 반면, 흑인여자청소년들의 행동은 종종 "적절하지 않은 '생활양식lifestyle' 선택"의 결과로 표현되었다(20쪽). 밀러는 라틴계 여자청소년 중 일부는 백인여자청소년이 받은 것과 같은 가부장적인 돌봄을 받은 데 비해, 일부는 (특히 차량절도와 같은 "남성적인" 범죄를 저지른 경우) 더 가벌적인 처우를 받았다는 점에서 라틴계 여자청소년들이 "이분화된dichotomized" 처우를 받았음을 발견했다.

매사추세츠 주 사회복지제도(요보호아동Child in Need of Supervision: CHINS) 및 소년사법체계 내 여자청소년에 대한 심층연구에서 로빈슨Robinson(1990)은 소년사법의 인종화된 패턴을 상당히 명확히 기록했다. 이 연구의 사회복지제도 표본(N=15)에서는 백인/비히스패닉이 74%인 데 반해, 소년사법체계 표본(N=15)에서는 53%가 흑인 또는 히스패닉이었다.

로빈슨이 수행한 인터뷰에는 여자청소년들의 성장배경 및 문제점에 있어서의 유사성이 기록되어 있다. 일례로 매사추세츠 주 청소년처우국^{Department of Youth Services: DYS}이 담당하는 여자청소년의 80%가 성학대를 경험한 바 있었는데, 사회복지제도 표본에 속한 여자청소년의 73%는 요보호아동으로 처우를 받은 바 있었다(로빈슨, 1990, 311쪽). 이들 여자청소년들 간의 차이는 그들이 기소된 행위에 있었다. 요보호아동으로 처우를 받은 모든 여자청소년들은 전통적인 지위위반(주로 가출 및 무단결석)으로 기소된 데 반해, 청소년처우국이 담당하는 소녀들은 형법범죄로 기소되었다. 그러나 이 지점에서 로빈슨의 인터뷰는 부트스트래핑의 명백한 증거를 제공한다. "차량 불법사용"으로 청소년보호국이 맡게 된 16세 여자아이를 예로 들어보자. 이 사례에서 흑인인 "베버리^{Beverly}"는 친구와 쇼핑을 가기 위해 3시간 동안 엄마의 차를 "훔쳤다." 로빈슨이 인터뷰한 바에 따르면, 유죄 선고 전 베버리는 "반복해서 가출"하는 것을 이유로 우범소년으로 등록되어 있었다. 베버리는 로빈슨에게 "청소년처우국 소속 사회복지사로부터 엄마가 차량 불법사용에 대해 신고하라는 조언을 받았으며, 이에 따라 '베버리'는 가출해서 붙잡힐 때마다 폐쇄구금시설에 보내지게 되었다"고 했다(202쪽).

여성청소년 처우에 있어 이원주의에 대한 또 다른 증거는 중서부에 위치한 주에서 소년 "시설"에 구금된 청소년에 대한 바톨라스^{Bartollas}(1993)의 연구에 나타나 있다. 바톨라스는 공립 및 민간시설 모두에서 여자청소년 표본을 수집했다. "주^{state}" 표본(공립시설 내 여자청소년을 의미)의 61%가 흑인이었던 데 반해, 민간시설 표본은 100% 모두 백인이었다. 그러나 두 여자청소년 집단의 범행 패턴에는 차이점이 거의 발견되지 않았다. 주 표본의 여자청소년 중 70%가 지위위반으로 인해 소년원에 입소했다(473쪽). 다른 대부분의 주에서와 마찬가지로, 이 주는 지위위반으로 청소년을 수용하는 것을 허용하지 않았다. 그러나 바톨라스는 "여자청소년들은 보호관찰에 처해질 수 있었고, 이는 소년담당 판사들로 하여금 이들을 소년원에 보내는 것을 가능하게 했다"(473쪽)고 언급한다. 민간시설 여자청소년 표본에서는 50%만이 지위위반으로 수감되었고, 나머지는 "경미한 절도와 상점절도와 관련된 범죄"로 수감된 것이었다(473쪽). 또한, 바톨라스는 두 여자청소년 표본 모두 남자청소년들에 비해 소년전과기록이 그리 광범하지 않았음을 언급하였다.

덜 직접적이지만 또 다른 증거가 동일한 경향을 가리키고 있다. 탈시설화가 지난 30년 동안 발전해 옴에 따라 민간 및 공립시설/기관에 수용되는 청소년의 수에도 뚜렷한 증가가 나타났다. 공립 및 민간시설을 비교하였을 때 몇 가지 뚜렷한 젠더 및 인종 차이가 증가하였다. 전체 수용인구 중 청소년의 대부분은 남성이지만, 공립 및 민간시설에 있는 청소년 간에는 분명한 성차가 있었다. 2006년에 여자청소년들은 공립시설에 있는 청소년의 12%로 나타났는데, 민간시설에서는 16%를 차지했다(식문드 외, 2008; 초기 분석에 대해서는 문, 1993a, 1993b, 소년사법 및 비행예방국, 2001 참조).

민간시설에 청소년이 오게 되는 위반행위 내지 활동에도 성차가 있었다. 2006년에 여자청소년의 40%와 남자청소년의 8%는 지위위반을 이유로 민간시설에 수용되었다. 이와 유사하게, 공립시설에서 여자청소년의 19%는 준수사항 위반을 이유로 수용되었는데, 남자청소년의 경우에는 12%만이 그러했다. 표 4.5와 표 4.6은 여자청소년들은 시설 유형에 관계없이 남자청소년에 비해 지위위반을 이유로 여전히 훨씬 많이 수용되는 경향이 있으며, 폭력범죄로 수용되는 경향은 크게 낮다는 것을 보여준다. 반면, 여자청소년들은 종종 지위위반과 "자발적 입소voluntary commitments"를 이유로 수용되어 있었는데, 부모가 "자발적으로" 자신의 자녀를 입소시킬 수 있다는 점을 인식할 때 이러한 자발적 입소는 보다 불길한 징후를 띤다(체스니-린드 & 셸던, 2004, 165쪽).

구금의 강조는 교정시설 인구에 있어 민족 및 인종 차이를 가져왔다. 전반적으로, 마이너리티 청소년은 미국 내 10세부터 17세 연령의 인구에서 33%를 차지하지만, 수용에 처해진 청소년의 65%를 차지한다(식문드 외, 2008). 백인청소년은 2006년에 공립시설에 수용된 청소년의 32%이지만, 민간시설에 수용된 청소년 중에서는 43%로 나타났다(식문드 외, 2008).

표 4.5 성별 입소 위반행위, 민간시설(2006년)

빈도	남성	여성	계
대인범죄	6,704	1,106	7,810
재산범죄	5,077	710	5,787
마약범죄	2,283	350	2,633
공공질서 위반	2,573	300	2,873
준수사항 위반	2,813	445	3,258
지위위반	1,747	1,199	2,946
계	21,197	4,110	25,307

출처: 식문드, 슬래드키, 강 & 푸잔체라(2008).

표 4.6 성별 입소 위반행위, 공립시설(2006년)

빈도	남성	여성	계
대인범죄	13,634	1,509	15,143
재산범죄	10,065	1,145	11,210
마약범죄	2,692	343	3,035
공공질서 위반	3,591	412	4,003
준수사항 위반	4,264	884	5,148
지위위반	389	297	686
계	34,635	4,590	39,225

출처: 식문드, 슬래드키, 강 & 푸잔체라(2008).

이 주제를 보다 구체적으로 살펴본 다른 연구자들(크리스버그[Krisberg], 슈바르츠, 피쉬맨[Fishman], 아이시코비츠[Eisikovits] & 굿맨[Guttman], 1986)은 구금률에 있어 젠더와 민족성 간에 유의미한 상호작용이 있음을 시사한다. 나아가, 청소년 구금에 있어 증가가 발생한 곳에서는 남성과 여성 모두에서 마이너리티 청소년 구금 증가가 뚜렷했다(크리스버그 외, 1986). 마이너리티 청소년들은 백인청소년들보다 시설에서 더 긴

시간을 보낸다. 백인청소년들이 평균 15주 동안 구금되어 있을 때 마이너리티 청소년들은 평균 17주 동안 구금되어 있었다.

공립소년원 및 구금시설에 수용되는 여자청소년들의 수는 1970년대 초기 급격하게 감소한 이후 1979년 이래 전혀 감소하지 않았다. 근래의 전체적인 자료들은 이를 상당히 명확히 보여준다. 1979년의 어느 날, 공립시설(주로 구금시설과 소년원)에는 6,067명의 여자청소년들이 있었다. 2006년에 이 수는 13,943명으로 2배 이상 증가했다. 이 기간 동안, 민간시설에 수용된 여자청소년의 수는 1979년 8,176명에서 2006년 4,797명으로 41% 감소하였다(크리스버그 외, 1991, 43쪽; 문, 1993a, 1993b; 식문드 외, 2008).

구금된 여자청소년의 위반행위 패턴 : 부트스트래핑

표 4.5와 표 4.6을 다시 보면, 여자청소년과 남자청소년이 공공시설 및 민간시설에 수용되는 범행에 대한 전국적인 스냅샷으로부터 구금시설에 있는 여자청소년에 대해 좀더 분명한 정보를 얻을 수 있다. 보호관찰/가석방 위반 및 대인범죄로 인해 구금된 여자청소년의 수는 이러한 범죄들로 여자청소년을 구금함으로써 지위위반자를 범죄자로 부트스트래핑하는 새로운 노력을 측정한 것이다(펠드[Feld], 2009; 여자청소년재단, 1996).

이와 같이 지위위반을 범죄행위(예컨대, 상해 또는 준수사항 위반)로 부트스트래핑하는 새로운 노력은 시간에 따른 여자청소년 구금인구의 변화가 분석되면서 명확해지고 있다. 2006년 여자청소년 8,560명이 공립시설에, 4,797명이 민간시설에 구금되어 있었다. 1991년 여성 구금인구와 비교해 보면, 이는 공립시설에서는 45%, 민간시설에서는 55%가 증가한 것이었다(여자청소년재단, 1996; 식문드 외, 2008). 민간시설에서의 비범죄자와 자발적 입소의 비율은 1991년 65%에서 1999년 24%로 떨어졌다. 지위위반자는 1991년 구금 중이던 여성의 19%였던 반면, 2006년에는 12%에 그쳤다. 나아가, 대인범죄자는 1991년 구금된 여성의 8%에 그쳤지만, 2006년에는 구금된 여자청소년의 31%를 차지했다.

그러나 이들 대인범죄의 이면을 설명하는 것은 복잡하다. 구금된 여자청소년에 대한 포커스그룹 자료는 여자청소년들이 경미한 위반으로 구금되었으며, 몇몇의 경우에는 자기방어를 위한 것이었음을 보여준다(벨크냅 외, 1997). 이와 유사하게 애코카와 데델은 소년사법체계 내 여자청소년에 대한 사건파일을 검토한 결과, "'폭력적인' 여자청소년 범죄자의 수가 충격적으로 왜곡되었다. 성인양육자의 좌절, 분노, 충동조절 장애가 종종 확인되었고, 몇몇의 경우에는 성인들이 공격자였다"(애코카 & 데델, 1998, 97쪽)는 점을 발견했다. 체포를 유발한 사건 유형을 목록화한 결과는 명확한 패턴을 보여준다. "여자아이가 가출 후 집으로 돌아오자, 엄마는 질문을 시작했고, 여자아이는 엄마에게 과자뭉치를 던졌다," "아빠가 여자아이를 때리고 있었고, 여자아이는 이에 맞서 아빠를 때리고 사타구니를 찼다," "엄마가 '나를 때려, 그럼 경찰을 부를 수 있으니'라고 계속해서 말했다," "여자아이가 밤에 집을 몰래 빠져나가려고 했는데, 엄마가 아이를 붙잡아 벽으로 밀쳤다. 여자아이는 엄마를 철썩 때렸다"(애코카 & 데델, 1998, 97쪽). 애코카와 데델은 여자청소년들에게 부과된 폭력혐의의 "대다수"는 "심각하지 않은, 부모와의 상호다툼 상황"이었다고 결론지었다(애코카 & 데델, 1998, 15쪽). 또한, 많은 경우는 명백히 아동학대 사건이거나 폭력범죄로 재명명된 "지위위반" 사건임을 볼 수 있다.

자발적 입소와 여자청소년 대상 민간시설에서의 비범죄자가 감소한 것은 의료체계 내 변화로 설명할 수 있다. 건강관리조직^{health management organizations: HMOs}의 출현에 따라 행동문제가 있는 청소년에 대한 기금지원 승인이 한층 어렵게 되었다(이에 대한 논의로 파스코, 1997 참조). 건강관리조직은 입원 또는 상주치료 비용을 지불하는 것을 거절하고, "행동문제^{conduct problems}"가 있는 청소년을 집중 외래치료 및 가족치료 하는 것으로 옮겨갔다. 부모는 더 이상 쉽게 의료보험 승인을 받아 자신의 "선도불가한" 딸을 자발적으로 수용할 수 없었다. 입원치료 비용과 의료보험의 제한적인 부조로 인해, 부모들은 그들의 딸을 시설화하기 위해 소년사법체계로 발길을 돌렸다. 사법체계를 거쳐 수용되기 위해서는 (부모와의 다툼, 가출, 통금 이후 외출과 같은) 여자청소년들의 행동이 "범죄로 상향되어^{upcrimed}" 범죄행위로 재명명될 필요가 있었다. 이러한 부트스트래핑 현상은 대인범죄 및 공립시설 구금인구 중 여자청소년의 증가뿐만 아니라 지위위반 및 민간시설 구금인구 중 여자청소년의 감소 모두를 설명한다.

또한, 민간 의료보험에의 접근성은 다른 방식으로 작동했다. 파스코와 체스니―린드(2010)는 하와이 지역 연구에서 판사, 보호관찰관, 소년사법 실무가들은 소년교정시설이 정신보건 및 중독치료시설로 변화하여야 한다고 생각하고 있었는데, 이는 부모와 청소년들이 의료체계 밖 민간 의료보험에의 접근이 제한되어 있었기 때문이라는 점을 밝혔다. 의료보험 보장 여부는 만성적인 범죄 및 법원 개입의 원인이 되는 의료·정신보건 상태에 대한 예방 또는 개입으로 이어질 수 있을 뿐만 아니라, 의사결정자로 하여금 재량권을 더 광범하게 행사할 수 있도록 하며 다른 때에는 가능하지 않을 소년사법프로그램의 대안을 찾는 것을 가능케 했다. 실제로 민간 의료보험이 없었던 여자청소년은 다른 요인들을 통제하였을 때 공립시설에 수용될 가능성이 23% 높아졌다. 민간 의료보험이 있었던 여자청소년들이 공립시설에 수용될 가능성은 민간 의료보험이 없었던 여자청소년의 10%에 그쳤다.

버지니아 주 소년보호시설에 수용되었거나 주 의료보험 적용을 받은 여자청소년들에 대한 연구는 부트스트래핑에 초점을 둔 이러한 염려를 한층 강조한다. 이 연구는 버지니아 인구의 26%를 구성하는 마이너리티 여자청소년들이 폐쇄시설에 수용된 인원의 절반을 차지하고 있음을 발견했다. 마이너리티 여자청소년들이 가장 빈번하게 저지른 범죄는 경범죄였으며, 지위위반이 그 뒤를 이었다. 그러나 무엇보다 흥미로운 것은 보호관찰관의 대응이 여자청소년 수용 권고 이유에서 상위를 차지하고 있다는 점이다(표 4.7 참조). 가장 흔한 답변은 "보호관찰 위반"이었으며, "반복된 가출", "자해", "선고된 치료/처우 불참"이 그 뒤를 이었다. 목록 끝부분에 "중한 폭력범죄"와 "형벌"이 있다(여자청소년 범죄자 TF^Task Force on Juvenile Female Offender, 1991, 2–3쪽).

이러한 경향은 다른 나라들에서도 나타난다. 라이츠마―스트리트^Reitsma-Street (1993)는 1991년 캐나다에서 "여자청소년에게 부과된 혐의 4건 중 1건은 사법방해^against the administration of justice[15])였다. 남자청소년의 경우에 사법방해 비율은 6건 중 1건

---

15) [역자 주] 캐나다 형법상 사법방해죄^offences against the administration of justice에는 보호관찰/가석방 준수사항 위반, 교정시설 탈주(시도), 경찰관 사칭 등이 포함된다.

표 4.7 버지니아 주 폐쇄구금: 보호관찰소가 수용을 권고한 이유

수용 권고 이유	빈도
보호관찰 위반	46
반복된 가출	44
자해	43
선고된 치료/처우 불참	29
만성 범죄	27
형벌	8
지역사회에서 치료 불가	7
중한 폭력범죄	7
체계 방해/악화	5
법원이 선고한 벌금, 배상, 사회봉사에 순응하지 않음	5
지역사회/다른 청소년들에 대한 본보기	5

출처: 여자청소년 범죄자 TF(1991).

이었다"(445쪽)는 점을 발견했다. 캐나다에서 법원명령을 위반하는 것이나 청소년 사법집행부의 결정에 순응하지 않는 것은 "사법방해죄"로 설명되는데, 이는 간단히 말해 캐나다 스타일의 부트스트래핑이다.

종합하면, 현재 공립시설에 수용된 여자청소년들에 대한 자료는 형법 위반 행위를 저지르지 않은 청소년은 시설에 수용되어서는 안 된다는 관념에 대해 대단히 높은 수준의 저항이 있음을 보여준다. 민간시설에 수용된 여자청소년 인구는 몇 년간 감소해 왔지만 이들 시설에 비범죄자 또는 자발적으로 수용되어 있는 여자청소년은 여전히 남자청소년보다 3.5배 많다. 이렇게 말하면서 탈시설화 운동이 구금시설과 소년원의 여자청소년 수를 감소시켰음을 언급하지 않는다면 부주의한 것이다. 그러나 탈시설화 운동은 구금시설과 소년원의 여자청소년들을 시설화의 사적 체계 −정신보건체계− 로 단순히 이동시킨 것이었다.

탈시설화 또는 시설이동? 여자청소년과 정신보건체계

상당한 저항에도 불구하고 1974년 소년사법 및 비행예방법이 통과된 이후 공립소년원과 구금시설에 여자청소년을 수용하는 것은 미국 전역에서 급격히 감소했다. 소년사법 및 비행예방법 통과 이전에는 공립소년원에 여자청소년의 4분의 3가량(71%)과 남자청소년의 23%가 지위위반으로 수용되어 있었다(슈바르크, 스테케티[Steketee], 슈나이더[Schneider], 1990). 1974년부터 1979년 사이에는 공립 구금시설과 소년원에 입소하는 여자청소년의 수가 40% 감소했다. 그러나 1979년부터는 공립 시설에 수용되는 여자청소년의 수가 증가하면서 일부 지역, 특히 구금단계에서는 탈시설화 추세가 완화되었다(문, 1993b; 소년사법 및 비행예방국, 2001; 미국 법무부, 1989, 43쪽).

아울러, 민간시설에의 여자청소년 수용에 있어 상당한 성차가 나타났다. 전체 여자청소년 구금인구 중 8%는 자발적 입소 또는 비범죄자였는데, 남자청소년의 경우에는 2%만이 그러했다(문, 1993a; 소년사법 및 비행예방국, 2001; 미국 법무부, 1989, 43쪽). 일부(적어도 백인여자청소년들)에게는 더할 나위 없이 좋은 소식이었지만, 다른 누군가는 이러한 추세를 좀더 비판적으로 바라보게 되었다. 슈바르츠, 잭슨-빅[Jackson-Beeck], 앤더슨[Anderson](1984)은 법적 절차나 (미성년자라는 이유로) 청소년의 동의 없이 구금이 발생하고 있는 민간 소년교정시설을 "감춰진[hidden]" 소년사법체계라고 일컬었다. 비용은 제3자인 의료보험에서 부담할 것이었다. 실제로 앞에서 검토한 바와 같이 이처럼 기금구조에 의존하였던 것이 민간시설 수용 추세가 완화된 이유 중 하나였다.

민간시설과 관련하여 가장 뚜렷한 문제점은 민간 정신병원 사안들에서 발견된다. 입원 정신치료를 위하여 수용된 청소년의 수가 1990년대 후반부터 감소하기 시작했지만, 이러한 감소경향이 늘 나타나는 것은 아니다. 1980년부터 1984년까지 민간병원에의 정신병동에 입원한 청소년의 수는 4배 증가하였다(와이트혼[Weithorn], 1988, 773쪽). 청소년 정신보건 수용 패턴에 있어서도 주목할 변화가 있었다. 1971년에 민간 정신병원에 입원한 청소년 수는 전체 청소년 입원의 37%에 해당하였으나, 1980년이 되면 이 숫자는 61%로 증가한다(783쪽). 결국, 입원 정신보건 치료를 위해 입원한 청소년 중 3분의 1에 미치지 못하는 숫자만이 심각하거나 중한 정신질환을 가진 것으로 진단되었는데, 이에 반해 민간 정신병원에 입소한 성인 중에는 절반에서 3분의 2가량이 심각하거나 중한 정신질환을 가진 것으로 진단되었다(788-789쪽). 버지니아 주립정신병원에 수용된 청소년들을 면밀히 살펴본 와이트혼은 입원자의 36%에서 70%는 '말썽'을 부렸거나 덜 심각한 문제들로 입원하고 있음을 확인했다(789쪽). 그럼에도 불구하고, 정신병동에 입원한 청소년들은 성인보다 2배 이상 긴 기간 동안 병원에 있었다(789쪽).

통제를 목적으로 하는 공적 체계가 지위범죄를 성차별적으로 해석하는 문제가 있음을 고려할 때, 와이트혼(1988)의 연구에서 여자청소년들이 시설화의 지독한 남용 사례들에 관련되어 있다는 점은 전혀 놀랍지 않다. 몇몇 사례들에서는 지위위반과 구금이 직접 연결되어 있었다. 일례로 "셸리아[Sheila]"의 사례는 "우범소년"이라는 이유로 구금센터에서 일주일을 지낸 후 주립정신병원에 입원하게 되었던 12세 여자아이에 대한 것이다. 또 다른 사례("리사[Lisa]")에서는, 16세 여자청소년이 자기보다 나이 많은 남성들을 "유혹하고", 보드카를 마시고, 학교를 빠지고, 가출하고, 이혼한 엄마의 말을 듣지 않았다는 이유로 민간 정신병원에 입소하게 되었다(790쪽). 역설적이게도, 앞서 언급한 바와 같이 이런 행동들을 한 여자청소년들을 민간시설에 시설화하는 관행이 완화된 것은 여자청소년의 권리에 대한 우려가 아니라, 수용기간 동안 의료보험 비용을 절감하고자 하는 의도에서였다.

민간 후원을 받은 다른 프로그램들도 성적 편견과 학대의 증거로 면밀히 검토될 필요가 있다. 콜로라도 부트캠프[boot camp]의 "거친 사랑"은 극단적인 학대의 예로 드러났다. 청소년들은 담당자들이 "얼굴에 침을 뱉고, 토한 것을 먹게 하고, 싸움을 붙이고, 인종적이고 성차별적인 욕설을 하고, 주머니에 인간의 배설물을 가지고 다니게 했다"(웰러[Weller], 1996, 1쪽)고 항의했다. 조사관들은 청소년 두 명이 연쇄구균 바이러스에 감염되었고, 여자청소년 한 명은 손가락이 절단되었다는 학대를 밝혀냈다. 청소년들은 "그들의 부모가 그들과 문제가 있었고, 그들이 엄격한 환경에 있기를 원했기 때문에"(2쪽) 부트캠프에 "2주에서 12주 동안" 있었다.

또 다른 사례에서는, 청소년 161명 정원의 "쉼터 및 치료센터"에 있던 15세

미스티 크라이머^{Mystie Kreimer}가 병원으로 이송되는 과정에 숨졌다. 미스티는 "영리 목적의 집단돌봄 아동시설로 빠르게 성장하고 있는 체인" 중 한 곳에 "거주자^{resident}"로 머무르고 있었다(체라그^{Szerlag}, 1996, 48쪽). 국제청소년서비스^{Youth Services International}는 Jiffy Lube[16]를 설립한, 정치적 연줄이 있는 백만장자에 의해 시작되어, 미국 내 10개 주에 이와 같은 시설을 운영하고 있다. 미스티가 수용되어 있었던 시설인 포레스트 리지^{Forest Ridge}는 예전에 근무한 직원이 "청소년들이 경험 없는 직원들로부터 신체적 및 정서적으로 자주 학대당하고 있다"고 신고하면서 아이오와 주 복지국의 조사를 받았다. 과거 근무자 한 명은 "미성년자를 성적으로 착취한 혐의"로 유죄를 선고받기도 했다(48쪽).

미스티는 "마약중독 및 성적 모험 전력"이 있어 포레스트 리지에 오게 되었다(체라그, 1996, 42쪽). 1995년 3월 시설에 들어올 때 미스티의 체중은 145파운드^{약 66kg}였다. 미스티의 엄마는 딸을 입원시켜 달라고 요청했지만, 시설에서는 미스티가 "의료적인 치료를 받기에는 그렇게 아프지 않다"고 했다. 다른 여자아이의 엄마는 미스티가 쇼파에 누워 있는 것을 보고, 자신의 딸에게 미스티가 아파 보인다고 말한 적이 있다고 진술했다. 그녀의 딸은 "엄마, 미스티는 너무 아픈데 그 사람들은 아직도 미스티가 일을 하길 바래요"라고 했다(42쪽). 미스티는 수 폴즈^{Sioux Falls} 병원으로 헬리콥터로 이송되던 중에 사망했다. 부검을 통해 미스티는 폐에 다량의 혈액이 응고되어 사망한 것으로 밝혀졌다. 사망 당시 미스티의 체중은 100파운드^{약 45kg}에 불과했다.

자료가 완벽하지는 않지만, 이러한 증거들은 여자청소년들, 특히 중산층 백인여자청소년들은 지난 수십 년간 그들을 공립시설에 수용시켰던 것과 같은 그 행위를 이유로 민간병원 및 치료프로그램에 수용되었음을 보여준다고 생각된다. 절차적인 보호장치가 부족한 가운데, 이러한 폐쇄민간시설에서 성차별적인 관행이 행해지고 학대가 자행될 가능성이 한층 높아졌다고 주장할 수 있을 것이다. 여자청소년은 여전히 "자발적으로" 남자청소년보다 더 자주 민간시설에 수용되

---

16) [역자 주] 전국적 체인망을 갖춘 차량정비 서비스 제공 회사명이다. 설립자의 배경을 언급함으로써 저자는 국제청소년서비스가 청소년을 수용하는 민간시설을 운영할 만큼의 전문성은 가지지 못함을 우회적으로 비판하고 있다.

고 있지만, 1990년대 말 이후 그 빈도는 변화하고 있는 것으로 보인다. 아마도 세심히 관리하는 돌봄이 의도하지 않았던 결과는 "행동" 문제가 있는 여자청소년을 자발적으로 수용하는 것이 줄어들고 있는 것이다. 그러나 이러한 의도하지 않았던 결과는 확실히 지난 수십 년 간의 관행이 전환됨 –공립시설에 더 많은 여자청소년을 수용하는 것– 을 의미한다.

시설환경 내 여자청소년의 섹슈얼리티

여자청소년 교정환경에 있어 섹슈얼리티는 복잡한 이슈로 여겨지고 있다. 또한, 최근 연구들은 구금시설에 있는 성소수자 여자청소년에 집중하여 여자청소년들이 어떻게 일상적으로 직원 및 다른 수용자로부터 이성애 중심적인 정책과 동성애 혐오를 경험하게 되는지를 보여주고 있다. 마즈드^{Majd}와 동료들(2009), 그리고 커틴^{Curtin}(2002)의 연구는 청소년들은 늘 "이성애자^{straight}"라고 간주하는 직원들에 의해 레즈비언과 양성애 정체성이 소년법원 및 교정에서 자주 무시되어 왔음을 주장한다. 더욱이, 구금중인 여자청소년들에게는 자신을 이성애자로 받아들이고 젠더 순응^{gender conformity}적인 이성애 여성의 외양에 익숙해질 것이 권장된다. 이러한 순응에는 메이크업을 하고 "여성스러운" 옷을 입도록 압력을 가하고, 머리카락을 짧게 자르는 것이 금지되고, 성적 정체성 혼란을 다루는 "회복치료^{reparative therapy}"17)를 받고, 이성애적인 생활기술과 안전한 성에 대한 교육만을 제공하는 것이 포함된다. 커틴의 연구에 따르면 여자청소년들이 상호동의에 기반한 동성애 관계와 자신의 LBQ(레즈비언, 양성애, 퀘스처닝18)) 지향을 드러내었을 때, 직원들은 불신, 두려움, 부정적인 언급을 표현하거나, 룸메이트를 하지 못하게 하거나, 독방에 수용하거나, 다른 여자청소년들과 샤워하는 것을 금지한다던가 하는 우발적인 징계

---

17) [역자 주] 인용표기("")를 통해 저자는 LBQ(레즈비언, 양성애, 퀘스처닝)와 같은 비이성애적 성적 정체성을 치료를 통해 이성애로 "회복"시킬 수 있는, 병리적인 현상으로 이해하는 관점을 비판적으로 언급하고 있다.

18) [역자 주] 퀘스처닝은 자신의 성적 지향^{sexual orientation}이나 성적 정체성^{sexual identity}, 젠더를 아직 확신하지 못하고 탐색중이거나 특정되는 것을 꺼리는 경우를 가리킨다.

로 여자청소년을 대했다(2002, 4쪽). 그 결과, 이러한 징계조치들은 수용자들의 동성애적 반응을 통제했다. "모든 여자청소년들은 동성애를 반대하는 멸칭으로 부른다거나 폭행 위협을 하는 것과 같이 공개적으로 동성애 혐오적인 행동을 하는 경우를 목격했다고 진술했다. 일부는 직원들에게 레즈비언 또는 양성애임이 '알려진out' 경우에는 어려움을 겪거나 방을 옮겨야 했다고 언급했다"(커틴, 2002, 9쪽).

파스코(2010a, 2010b)의 연구도 교정시설 내 성소수자 여성청소년들이 겪는 어려움에 주목한다. 파스코는 소년교정시설 직원(소장, 심리치료사, 현장직원 등) 55명을 심층 인터뷰하여, 직원들은 구금된 성소수자 여자청소년들을 둘러싼 이슈에 민감하지만, 교도소 강간철폐법Prison Rape Elimination Act에 따른 무관용 정책에 따라 대안적인 섹슈얼리티를 (성학대에서 유래한) 병리적인 것, 시설화 경험의 일부분, 범죄로 간주하였으며, 치료를 지향하고 무성인asexual 환경을 조성하는 데 우선순위를 두었음을 밝혔다.

나아가, 파스코는 섹슈얼리티가 종종 행동과 선택, 권한과 자유를 제한하였음을 발견했다. 즉, 구금된 여자청소년들에게는 "즐거움enjoy"이 허용되지 않았다. 실제로 많은 직원들은 여자청소년들이 이성애자이고 동성에의 이끌림은 일시적인 것이며, 다른 여자청소년들과 직원을 조종하고 권력을 행사하기 위한 방법이라고 주장했다. 직원들이 여자청소년들의 동성애 행위를 정체성이라고 개념화하거나 인식하는 경우는 극히 드물었다. 이러한 직원들의 대응과 실무는 성소수자 여자청소년들을 정서적으로 학대하였을 뿐만 아니라 고립시키고 시설 안에서나 석방 이후에도 더 구석진 곳으로 밀어 넣는 데 기여했다.

여자청소년 시설 내 인권침해?

최근의 여럿 추문들은 성인시설(여자교도소)과 마찬가지로 소년교도소도 특히 성별화된다는 측면에서 여자청소년에게 종종 안전하지 못하다는 점을 시사한다. 미국시민자유연맹American Civil Liberties Union: ACLU이 2003년 여름에 하와이 청소년교정시설의 환경을 조사했던 것을 상기해 보자. 미국시민자유연맹은 조사를 통해 시설 안에서 성적 괴롭힘과 착취, 여자청소년 수용동에서 교도관에 의한 상해가 발생하였을 뿐만 아니라, 권한남용, 과밀수용, 직원 부족, 열악한 시설환경, 적절한 정신보건 및 의료처우 부족, 프라이버시 부족상황임을 적발하였다(미국 법무부, 2005 참조). 또한, 야간에 여자청소년 수용동에 근무하는 여자교도관이 없었다. 그 결과, 남자교도관이 여자청소년을 강간한 사건과 담배를 얻기 위해 교도관과 성을 거래한 여자청소년이 여럿 있었음이 확인되었다. 미국시민자유연맹 보고서에는 여자청소년 수용동에서 남자교도관들은 성적인 언급을 일삼았고, 여자청소년의 가슴 크기에 대해 품평하였으며, 강간을 모의했다고 언급되어 있다. 수용자들은 강간 사건 이후 교도관들이 강간에 대해 언급하는 것은 줄어들었다고 했지만, 화이트[White](2003, 16쪽)는 "야간조가 전부 남자교도관들로 구성되어 있고 남자교도관들이 수용실에 언제든지 들어올 수 있었기 때문에 수용자들은 강간 사건 이후 자신들이 취약하다고 느끼고 있다"고 썼다.

아울러, 미국시민자유연맹 보고서는 여자수용자들이 옷을 갈아입거나 화장실을 이용하는 동안 남자교도관들이 지켜보고 있었다는 점을 밝혔다. 여자청소년 수용자들이 샤워를 할 때에도 남자교도관들이 감시하고 있었다. 그리고 구치소에서와 마찬가지로 직원 부족으로 인해 여자청소년 수용자들은 한 주 내내 실외활동을 하지 못했으며, 그렇게 실외활동을 하지 못하는 상황이 한 달 넘게 계속될 때도 있었다(화이트, 2003). 미국시민자유연맹 보고서를 두고 수용자들이 이야기를 지어낸 것이고 학대 사례는 과장되었다는 비판이 제기되자, 미국시민자유연맹은 시설에서의 안전 및 전반적인 생활환경 개선을 위해 하와이 주에 소송을 제기했다. 덧붙여, 강간 혐의를 받았던 교도관은 세 건의 성폭행과 "여자수용자에 대한 폭력적인 협박" 한 건에 대해 유죄가 선고되었다(딩맨[Dingeman], 2004). 유죄협상이 개시되었지만 강간 사건에 대해 수용자들이 본래 미국시민자유연맹에 알린 것보다 보다 중하고 걱정스러운 수준의 성학대임을 시사하는 세부내용이 드러나지는 못했다.

보다 최근에는 미국시민자유연맹의 여성인권프로젝트[Women's Rights Project]와 휴먼라이츠워치[Human Rights Watch]가 뉴욕의 청소년시설 두 곳에 수용된 여자청소년들의 생활여건에 대한 조사를 진행했다(랜징[Lansing] & 트라이온[Tryon]; 휴먼라이츠워치 & 미국시민자유연맹, 2006). 이들은 뉴욕의 경우 수용자와 직원 간 접촉이 좀더 제한적이었음에도 불구하고 하와이 주에서의 조사에서와 발견된 것과 동일한 문제점을 다수 발견했다. 이들의 발견에서 가장 주목할 것은 "여자청소년에 대해 시설직원들이 가하는 부당하고 과도한 무력사용"(휴먼라이츠워치 & 미국시민자유연맹, 2006, 4쪽)이다.

과거에 시설에 수용된 적 있던 여자청소년들은 골절뿐만 아니라 "찰과상" 및 상처를 입는 경우가 잦았던 "엎드린 상태에서의 강제적인 '제압'restraint' 절차"를 과도하게 사용하는 것을 불평했다. 여자청소년 한 명은 이렇게 말했다. "관자놀이에서부터 턱 아래까지 얼굴에 찰과상을 입고 돌아다니는 아이들, 목발을 짚고 다니는 아이들이 보일 거예요. 한 명은 목발을 짚고 깁스를 하고 있는데 그 사람들(직원들)이 그 애 팔과 다리를 부러트렸거든요"(휴먼라이츠워치 & 미국시민자유연맹, 2006, 48쪽). 강제적인 제압 절차는 극단적인 상황에 한해 적용되었으리라고 추측되지만, 여자청소년들은 직원들이 모든 사소한 위반(알레르기가 있는 음식을 먹지 않았다거나 "침대를 잘 정돈하지 않았거나 말하기 전에 손을 들지 않는 것"과 같이)에 대해 이와 같은 제압 절차를 사용했다고 주장했다(휴먼라이츠워치 & 미국시민자유연맹, 2006, 5쪽).

또한, 여자청소년들은 언어적 학대 및 모욕적인 "알몸수색", 교육 및 직업프로그램의 심각한 부족, 과도한 무위 상태와 보안을 경험하였을 뿐만 아니라 남자직원들의 손에 성학대를 당했다고 불평했다. 일례로 "아픈 여자아이들도 시설을 나가야 때마다 수갑, 족쇄, 가죽 포승벨트에 묶여 있다"(휴먼라이츠워치 & 미국시민자유연맹, 2006, 5쪽).

다른 상황에서 살펴보았던 바와 같이, 또다시 (뉴욕 청소년인구의 18%밖에 차지하지 않는) 흑인여자청소년들이 이들 시설에 보내진 여자청소년의 54%를 차지한다(휴먼라이츠워치 & 미국시민자유연맹, 2006, 43쪽). 이들 여자청소년들 중 많은 수가 범죄피해를 경험했고 그로 인한 정신건강 문제가 있었다. 전체 여자청소년의 3분의 1가량이 "재산" 범죄(주로 절도)로 수용되었다. "대인범죄"로 수용된 여자청소년 중 3분의 1 이상은 "상해"였는데, 이 중 많은 경우가 가족구성원과 관련되어 있었다(휴먼라이츠워치 & 미국시민자유연맹, 2006, 36쪽).

이들 세 개 주에서 언급된 과도한 내용들이 특이한 것이라고 (또는 지리적으로 연관되어 있다고) 생각하는 사람이 있을지 모르지만, 불행히도 그렇지 않다. 그보다 앞서 휴먼라이츠워치는 조지아(휴먼라이츠워치, 1996), 루이지애나(휴먼라이츠워치, 1995), 콜로라도(휴먼라이츠워치, 1997)에 있는 소년보호시설에 대해 매우 비판적인 조사보고서를 발표한 바 있었고, 이후에는 오하이오와 텍사스에서도 사건이 발생했다. 2000년 이후 텍사스청소년위원회가 90명 이상의 직원을 해고해야만 했던 텍사스에서는 16살 여자청소년이 이미 다른 여자청소년 네 명을 강간한 혐의로 기소된 바 있었던 남성교도관에 의해 "반복적으로 성폭행 당한" 결과, 자살을 시도하여 조기석방이 허가되었다(팬츠^{Fantz}, 2008, 3쪽).

또한, 휴먼라이츠워치는 미국 내 소년보호시설에 대한 내부감독이나 감시는 "제 기능을 하지 못하며", 독립적인 외부 감시는 "거의 존재하지 않는다"고 언급했다(휴먼라이츠워치 & 미국시민자유연맹, 2006, 3-4쪽). 그 결과, 사실상 미국 내 모든 소년보호시설은 "베일에 가려져 있고 학대를 경험한 여자청소년들은 충분한 수준의 보상을 받지 못했다"(휴먼라이츠워치 & 미국시민자유연맹, 2006, 4쪽). 안타깝게도 이런 사건들은 여자청소년보호시설에 오랫동안 드리워져 왔고(체스니-린드 & 셸던, 2004 참조), 기관들은 길거리와 가정에서의 위험으로부터 여자청소년들을 "보호"하기 위한 수단으로 시설화를 종종 활용하지만, 많은 시설들은 시설 밖에 있는 여자청소년들의 삶에 만연한 성별화된 피해를 영속시킬 뿐만 아니라 몇몇 최악의 경우에서 보는 바와 같이 성인교도소에서 발생하는 가장 끔찍한 상황에 비견되는 학대의 고통에 여자청소년들을 가두고 있음을 시사한다.

실제로 점점 더 많은 여자청소년들이 성인교도소에서 복역하고 있다. 1990년대 초반부터 시작된, 정치인들의 홍보와 소년범죄자들을 점점 더 위험하고 통제되지 않는 초포식자^{super-predator}19)로 묘사한 언론에 의해 강화된 "범죄척결" 기조는 소년범죄자를 검찰이 직접 기소하는 것과 성인법정에서 재판받는 것을 허용하는 시대로 이끌었다(가더^{Gaarder} & 벨크냅, 2004). 이 시기에 49개 주(네브라스카 제

---

19) [역자 주] 1990년대 정치학자인 딜루리오^{Dilulio}는 무자비하게 범죄를 저지르는 몇몇 충동적인 소년범죄자들로 인해 소년범죄가 증가하고 있다고 주장하며, 이들을 생태계의 먹이사슬에서 다른 동물을 잡아먹고 자신은 잡아먹히지 않는 최상위 포식자^{super-predator}에 비유했다. 딜루리오의 주장은 인종주의와 결합하여 대중적으로 널리 알려졌으나, 이후 몇 년 간 범죄가 유의하게 감소함에 따라 큰 비판을 받았고, 이에 딜루리오는 스스로 자신의 주장을 철회했다.

외)가 소년범을 성인범으로 간주하기 용이하도록 법률을 개정하였다(하트니[Hartney], 2006). 그 결과, 성인법정에서 재판을 받고 성인교도소에 수용된 청소년의 수가 급증했다. 1990년부터 2004년까지 성인시설에서 복역하는 18세 미만 청소년의 수는 208% 증가했다(가더 & 벨크냅, 2004; 하트니, 2006). 많은 주가 이러한 정책과 법률 개정이 여자청소년에 미칠 영향을 고려하지 않았지만, 일부 주는 여자청소년에 미칠 영향을 염두에 두고 의도적으로 계획하였다. 일례로 애리조나 주는 "범죄척결" 정책이 실행된 즉각, 성인기까지 형이 확정된 여자청소년 범죄자를 수용하기 위해 교도소 수용정원 확대(30명)에 착수했다(오스틴[Austin] 외, 2000).

2000년 이래 성인교도소는 약 7,200명의 청소년을 수용하고 있으며, 여자청소년은 이 중 4%를 차지한다(하트니, 2006). 그 결과는 끔찍하다. 소년보호시설에 수용된 청소년에 비해 성인시설에 수용된 청소년은 직원들로부터 구타당하고, 자살을 시도하고, 무기로 공격당할 가능성이 높다(영[Young] & 게인스버로우[Gainsborough], 2000). 특히, 성인교도소에 구금된 여자청소년은 직원으로부터 성폭행당하고 신체적으로 제지될 가능성이 높다(오스틴 외, 2000; 가더 & 벨크냅, 2004). 가더와 벨크냅의 연구는 학대에 대한 측면 외에도 특히 교육, 정신보건 서비스, 의료, 생활기술, 직업훈련 영역에 있어 여자청소년을 위한 교정프로그램의 질에 대해 비판적인 의문을 제기한다(가더 & 벨크냅, 2004).

21세기는 여자청소년 탈시설화가 강조되었던 지난 수십 년이 극적으로 역전되었음을 암시한다. 오늘날, 여자청소년들은 폭력으로 보다 체포되는 경향이 있고, 한 번 체포되면 교도소 같은 분위기와 학대문제가 심각한 폐쇄시설에 구금 또는 수용될 가능성이 더 높다, 아울러, 여자청소년의 구금 및 수용기간은 더 길어져서, 여자청소년들은 법률 개정 덕분에 한 번 복역하기 시작하면 구금 및 입소시설로 돌아오는 경향이 이전보다 강해졌다. 여자청소년과 사법정의의 측면은 변하지 않았다. 여자청소년은 형사사법체계 수호자들의 손에 만연한 학대 −인권에 대한 국제기준을 위배하는 학대(휴먼라이츠워치, 미국시민자유연맹, 2006) − 및 무시를 지속하여 경험하고 있다. 1970년대 이래 변호사들, 연구자들, 입법자들이 여자청소년에 대한 처우를 확대하고 시설화, 학대, 무시를 줄일 것을 강조해왔다는 점을 고려할 때, 여자청소년 체포, 법원 출석, 구금, 수용이 증가하고 있을 뿐만 아니라 무시와 학대가 지속되고 있는 점은 진정 역설적이라고 보인다.

구금에 대신하여 : 여자청소년들의 욕구를 충족시키기 위해 무엇을 할 수 있을까?

경제적·정치적 주변부에 위치한 여자청소년들, 특히 소년사법체계에 들어선 여자청소년들은 남자청소년들과 많은 문제점을 공유한다. 여자청소년들은 빈곤하고, 폭력적이고 해체된 가정 출신이며, 학교를 다니는 데 어려움을 겪기 쉽다. 무엇보다 여자청소년들은 그들의 성과 관련된 문제에 직면한다. 특히 성학대, 성폭력, 데이트폭력, 우울, 계획하지 않은 임신, 청소년기의 출산이 그것이다. 남자청소년들과 공유하는 문제들과 여자청소년으로서 직면하는 추가적인 문제들에 대한 경험은 젠더, 계급, 인종에 따라 조건화되어 있다. 가족은 여자청소년들이 직면하는 많은 중대한 문제점들의 근원이기 때문에 여자청소년들이 가정에서 안전하게 머무를 수 없을 가능성을 고려하여 해결책을 모색할 필요가 있다.

여자청소년들을 위한 프로그램은 여자청소년들이 처한 개별 상황에 적합하도록 구성되고, 성별화된 사회에서 여자청소년들이 가지는 특수한 문제점을 다룰 필요가 있다. 불행히도, 전통적인 비행처우 전략은 청소년 —통상 남자청소년— 에 무엇이 필요한지에 대한 일반적인 가정에 맞춰 구성되었고, 심지어 그 경우에도 남자청소년들의 젠더관리 전략이나 문제영역들을 인식하는 데 실패했다. 이러한 상황에서 여자청소년들은 어떤 경우에는 득을 보기도 했고, 어떤 경우에는 여자청소년들의 문제가 전혀 다루어지지 않았다.

여자청소년들에게 효과적이라고 입증된 프로그램에 대한 정보는 상당히 부족하다(체스니-린드 & 셸던, 2004 참조). 실제로 특정한 정책을 평가하는 많은 연구들은 젠더 이슈를 다루지 않았고, 심지어 여자청소년들에게는 프로그램들이 적용되지 않기도 했다. 게다가, 신중한 평가가 진행된 프로그램들은 종종 (어떠한 전략을 추구하기에는 이상적이지 못하다는 것이 분명한 장소인) 소년원에서 실시되었다. 결국, 대부분의 프로그램에 대한 평가는 가장 적극적으로 개입하고 도움을 주고자 노력한 경우에도 종종 결과가 매우 좋지 못했음을 보여준다. 물론, 프로그램 실시환경과 평가결과라는 두 항목은 서로 관련되어 있다. 폐쇄된 시설환경에 적용된 프로그램은 단점을 안고 있고, 그 결과 효과적이지 못한 경향이 있다(립시Lipsey, 1992). 불행히도 여자청소년을 대상으로 한 지역사회 기반 프로그램들은 매우 흔치 않다.

효과적으로 평가된 바 있는 성인지적인 커뮤니티 프로그램의 예로 호놀룰루 여자청소년법정Girls Court을 들 수 있다(데이비슨Davidson 외, 2011). 호놀룰루 여자청소년법정은 구금이나 수용을 줄이는 가운데, 여자청소년들의 가시성을 높이고 그들의 구체적인 욕구를 충족하기 위해 만들어진 법원 기반 프로그램이다. 여자청소년법정은 2004년 가을에 여자청소년 10명의 코호트를 대상으로 시작되었다. 통상 프로그램은 다음과 같이 진행되었다. 여자청소년들은 5주마다 열리는 심리기일에 부모를 동반하고 법정에 출석하여 여자청소년의 삶에 지속적으로 염려와 관심을 표시하는 동일한 판사를 만난다. 보호관찰관과 코호트의 나머지 여자청소년들이 지켜보는 가운데, 여자청소년들은 지난 5주간 있었던 자신의 행동, 성취한 목표, 방해요인과 스트레스 요인들을 설명한다. 여자청소년들은 성공한 점에 대해서는 칭찬을 받고 위반사항에 내려질 수 있는 처분에 대한 조언과 설명을 듣는다. 심리 후에 여자청소년들은 HIV/성병 교육, 지역사회 봉사 프로젝트, 가족친목도모 활동, 생활기술 프로젝트, 직업교육, 진학 상담, 신체활동, 여성주의에 특화된 심리치료사를 통한 집단/개별 상담 등 활동에 참여한다. 또한, 필요한 경우에는 정신과 상담 및 약물처방을 받는다(파스코, 2008, 12쪽).

여자청소년법정 프로그램은 규율 상향, 여자청소년 친화적인 재활 접근, 여자청소년의 삶과의 연계 및 투자를 통해 비행 및 지위위반(즉, 가출), 보호관찰 위반, 수용으로 이어지는 여자청소년들의 경로를 영구화하는 문제들을 다룬다. 나아가, 여자청소년법정의 구조는 위험성이 낮은 위반으로 인해 여자청소년들에게는 종종 미미한 처우만이 적용되기 때문에 소년사법체계에서 여자청소년들이 전형적으로 경험하게 되는 분절fragmentation을 최소화하기 위해 노력한다. 여자청소년법정 평가결과는 참여자들이 전반적으로 프로그램이 삶을 개선하였다고 느낀다는 점을 보여준다. 더욱이, 여자청소년법정은 특히 (이전에는 종종 여자청소년들의 보호관찰 위반으로 이어졌던) 가출 범주에 있어서 여자청소년들의 재범을 낮추었다. (여자청소년 스스로의 긍정적인 언급과 더불어) 여자청소년법원이 가출 행위를 감소시켰다는 사실은 가족 스트레스 요인, 이전의 트라우마, 기타 위험요인들이 프로그램 참여로 조정되었음을 시사한다(데이비슨 외, 2011).

실제로 평가과정에서 이루어진 인터뷰와 포커스그룹 연구는 여자청소년의 위험요인 관여 역시 감소하였음을 보여준다. 여자청소년들은 마약에 덜 의존했고, 학업적인 성취가 높아졌으며, 건강한 관계를 인지하게 되었다. 또한, 여자청소년들은 다른 여자청소년들과의 관계를 형성하게 되었는데, 때로는 이것이 여자청소년이 맺게 된 최초의 관계였다. 여자청소년들은 여자청소년법정이 비슷한 상황에 처한 여자청소년들에게 위험한 선택을 피할 수 있도록 독려하는 환경을 성공적으로 조성해 준다고 인식했다. 아울러, 부모들도 그들의 딸과 보다 건강한 관계를 형성하게 되었고, 덜 다투게 되었으며, 전반적으로 가족 기능이 개선되었다고 언급했다. 참여 여성청소년과 부모 모두에게서 높은 평가를 보인 질적 자료는 성인지적인 프로그램이 적절하게 제공되었을 때 가벌적인 집중감독에 따르는 위험을 전반적으로 낮출 수 있음을 시사한다(모라쉬[Morash], 2010).

그러나 여성청소년법정과 같은 프로그램은 극소수이다. 게다가, 통상 우리 사회에서 여성청소년(그 중에서도 특히 범죄자)에 대한 프로그램은 기금의 관점에서 볼 때 우선순위가 낮다. 일례로 1975년 법집행지원국에서 작성된 보고서에 따르면 소년비행 프로젝트에 대한 연방기금 중 5%만이 여자청소년에 배정되었고, 소년사법 관련 지역 단위의 전체 예산 중 6%만이 여자청소년에 쓰였다(여성범죄자자료센터[Female Offender Resource Center], 1977, 34쪽). 75개 민간기금에 대해서 1990년 발표된 보고서는 "구체적으로 여자청소년 및 여성을 대상으로 한 기금은 약 3.4%에 그치고" 있음을 밝혔다(발렌타인재단[Valentine Foundation] & 여성의 길[Women's Way], 1990, 5쪽). 보다 최근에 소년사법 및 비행예방국 내 여자청소년 연구그룹이 여자청소년 범죄자 프로그램 62개를 검토한 결과에 따르면, 이 중 17개만 평가결과가 발표되었고, 4개 프로그램만이 "유망한" 프로그램의 기준을 충족했다. 대부분의 프로그램에서 증거가 충분치 않았기 때문에, 17개 프로그램 중 효과적이라고 평가된 연구는 하나도 없었다(잰[Zahn] 외, 2008). 회계감사원은 여자청소년 연구그룹의 방법론이 "비현실적으로 높다"고 비판했지만(래런스, 2010, 5쪽), 보다 근본적인 문제가 있다. 2009년 기준, 연구그룹이 살펴본 프로그램 중 대다수는 기금 고갈 및 정치적인 지원 부족으로 인해 더 이상 존재하지 않았다. 불행히도, 심지어 여자청소년법정조차 기금 및 지원 부족이 점차 큰 문제로 부상하면서 같은 운명에 처할 위험에 놓여 있다(래디우스^{Radius} 판사, 개인연락, 2011).

피해자 또는 범죄자로서 소년사법체계와 접촉하게 된 여자청소년에게 특히 요구되는 것은 무엇일까? 연구자들과 여자청소년들은 청소년기 발달을 뒷받침하거나 기본적인 안전을 보장할 수 있는 가족의 부재, 위험한 지역사회, 성학대 및 기타 학대에서 기인한 개인적인 트라우마, 성매매에의 관여, 착취 위험성이 높은 나이 많은 남성과의 관계, 학업실패, 마약의존, 소득 및 생계유지 준비 부족 등 벅찬 문제들이 포함된 복잡한 욕구^{needs}를 든다. 처우는 포괄적이고 특정 여자청소년의 가정과 지역사회의 맥락에 맞게 조정되어야 하며, 여자청소년들이 소년사법체계 깊숙이 침투하게 되기 전, 9세에서 14세까지의 취약한 시기에, 그리고 그들이 심각한 문제에 처한 때에 적용되어야 한다.

미네소타 여성기금은 여자청소년과 남자청소년에게 있어 가장 잦은 위험요인은 상이하며, 여자청소년의 경우에는 정서적 스트레스, 신체적 학대 및 성학대, 부정적인 신체 이미지, 섭식장애, 자살, 임신 등을 포함한다고 언급하였다. 남자청소년의 경우에는 음주, 합성마약 남용, 사고로 인한 부상, 그리고 범죄가 목록에 있다(여자청소년 소위원회^{Adolescent female Subcommittee}, 1994). 위기에 놓인 모든 여자청소년들이 소년사법체계에 들어오는 것은 아니지만, 이처럼 청소년 문제를 젠더 관점에서 살펴보는 것은 비행예방 및 개입프로그램을 고찰하는 기준이 된다.

여자청소년 프로그램이 다루어야만 하는 욕구에는 삶에서의 신체적 폭력 및 성폭력(부모, 남자친구, 포주 등)을 극복하는 것, 에이즈의 위험을 줄이는 것, 임신과 출산을 감당하는 것, 약물 및 음주의존에 맞서는 것, 가족문제에 직면하는 것, 직업 및 취업 상담을 받는 것, 스트레스를 관리하는 것, 자기효능감과 자신감을 얻는 것이 있다. 많은 욕구가 공통적인 것으로, 모든 청소년에 대한 프로그램의 일부가 되어야 한다(슈바르츠 & 올랜도^{Orlando}, 1991). 이들 욕구 중 상당수는 여자청소년에게 특히 중요하다.

앨더[Alder](1986, 1995)는 남자청소년들은 여자청소년들보다 눈에 잘 띄는 경향이 있기 때문에" 수용 중인 여자청소년들에게는 "차별화되고 창의적인 전략이 요구된다고 지적했다(앨더, 1995, 3쪽). 외출을 할 때 여자청소년들은 소규모 집단으로 돌아다니는 경향이 있는데, 여자청소년들이 "돌아다니는 것"은 강하게 금지되어 있기도 하고 여자청소년들은 밤길에 두려움을 느낄 수도 있다. 결국, 여자청소년들에게는 남자청소년에 비해 가정 안에서 생활할 것이 기대되고, 이는 가정 안으로 여자청소년들을 붙잡아 두는 것일 수 있다. 앨더는 이것이 특히 이민자 가정의 여자청소년들에게 중요한 이슈일 수 있다고 언급했다.

평가연구 및 여자청소년들의 특수하고 고유한 욕구에 대한 인식이 부족하지만, (YWCA, 여자청소년재단, 성공을 위한 복장[Dress for Success]20)과 같은) 여자청소년들을 위한 단체들이 소년사법체계에 있는 여성청소년에 대해 책임을 느끼고 있다는 고무적인 소식도 있다. 여자청소년에 대해 유망한 프로그램에 대한 최근 검토들(여자청소년재단, 1996; 소년사법 및 비행예방국 여자청소년 연구그룹, 2009; 슈바르츠 & 올랜도, 1991; 잰 외, 2010)은 홀로 생존하는 데 필요한 구체적인 기술을 제공하는 동시에 청소년의 주거 및 고용 욕구에 초점을 맞춘 프로그램이 증가하고 있음을 보여준다. 여기에는 종종 사례별로 고정된 사회복지사와 서비스 연계자, 상담 요소가 포함된다. 많은 여자청소년들은 성적 및 신체적 범죄피해로부터 회복하기 위해 분명 전문적인 상담을 필요로 하지만, 단순히 상담처우 규정에 기반한 접근방식은 성공 가능성이 낮다는 점에서 주의를 요한다(체스니−린드 & 셀던, 2004 참조). 또한, 프로그램들이 문화적인 부분을 고려하였는지를 면밀히 검토하여야 한다. 남자청소년들이 탈시설화되고 있는 가운데 (교정환경에서 부트스트래핑되고) 소년사법체계에 유입되는 유색인종 여자청소년의 수가 증가함에 따라 문화적인 특성을 고려한 프로그램이 요청되고 있다. 유색인종 여자청소년들은 자신의 젠더와 사회 지배적인 제도를 다르게 경험하기 때문에(애머로[Amaro], 1995; 애머로 & 애굴라[Agular], 1994; 라프롬보이즈[LaFromboise] & 하워드−피트니[Howard−Pitney], 1995; 오렌스타인[Orenstein], 1994; 샤프너, 2006), 전환처우 및 탈시설화를 위한 프로그램은 마이너리티 여성에게 고유하

---

20) [역자 주] 1997년 설립된 NGO 단체로, 저소득층 여성에게 직업에 적합한 복장을 제공하여 구직 및 취업 과정을 지원하고 있다(https://dressforsuccess.org).

게 제기되고 있는 문제점들을 다루어야 하며 민족공동체[ethnic communities]에서 가용한 문화적 자본 위에 만들어져야 한다. 알래스카 주 페어뱅크의 디니와시[Diineegwassi], 유타 주 솔트레이크시티의 누에보 디아[Nuevo Dia]와 같은 프로그램은 마이너리티 여자청소년들을 위해 고안된 성인지적 프로그램의 예이다. 각 프로그램은 긍정적인 젠더 정체성 및 민족정체성을 발달시킬 수 있도록 진행된다(소년사법 및 비행예방국, 1998).

(통상 덜 창의적이고 유연하지 않은) 보다 전통적인 "우수 사례[best practices]" 및 시설 내 프로그램들의 경우와 마찬가지로 창의적인 프로그램에도 안정적으로 예산이 배정되어야 한다. 많은 신생 프로그램들이 연방기금이나 사립재단 후원에 의존하고 있다. 유감스럽게도 거의 모든 프로그램들이 오랜 기간 계속되지 못한다. 창의적인 프로그램들이 계속되고 번창하기 위해서는 안정적인 기금에 기반할 수 있어야 한다. 2세기도 더 전에 애비게일 애덤스[Abigail Adams]가 했던 "여성들을 기억하라[remember the ladies]"21)는 말로, 여자청소년에 초점을 맞춘 프로그램 개발 수행을 위한 주 의회 차원의 노력과 성인지 프로그램 평가연구에 대한 소년비행 및 비행예방국의 예산에 대해 정책결정자들을 압박할 수 있다(로시[Rossi], 1973, 10-11쪽).

단순히 여자청소년들에 대한 사회적 통제를 확장하기보다는 여자청소년들의 구금에 대한 본질적인 대안으로 기능하고 있는지를 확인하기 위해 프로그램은 지속적으로 관찰되어야 한다. 가출 성향에 대한 대응으로 여자청소년들에게 구금 지향적인 프로그램이 적용되는 경향이 있다. 여자청소년을 위한 성공적인 프로그램의 요소는 여자청소년에 대한 지지와 폐쇄시설에 대한 지속적인 모니터링일 것이다. 지난 이십여 년에 걸쳐 청소년을 탈구금하려는 노력의 굴곡진 역사를 주의 깊게 살펴본 결과에서 아무것도 배울 수 없었다면, 그 노력에 얼마나 어려움

---

21) [역자 주] 미국의 제2대 대통령 존 애덤스의 부인이자 제6대 대통령 존 퀸시 애덤스의 어머니로, 노예제에 반대하고 여성교육을 지지하는 활동을 전개했다. "여성들을 기억하라"는 언급은 1776년 당시 대통령이었던 존 애덤스와 대륙의회[Continental Congress]에 보낸 서신에 "여성들을 기억하고, 조상들보다 여성들을 너그럽고 우호적으로 대해야 한다. 남편들의 손에 무한한 권력을 허용해서는 안 된다. 모든 남성은 하고자 한다면 폭군이 될 수 있음을 기억하라. 여성들에게 돌봄과 관심이 주어지지 않으면, 우리는 폭동을 선동할 수밖에 없으며, 우리에게 어떠한 목소리도, 대표권도 주지 않는 법률에 우리를 묶어두지 않을 것이다"라고 쓴 것에서 유래했다.

이 가득했는지, 그리고 노력의 결실이 얼마나 쉽게 무너졌는지를 제대로 인식할 필요가 있다.

마지막으로, 주변부 여자청소년이 갖는 근본적인 욕구를 지원하기 위해서는 훨씬 더 많은 작업들이 이루어져야 한다. 주변부 여자청소년들의 상당수가 집에 돌아갈 수 없거나 돌아가지 않으려고 할 것이기 때문에, 이들에게는 "프로그램" 참여는 크게 필요치 않고 혼자 힘으로 살아갈 수 있도록 보다 많은 지원을 해줄 필요가 있음을 잘 인식하여야 한다. 경제적·정서적·심리적 지지가 없다면 또는 집이라고 부를 수 있는 공간이 없다면, 여자청소년들은 곧 소년사법체계로 돌아올 수밖에 없다 —이제는 여성범죄자로서.

제5장

여성범죄의 동향

제5장 여성범죄의 동향

　여자청소년 범죄와 같이, 여성범죄도 여성의 지위에 크게 영향을 받는다. 결론적으로, 심각하고 폭력적인 범죄에서 여성이 차지하는 비중은 여자청소년들에서와 마찬가지로 적다. 2009년에 중한 폭력범죄(살인, 강간, 강도, 가중폭행^{aggravated} ^{assault})으로 체포되는 성인범죄자 중 19%만이 여성이었다. 실제로 그 해에 체포된 사람의 24.4%만이 여성이었다(FBI, 2010a, 239쪽). 이는 여자청소년들(체포되는 청소년 3명 중 1명꼴)보다도 성인여성이 체포되는 비율이 낮음을 의미한다.

　게다가, 성인여성범죄자의 대다수는 여자청소년들과 유사하게 비교적 가벼운 범죄로 체포되어 재판을 받는다. 2009년에 여성들은 절도로 가장 많이 체포되었고(전체 성인여성 체포의 15.2%), 음주운전(10.9%), 마약투약(9.9%) 순으로 나타났다. 이는 미국에서 체포되는 여성의 3분의 1 이상이 위 세 가지 범죄유형 중 하나로 체포된다는 것을 의미한다. 주류 경제에서 여성고용이 몇몇 유형에 쏠려있듯이 여성범죄는 몇몇 범죄유형에 집중되어 있다. 더욱이 이후 살펴볼 내용처럼, 이러한 범죄는 여성의 경제적 소외와 여성이 빈곤에 대응하는 방법과 밀접한 관련이 있다.

다루기 힘든 여성들 : 여성범죄의 간략한 역사

여성범죄가 경범죄에 집중되는 것은 현재에 국한된 현상이 아니다. 14세기 잉글랜드의 여성범죄에 대한 연구(하나왈트[Hanawalt], 1982), 그리고 수 세기 후 호주로 강제로 이주당한 여성들의 배경에 대한 기술(베도[Beddoe], 1979)에는 여성들의 법 위반 패턴에서 나타나는 놀라운 안정성이 기록되어 있다.

예를 들어, 호주로 이송된 여성들은 가벼운 절도(들치기[stealing], 상점절도[shoplifting], 소매치기) 또는 성매매를 한 종업원, 가정부, 세탁부들이었다. 이렇게 사소한 범죄로 이송된 여성의 수는 놀라운 수준이다. 1787년부터 1852년까지 무려 3분의 1이 초범이었던 최소 24,960명의 여성이 식민지의 여성 "부족"을 해소하기 위해 호주로 보내졌다. 쥐가 들끓는 화물칸에 실린 여성들은 선박의 사관과 선원들에게 조직적으로 강간당하고 성적으로 학대당했으며, 초기 사망률은 3명 중 1명꼴이었다. 여성들이 호주에 도착한 이후에도 악몽은 계속되었다. 여성들은 어떠한 배급도 받지 못했고 상당수는 살아남기 위해 성매매를 할 수밖에 없었다(베도, 1979, 11 – 21쪽).

여성범죄의 경범죄 집중에 있어 다르면서도 중요한 관점을 추가하는 연구들이 있다. 예를 들어, 남북전쟁 전 노스캐롤라이나의 "다루기 힘든[unruly]" 여성들에 관한 바이넘[Bynum]의 연구는 인종이라는 중요한 관점을 추가하였다. 바이넘은 사회에서 소외된 구성원, 특히 "해방된 흑인여성과 미혼의 가난한 백인여성들"이 사회적·성적 금기를 깨고 처벌을 받을 가능성이 가장 컸다고 말한다. 실제로 바이넘은 "만약 합법적으로 그럴 수 있었다면 노스캐롤라이나의 입법자들은 이러한 여성들의 공동체를 완전히 없애버렸을 것"이라고 말한다(10쪽). 당시 노스캐롤라이나 입법자들은 이러한 여성과 자손들에게 영향을 주기 위해 간음, 사생아 및 성매매에 관한 법을 가혹하게 집행하였다.

도시화와 계급의 역할은 1687년에서 1912년 사이 런던 법정의 범죄사건에 관한 필리[Feeley]와 리틀[Little]의 연구(1991), 1859년에서 1955년 사이 토론토에서의 체포에 관한 보리취[Boritch]와 헤이건[Hagan]의 연구(1990)에서 심도 있게 분석된다. 이 연구들은 모두 여성범죄에 있어 산업화 및 여성의 경제적 역할(또는 경제적 소외)이 미치는 영향을 설명한다. 두 연구는 여성들이 도시지역으로 끌려와 극도의 저임금 일터에 고용되었다는 증거를 제시한다. 이는 결론적으로 많은 여성들을 무질서행위, 주취, 좀도둑을 포함한 범죄의 형태로 이끌었다. 특히 보리취와 헤이건은 많은 여성이 재산범죄와 오늘날의 마약범죄에 역사적으로 대응하는 "주취" 및 "부랑"으로 체포되었음을 강조한다. 그러나 살인과 같이 "중한" 범죄를 저지르는 여성들은 어떤가? 미국 초기의 여성살인자에 관한 존스[Jones](1980)의 연구는 이들 중 많은 수가 고용계약제 하인이었음을 밝히고 있다. 하인이 "사생아"를 낳으면 계약기간이 1년에서 2년까지 추가된다는 것을 계산한 고용주들에게 강간을 당해 절망한 여성들은 자신의 임신 사실을 숨기고 신생아를 살해했다. 또한, 존스는 잔혹한 연인 또는 남편들을 살해한 절박한 여성들의 과거와 현재의 수많은 사례를 제시한다. 강제결혼, 여성의 제한된 선택들, 흔히 독살로 살해를 결정하는 것 간의 덜 극적인 연관성은 빅토리아 시대 여성살인자의 특징이다. 빅토리아 시대 여성살인자의 수는 극히 적었음에도 비소중독이 관련되는 체계적인 범죄에 여성이 참여했다고 상상도 할 수 없다는 이유로 세기의 전환기에 공포를 불러왔다(하르트만[Hartman], 1977).

요약하면, 여성범죄의 역사, 특히 여성폭력에 관한 연구는 여성범죄의 수준 및 특징에 대한 정보를 제공하고 여성범죄와 여성의 삶 간의 관계를 이해하는 방법이라는 점에서 가치 있는 자료이다. 여성이 살인했을 때, 특히 가족을 살해한 혐의를 받을 때, 사람들은 즉각 "그 여자는 어떻게 그럴 수 있었을까?"라고 의문을 제기한다. 여성으로 태어나 치러야 할 엄청난 대가를 고려한다면, 이는 틀린 질문일 것이다. 여성범죄의 역사가 보여준 대로라면, 여성이 왜 살인했는지가 아니라 여성은 왜 그렇게 살인을 적게 했는가를 질문해야 옳다.

몇몇 사실을 살펴보자. 15초마다 여성 1명이 자신의 집에서 구타를 당한다(FBI, 1989). 여성 3명 중 1명이 일생동안 한 번 이상 친밀한 파트너에게 신체적인 공격을 받았다(윌트[Wilt] & 올슨[Olson], 1996). 여성은 남성에 비해 친밀한 파트너에게 살해될 가능성이 3배 높고, 전체 가정폭력 피해자 중 86%를 차지한다(레니슨[Rennison], 2001, 1쪽; Smith & 파롤[Farole], 2009). 국립정신보건원[National Institute of Mental Health]의 연구(도시지역 병원 기준)에 따르면 응급수술을 받은 여성의 21%가 가정폭력으로 다쳤고, 응급수술을 받은 여성의 부상 절반은 파트너에 의한 학대와 관련이 있으며, 40% 이상의 강간이 친밀한 파트너에 의해 범해졌다(스타크^{Stark} 외, 1981; 트루먼^{Truman} & 랜치^{Rand}, 2010).

또 다른 연구들에 따르면, 부부강간은 보통 다른 어떤 형태의 성범죄보다 폭력적이고 반복적으로 나타나며 제대로 신고도 되지 않는다고 한다(리치^{Richie}, 2000, 4쪽). 예를 들어, 미국의 전직 외과의사인 게네라 C. 에버렛 쿱^{Genera C. Everett Koop}(1989)은 한 해 300~400만 명의 여성이 구타를 당한다고 추정했는데, 그 중 절반가량은 미혼, 별거, 이혼상태였다(레니슨, 2001). 2008년 전미범죄피해조사^{National Crime Victimization Survey}(랜드, 2009)에 따르면, 남편과 별거하는 여성은 혼인 중, 이혼 또는 미혼인 여성보다 피해당하는 비율이 높고, 16~24세의 여성이 1,000명당 151명꼴로 친밀한 파트너로부터의 폭력피해를 가장 많이 당하는 것으로 나타났다(레니슨, 2001, 5쪽). 또한, 구타는 시간이 지남에 따라 가혹해지기 쉽다. 구타 가해자 중 절반 정도는 한 해 동안 적어도 3회 이상 파트너를 구타한다(스트라우스^{Straus}, 겔레스^{Gelles} & 스타인메츠^{Steinmetz}, 1980). 이러한 범죄피해는 놀랄 만큼 비율이 높은 친족 간 강간, 성폭력과 같은 다른 형태의 여성학대를 포함하지 않은 것이다(정책연구센터^{Center for Policy Studies}, 1991 참조; 트루먼^{Truman}, 2011).

정말 의문스러운 것은 가정에서의 끔찍한 피해, 심지어 생명의 위협을 받는 경우에도 왜 그렇게 소수의 여성만이 폭력으로 대항하는가에 대한 것이다. 2009년 미국에서 살인으로 체포되는 사람 중 10.7%만이 여성이었으며, 이는 다른 형태의 폭력범죄와 마찬가지로, 살인도 거의 남성의 범죄행위임을 의미한다. 존스(1980)와 하트만(1977)이 기술한 것처럼, 실제로 여성살인자는 흔하지 않기 때문에 진정 흥미롭다.

많은 여성이 사소한 재산범죄와 성도덕 범죄로 체포된다는 것, 그리고 중대한 재산범죄와 폭력범죄로 체포되는 여성은 사실상 없다는 사실이 결합되면, 이는 사회에서 여성에게 부여된 역할과 여성범죄가 유사하다는 명확한 증거가 된다(클라인^{Klein} & 크레스^{Kress}, 1976). 실질적으로 합법적인 경제에 있어 여성들의 위치는 임금이 열악하고 매우 성차별적인 직업(예를 들어, 비서, 판매직)으로 격하되어

표 5.1 성별에 따른 10년간 성인 지표범죄 체포 동향(2000-2009)

지정범죄	남성			여성		
	2000년	2009년	변화율(%)	2000년	2009년	변화율(%)
전체	5,443,682	5,366,469	-1.4	1,446,691	1,733,291	+19.8
살인*	6,179	5,838	-5.5	764	703	-8.0
강간	13,487	10,667	-20.9	147	120	-18.4
강도	43,582	50,564	+16.0	5,131	7,390	+44.0
가중폭행	208,978	186,393	-10.8	51,204	50,989	-0.01
노상강도	99,294	118,120	+ 8.9	16,484	24,024	+45.7
절도	308,787	344,898	+11.7	172,780	264,843	+53.3
차량절도	44,237	29,575	-33.1	7,756	6,544	-15.6
방화	3,898	3,294	-15.5	894	823	-7.9
전체 폭력범죄	272,226	253,462	-6.8	57,246	59,202	+3.4
전체 재산범죄	456,216	495,887	+8.7	197,914	296,234	+49.7

출처: FBI(2010b, 239쪽).
* 유의적 고살[nonnegligent manslaughter] 포함.

있다. 이처럼 불법 혹은 범죄의 세계에서도 여성들은 작은 역할이나 남성만큼의 "보상"이 따르지 않는 역할을 맡는다. 그러나 최근까지 왜 이런 현상이 나타나는지에 대해 제대로 설명되지 않았고 이를 설명하기 위한 학문적 노력도 부족하였다. 이 장에서는 여성범죄의 실상과 함께 폭력적이고 주류세계·범죄세계 모두에서의 전통적인 역할을 거부하는 비전형적인 여성범죄자에의 매혹을 다루고자 한다.

여성체포의 동향

수년간 여성들은 전형적으로 절도, 음주운전, 사기(대부분이 사회복지사기[welfare fraud], 미숙한 수표위조), 마약투약 및 성매매 관련 혐의(무질서행위 및 "기타 범죄"로 분류되는 다양한 경범죄)로 체포되었다(스테판스마이어[Steffensmeier], 1980; 스테판스마이어 & 앨런[Allan], 1995; 표 5.1 지표범죄[Index Offenses]로 체포된 여성에 대한 요약 참조).

체포자료는 확실히 마약과의 전쟁[war on drugs]이 여성과의 전쟁[war on women]으로 전환되었음을 보여준다. 2000년부터 2009년 사이에 성인여성이 마약투약으로 체포된 것은 15.4%가 증가했는데, 이는 남성의 증가(7.7%)보다 두 배 높은 수준이다(FBI, 2010a, 239쪽). 지난 10년간(2000–2009) 여자청소년들의 패턴과는 달리 성인여성들은 "기타 폭행"(21.3% 증가)으로 인한 체포가 증가했다. 10년 동안 여성이 가장 많이 체포되는 범죄가 사기 및 무질서 행위에서 마약범죄 및 기타 폭행으로 대체되었다.

그러나 이 수치들은 여성의 범죄가 급격히 증가했다는 주장을 뒷받침하기 위한 용도로 사용되어서는 안 된다. 예를 들어, 체포된 성인여성의 수는 2000년부터 2009년까지 19.8%가 증가하였는데, 이는 1997년에 체포율이 감소하기 시작한 뒤에 2005년부터 다시 조금씩 오르기 시작한 것이다(FBI, 1998, 2006, 2010a). 더욱이 이 범죄들을 다른 관점에서 보면, 지난 20년간의 변화보다는 안정적인 것으로 보인다. 체포에 있어 여성이 차지하는 비율(해당 범죄로 체포된 사람 중 비율)은 1992년부터 2001년까지 23%에서 26%로 높아졌지만, 2009년에는 24.4%로 감소했다. 2000년부터 2009년까지 지표폭력범죄[index violent offense]로 체포된 여성의 비율은 겨우 17%에서 19%로 높아졌다(FBI, 2010a, 239쪽). 중한 범죄에서의 가장 큰 비중은 살인이나 강간이 아니라 가중폭행이다. 또 다른 극단으로 나타나는 것은 성매매 체포에서 나타나는 패턴으로, 성매매는 FBI가 자료를 집계하는 29개 범죄유형 중 여성이 다수(68.8%)를 차지하는 유일한 범죄다.

전반적으로 공식 체포통계상 여성 관련 수치의 상승은 기타 폭행, 마약투약, 수표위조 및 횡령과 같은 재산범죄의 증가라는 점에서 여자청소년과 상당히 비숫한 패턴으로 설명된다. 강도, 가중폭행, 기타 폭행이 증가하고 있지만, 전체 여성범죄자의 30%가 몇몇 재산범죄로 체포된다는 점에서(남성은 13%) 여성범죄는 본질적으로 비폭력적이다. 여기서 재산범죄와 마약범죄로 인한 체포는 기본 수치가 크고 이러한 범죄들이 여성의 공식일탈 중 큰 부분을 차지하고 있기 때문에 실제와 부합한다. (계속해서 많은 체포가 이루어지는 재산범죄와 함께) 강도, 기타 폭행 및 마약투약으로 인한 체포가 지난 10년간 여성행동이 실질적으로 변화한 데 따른 결과물인지, 법집행 관행이 달라진 것인지는 중요한 문제이자 이제 우리가 관심을 가져야 할 문제 중의 하나이다.

여자가 어떻게 그럴 수가? 여성범죄의 본질과 원인

요약하면, 성인여성은 계속 경범죄(일반적으로 상점절도, 위조수표, 사회복지사기)와 소위 "행실department" 범죄(성매매, 무질서행위, 논란의 여지가 있는 "음주운전")로 불리는 것 때문에 체포됐다. 여자청소년들도 본질적으로 같은 범죄와 지위위반(가출, 선도불가, 무단결석, 미성년자이기에 구금될 수 있는 기타 비범죄 위법행위)으로 체포된다. 여자청소년과 비슷하게 성인여성에 대한 체포는 가중폭행과 기타 폭행으로 인해 증가해왔다. 마지막으로 가장 중요한 것으로, 마약범죄로 인한 성인여성의 체포가 급격히 증가하였다. 1986년 미국에서 91,813명의 여성이 마약투약으로 체포되었다(FBI, 1995). 2009년에는 그 수가 두 배 이상 늘어 189,039명이 되었다(FBI, 2010a).

횡령과 같이 전통적이지 않은 것으로 보이는 범죄로 여성의 체포가 증가하는 경우에는 신중한 검토를 통해서만 이러한 범죄들과 여성의 지위 간 관계를 밝힐 수 있다.

횡령

횡령은 지난 25년간 여성의 체포가 2배 증가한 범죄로, 신중한 연구는 여성이 거물 화이트칼라 범죄자의 반열에 들게 되었다는 주장에 이의를 제기한다. 여성들은 저임금의 사무직, 판매직, 서비스직에 집중되어 있기 때문에(렌제티[Renzetti] & 커런[Curran], 1995), "수십만 달러를 훔칠 지위에도 있지 않고 단지 적은 돈만 챙길 정도"에 불과하다(사이먼[Simon] & 랜디스[Landis], 1991, 56쪽). 게다가 여성들의 절도 등 범죄동기는 일반적으로 개인적인 이익보다는 가족부양과 관련된 경우가 많다(댈리[Daly], 1989; 지에츠[Zietz], 1981). 화이트칼라 범죄에 있어서의 성차에 관한 댈리(1989)의 분석이 특히 유용하다. 7개 연방 지구 내에서 연방 관할의 "화이트칼라" 범죄사건(은행에서의 횡령, 소득세 탈루, 우편 사기 등 포함)을 검토한 댈리는 남성과 여성이 범죄를 저지르는 데 있어 젠더가 상당한 역할을 한다는 것을 확인하였다. 예를 들어, 은행에서 횡령하여 체포된 여성 중 60%는 창구직원이고 90%는 일반 사무직이었다. 대조적으로, 남성은 절반 정도가 전문직 및 관리직(임원, 재무관리자)이었다. 따라서 개별 횡령범죄에서 남성범죄자의 경제적 이득이 여성범죄자의 경제적 이득보다 10배 더 높았다는 것은 놀랍지 않다(댈리, 1989). 댈리는 이러한 패턴에 대해 "여성이 저지르는 범죄의 본질과 결합된 여성들의 사회경제적 특성은 '화이트칼라'라는 용어가 여성 또는 여성들의 불법성을 적절하게 묘사하는 것인지 의문스럽게 한다"고 지적한다(790쪽).

횡령은 현재 추세가 유지된다면, 여성이 범죄자의 절반 정도를 차지할 수 있는 범죄 중 하나이므로 "분석"하기에 특히 흥미로운 범죄이다(렌제티 & 커런, 1995, 310쪽). 실제로 2009년에는 횡령으로 체포되는 사람 중 여성(5,844명)이 남성(5,519명)보다 약간 더 많았다(FBI, 2010a, 239쪽). 그러나 이러한 증가로는 여성이 전통적인 "남성" 범죄 양상에 이를 수 없다. 횡령으로 인한 체포에서 여성의 비중이 늘어나는 것은 아마도 여성들이 잦은 감사에 적발되기 쉬운, 낮은 지위에 있어 나타나는 인위적 결과물일 것이다(스테판스마이어 & 앨런, 1995). 직장 내 낮은 지위에 따른 높은 적발가능성과 여성들이 자신의 범죄를 "은닉"하기 위한 자원에 접근하기 어려운 것을 함께 고려하여 스테판스마이어와 앨런은 현대의 여성이 횡령에 연루되는 것과 1세기 전에 가정부들의 도둑질이 증가한 것 간에 유사점을 이끌어냈다.

음주운전

체포되는 여성 10명 중 1명 이상이 음주운전으로 체포된다(FBI, 2010a, 239쪽). 한 연구(웰스-파커^{Wells-Parker}, 팡^{Pang}, 앤더슨^{Anderson}, 맥밀런^{McMillen} & 밀러^{Miller}, 1991)는 음주운전으로 체포된 여성은 남성보다 나이가 많고(남성은 거의 절반이 30세 미만인데, 여성은 3분의 1 이하가 30세 미만), "비혼, 이혼 또는 별거 중"일 가능성이 크고, 심각한 음주문제가 없으며, 이전에 음주운전이나 "공공장소에서의 만취"로 체포된 경우가 거의 없음을 확인하였다(웰스-파커 외, 1991, 144쪽). 역사상 여성은 "음주운전으로 교통사고를 내거나 경찰관에게 물리적·언어적으로 문제를 일으킨 경우에만" 음주운전으로 체포되었다(콜스^{Coles}, 1991, 5쪽). 이러한 관행들은 최근 몇 년 동안 음주운전에 대한 여론이 악화되고 음주단속이 증가하면서 사라졌을 것이다. 여성들의 음주습관이 바뀐 것보다 경찰실무가 변화하고 여성들이 운전을 많이 하게 된 것이 공식통계상 여성의 음주운전 증가를 쉽게 설명할 수 있다.

여성들은 혼자 술을 마시고 치료를 거부하는 경향이 있다(콜스, 1991). 또한, 남성과 달리 여성들은 "탈출과 심리적인 위로"를 위해 술을 마시는 경향이 있다(웰스-파커 외, 1991, 146쪽). 이러한 이유로 자신의 삶과 관계의 질을 돌이켜 보도록 강조하는 개입 프로그램들은 남성들에게는 대체로 효과가 있지만, 여성들에게는 효과가 없다. 실제로는 이러한 개입이 "괴로움, 무력감, 절망감을 악화"시켜 (여성들이) 술을 더 많이 마시도록 촉발할 수 있다(웰스-파커 외, 146쪽).

절도 / 상점절도

절도범죄로 인한 여성의 체포 가운데 상점절도가 큰 비중을 차지한다. 스테판스마이어(1980)는 전체 절도의 5분의 4 정도가 상점절도일 것으로 추정한다. 시카고의 상점절도에 대한 캐머런^{Cameron}의 초기 연구(1953)는 여성이 상점절도에 더 많이 연루되어 있어 많이 체포되는 것보다는 남성과 여성의 물건을 훔치는 방법에서 나타난 차이라고 설명한다. 캐머런의 연구에 의하면 여성은 남성보다 더 많은 물건을 여러 가게에서 훔치는데 비교적 저렴한 물건을 대상으로 한다. 상점

경비원들은 사람들이 "자신이 물건을 사는 방식으로 훔치는" 경향이 있다고 절도 패턴을 설명한다(캐머런, 159쪽). 남성은 물건 하나를 염두에 두고 상점에 들어온 다. 그리고 그걸 찾아 들고 나간다. 반면, 여성은 상점을 돌아다닌다. 물건을 훔칠 때마다 체포 기회가 증가하기 때문에, 캐머런은 상점들이 남성의 상점절도 수준 을 과소평가했다고 생각한다. 여성이 남성보다 더 많은 물건을 훔칠지라도, 훔친 물건의 중간값은 남성이 여성보다 유의미하게 높았다(캐머런, 1953, 62면). 게다가, 소위 "상업적 상점절도"(재판매 가능한 물건을 훔치는 사람)는 여성보다 남성이 더 많았다.

아마도 여성의 쇼핑과 상점절도 패턴의 결과로, 이후 연구(린드퀴스트^{Lindquist}, 1988)에서는 상점절도로 체포되는 사람의 58%가 여성인 것으로 나타났다. 스테판 스마이어와 앨런(1995)는 상점절도는 여성범죄의 전형으로 볼 수 있다고 주장하 기도 한다. 결국, 쇼핑은 가사, 집안일, 육아라는 여성의 "두 번째 근무^{second shift}"1) (혹실드^{Hochschild}, 1989)의 일부분이다. 상점절도는 여성에게 기대되고 익숙한 업무의 범죄적 확장이라고 볼 수 있다.

심지어 상점절도의 이유도 성별화되어 있다. 남성, 특히 젊은 남성은 훔치는 것을 "나쁨^{badness}"이라는 남성성을 보이는 넓은 패턴의 일부로 보고 딱히 필요 없 는 물건들을 훔치는 경향이 있다(스테판스마이어 & 앨런, 1995). 다른 측면으로는, 남성들은 전문 절도범일 수 있어 발각되지 않을 가능성이 높다(캐머런, 1953). 반 면, 여자청소년과 여성들은 자신이 필요하거나 필요하다고 생각하지만 비싸서 사 기 힘든 물건들을 훔치는 경향이 있다. 결과적으로 여자청소년과 여성들은 상점 에서 의류, 화장품, 보석과 같은 물건들을 훔치기 쉽다. 캠벨^{Campbell}(1981)은 젊은 여성이든 나이든 여성이든 엄청나게 비싼 다양한 개인용품 광고의 표적이라고 말한다. 광고의 메시지는 "쇼핑"에 들인 오랜 시간에 내포된 유혹과 결합하여 많 은 여성이 상점절도로 체포되게 한다.

여성이 실질적으로 남성보다 상점절도를 더 많이 한다는 주장이 다소 있었 으나, 실제 자기보고식 자료에서는 성차가 거의 없는 것으로 나타난다(체스니-린

---

1) [역자 주] 사회학자인 혹실드^{Hochschild}가 1989년 출간한 책의 제목으로, 직장에서 임금 노동을 하고 집에 돌아와서도 가사와 육아를 거의 도맡는 맞벌이 주부들의 현실을 가리키는 용어다.

드 & 쉘든, 2004, 관련 연구를 검토하기 위해 참고). 현재 나타나고 있는 현상은 여자청소년과 여성들이 남성과는 다른 방식으로 상점의 물건을 훔친다는 것이다. 게다가, 상점 경비원들은 남성보다 여성이 물건을 훔칠 것으로 생각하고 여성들을 더 유심히 관찰하기 때문에 여성들이 더 많이 체포된다(모리스^Morris, 1987).

대규모 / 소규모

잉글리시^English(1993)는 여성수용자 128명과 남성수용자 872명이 응답한 자세한 자기보고식 설문을 분석함으로써 여성범죄 문제에 접근하였다. 그는 다양한 유형의 범죄 "참여율^participation rates", "범죄 빈도^crime frequency"를 조사했다. 잉글리시는 3종류의 재산범죄를 제외하고는 남녀 간 참여율의 차이를 발견하지 못했다. 남성은 여성보다 침입절도를 더 많이 했다고 응답했지만, 여성들은 절도와 위조를 더 많이 했다. 이 차이를 심도 있게 살펴본 결과, 잉글리시는 여성이 "침입절도를 하는데 필요한 특정 지식이 부족"함을 발견했다(366면).

여성은 남성보다 "위조"를 저지를 가능성이 훨씬 높았다(위조는 여성에게서 가장 흔하게 나타나는 범죄이고 남성의 경우에는 8개 범죄 중 5번째로 많은 범죄임). "범죄율이 높은^high crime" 여성표본에 관한 추적연구에서 많은 경우 소매점에 근무한 경험이 있어서 수표나 신용카드를 훔치면 신고가 이루어지기까지 "자신들에게 얼마나 시간적 여유가 있는지를 알고 있었다"는 것이 밝혀졌다(잉글리시, 1993, 370쪽). 이 여성들은 신용카드나 수표를 훔치기 쉽고 근처에서 사용하기 쉬운 "번화가 상점"을 범행대상으로 삼겠다고 했다. 절도 이력이 많은 여성들은 지갑에 수백 달러씩 있는 "거물"을 보면 범행동기가 생긴다고 했다. 잉글리시는 "여성들이 저임금, 낮은 지위의 직업에 편중된 것"이 이러한 재산범죄를 자주 저지르게 하는 원인이라고 결론지었다(171쪽).

참여율에서 성차가 나타나지 않은 다른 두 범죄에 대한 잉글리시(1993)의 결론은 살펴볼 만하다. 잉글리시는 마약판매 및 폭력에서 젠더 간의 "참여율"에 차이가 없다는 것을 확인했다. 빈도자료에 따르면 여성이 남성보다 더 많은 마약거래를 한 것으로 나타났으나, 이는 여성들이 대규모 거래를 했기 때문이 아니었다. 대신, 여성들의 마약판매는 "소규모 거래(10달러 미만의 거래)에 집중"되어 있으므로 거래횟수가 많았다(372쪽). 여성들은 돈을 많이 벌지 못했기에, 활동하는 여성 마약판매상 중 20%가 하루에 20건 이상의 거래를 한 것으로 나타났다(372쪽).

잉글리시(1993)가 여성의 폭행범죄 참여를 분석했을 때는 반대 패턴이 나타났다. 지난 1년간 누군가를 폭행한 적이 있는지에 대한 질문에 남성(23.4%)보다 여성(27.8%)이 근소하게 높게 그렇다고 응답했다. 그러나 대부분의 여성들은 단 1회의 폭행에 그쳤는데(65.4%), 남성은 3분의 1가량만 그러했다(37.5%).

잉글리시(1993)는 "경제적 불이익economic disadvantage"이 남녀 모두의 범죄경력에 영향을 미친다는 것을 발견했다. 그러나 젠더는 경제적 불이익을 넘어 여성과 남성이 빈곤에 대한 반응을 결정하는 데 중요한 역할을 했다. 구체적으로, 여성의 범죄경력은 "합법 및 불법 기회구조, 개인의 네트워크, 가족 내 의무에 있어서의 성차"를 반영한다(374쪽).

여성범죄의 경로

여자청소년과 마찬가지로 성인여성의 범죄피해와 범죄의 연관성은 점점 명확해진다. 이전 장에서 언급한 대로 성인여성범죄자의 배경에는 유년기의 범죄피해와 성인범죄 간의 관련성이 숨어있다. 젠더와 인종적 억압을 받으면서 사회적으로 가장 소외되는 여성 집단은 특히 학대·피해와 불법활동에의 관여라는 두 가지 문제에 취약하다(드하트DeHart, 2009; 리치, 2000; 솔즈베리Salisbury & 반 부리스Van Voorhis, 2009). 예를 들어 여성수형자들에 대한 1996년 설문조사에서 최소 절반 이상의 여성들이 수감 전에 성학대를 경험했다고 응답하였다. 이는 전체 인구에서 보고되는 비율보다 훨씬 높은 것이다(리치, 2000, 5쪽). 다른 연구들은 여성의 물리적 폭력 내지 성폭력 경험과 불법마약 간 관련성을 확인하였다(드하트, 2009; 할로우Harlow, 1999).

와이덤Widom(2000)은 자신의 연구에서 여성들의 아동기 학대 및 방임 경험과 범죄활동의 시작을 이해하는 것이 중요하다고 주장한다. 학대당하고 방임된 여자청소년들은 청소년기에 체포될 확률이 거의 2배 높고, 성인기에 체포될 확률이 2

배 높으며, 폭력범죄로 체포될 확률이 2.4배 높다(29쪽). 학대당하고 방임된 여자청소년들은 "스트레스를 받는 일이 생기면, 술 또는 약물을 이용하거나 범죄적이고 폭력적인 행동을 하기 쉽다(33쪽)." 와이덤은 (2장에서 언급한 대로) 여자청소년들이 학대의 환경에서 벗어나고자 할 때 범죄피해가 비행을 촉발한다고 설명한다. 인지능력과 성취도가 부족하고 긍정적인 관계나 사회적 통제가 부족한 상태에서 이 여자청소년들은 합법적인 생존방법을 제대로 익히지 못한 채 결국 길거리로 나오게 된다(30쪽). 여자청소년들이 경험한 범죄피해와 폭력은 낮은 자존감, 자기통제력 부족, 범죄 및 폭력적인 행동성향들로 귀결될 것이다. 결국 여자청소년들은 성인으로 성공적으로 발달하기 위한 사회적·정신적 자원을 거의 갖추지 못한 여성으로 성장한다.

사망, (가족)해체, 학대와 방임, 빈곤, 마약·알코올중독과 같은 가족문제와 폭력은 남자청소년 및 여자청소년들에게 젠더별로 다른 영향을 미친다. 범죄와 폭력이 난무하는 가족환경에서 자란 남자청소년과 여자청소년 모두가 그러한 행동을 본보기로 삼을 경향이 더 높지만(와이덤, 2000), 여자청소년들은 젠더 억압gender oppression도 이겨내야 한다. 젠더 억압은 여자청소년과 여성들을 성적으로 통제가 불가능할 뿐만 아니라 나약하고 의존적인 이분법적인 성격으로 국한한다(겔스토르페Gelsthorpe, 1989; 거식Girshick, 1999). 거식(1999, 30쪽)은 여성수형자의 이야기로부터 학대당한 여성들은 전통적인 젠더 역할 및 기대에 대항한 여성운동의 도전에 의한 긍정적인 영향을 받았을 가능성이 낮다는 중요한 결론을 지적한다. 누군가 가까운 사람이 있기를 바라는 절망적인 필요 속에 학대당한 여성들은 무력감을 느끼고, 변화에 대한 제한적인 선택권을 가지며 지속적인 학대와 폭력에 시달린다. 학대당한 여성들은 (피부색, 인종, 민족성에 의해 차별받는 여성들에 대한) 가부장제, 자신의 젠더 정체성, 파트너에 대한 충실함, 그리고 폭력 그 자체에 사로잡혀 있다(거식, 1999, 58쪽; 리치, 1996).

드하트의 연구(2009) 또한 여성의 범죄성에 있어 학대와 트라우마 간의 관계를 이해하는 것이 중요함을 설명한다. 인터뷰에 참여한 60명의 여성수형자들은 범죄피해와 학대가 어떻게 자신의 범죄와 직접적인 관련성이 있는지 이야기했다. 즉, 유년기의 어른들과 보호자들이 여성들에게 마약투약, 절도, 또는 성매매를 강요했고, 이는 성인기 삶의 방식이 되어 버렸다(1365쪽). 또한, 드하트가 진행한 인터뷰는 정신적·신체적 건강에 심각한 영향을 경험한 것부터 관계에서의 학대를 삶의 정상적인 부분이라고 인식하기에 이르기까지, 여성수형자들의 삶에서 과거의 학대와 성인의 범죄 간의 간접적인 연관성이 얼마나 명백한지를 보여주었다(1370쪽).

다른 연구들도 아동기의 트라우마와 성인기의 범죄성 간 중요한 관련성을 주장했다. 길푸스Giltus(1992)는 수감된 여성 20명을 인터뷰하여 아동기의 피해가 어떻게 성인기의 범죄와 연결되어 있는지를 입증했다. 길푸스는 여성의 성장환경이 아동기와 궁극적으로는 성인기까지 영향을 미치는 방법에 관해 밀러(1986), 체스니-린드 & 로드리게스Rodriguez(1983)의 연구를 확장한다. 길푸스는 1985년과 1986년에 당시 구치소와 교도소로 함께 사용되던 노스이스턴 여성교정시설의 여성수용자들을 심층면접했다. 오랜 인터뷰 끝에, 길푸스는 여성수용자 개개인의 "생애사 기록life event histories"을 재구성하였다. 여성수용자들의 평균나이는 30세였고(20세부터 41세까지), 흑인 8명과 백인 12명이었다. 모든 여성수용자는 길푸스가 "길거리범죄street crimes"로 특징지은 성매매, 상점절도, 수표 또는 신용카드사기, 마약투약의 이력을 갖고 있었다. 여성들이 복역하고 있는 범죄는 폭행 및 구타, 강간방조, 무단침입, 여러 차례의 마약소지, 절도, 성매매를 포함했다(길푸스, 68쪽). 형량은 3개월에서 20년까지였다.

여성수용자 대부분은 미혼모였고, 4분의 3은 주사기를 이용해 마약을 투약했으며, 거의 모든 여성(17명)이 성매매 경험이 있었다(7명은 10대에 성매매를 시작했다). 많은 수의 여성들이 폭력 속에 성장했는데, 20명 중 13명이 아동기에 성학대를 당했고, 15명이 "심각한 아동학대"를 경험했다고 답했다(길푸스, 1992, 70쪽). 흑인여성이 백인여성보다 경제적으로 소외된 가족에서 성장하였지만, 학대 수준에 있어 인종 간 차이는 없었다. 몇몇 여성은 아동기의 기억이 성학대로 인해 완전히 부정적으로 변했으나, 길푸스가 면접한 대다수의 여성은 복합적인 범죄피해를 극복하고 생존한 것이 보다 일반적인 패턴이었다. 한 여성은 "나는 그냥 엄청 많이 맞았지… (부모) 두 사람 다 술을 마셨을 테고, 아무 것도 분간하지 못했을 거야. 하여간, 뭐든 집어서 벽에다 던졌어. 모든 걸."(72쪽)이라고 말했다. 학대와 폭력에도 불구하고, 여성수용자들은 다른 사람, 특히 어린 동생들을 보호하고, 집안일을 하려고 하고, 심지어 가학적이고 약물이나 술에 의존하는 부모를 돌보려고 노력하며 시간을 보냈다고 회상한다. 또한, 그들은 학대 징후를 외면한 교사들, 흑인여자청소년의 경우에는 적대적이고 인종차별적이었던 교사들을 기억한다. 결국 20명 중 16명이 고등학교를 중도에 포기했다(길푸스, 1992, 69쪽). 이 어린여성들의 문제에 학교가 제대로 대응하지 못한 실패는 이 여자청소년들이 자신을 위한 구체적인 미래를 생각할 수 없다는 것을 의미했다. 폭력이 삶 속 깊이 상존하는 가운데, 마약은 여자청소년들에게 어디에서도 찾을 수 없는 위안을 제공하였다.

상당수(13명)가 어릴 때 가출을 했다. 20명 중 16명이 "강간, 폭행, 심지어 살인미수"까지 겪었다고 했고, 1인당 평균 3번의 "강간 또는 강간미수"를 경험했다고 한다. 강간 또는 강간미수는 대부분 성매매 과정에서 일어났는데, 이를 여성이 신고하려고 하면 경찰은 그저 여성을 "조롱"하거나 체포하겠다고 위협하기도 했다. 몇몇 경우에는 경찰관이 체포하지 않는 대신 성적인 접대를 요구하기도 했을 것이다(길푸스, 1992, 79쪽).

또한, 폭력은 이 여성들과 성인남성과의 관계를 규정하기도 했다. 20명 중 15명이 폭력적인 남성과 함께 살았다. 여성들은 주로 성매매와 상점절도 같은 것으로 돈을 벌어야 했다. 남성들은 포주처럼 행사하기도 했을 뿐만 아니라 강도를 저지르거나 여성이 훔쳐온 물건을 팔기도 했다. 13명의 여성은 청소년기에 임신했는데, 4명만이 출산했다. 여성 대부분은 중독이 심해짐에도 불구하고 아이를 계속 가졌고, 교도소에 있는 동안 아이들을 돌보기 위해 (남자친구가 아니라) 자신의 어머니에게 의지하는 경향이 강했다. 여성들은 계속하여 자신의 범죄적인 역할을 돌봄의 형태로 보고, 자신의 아이들과 가학적인 남자친구를 부양하였다. 길푸스(1992)는 "이 연구의 여성들은 불법적인 활동을 자신의 파트너, 아이들, 그리고 중독에 따른 경제적 필요로 행해지는 업무의 한 형태로 생각한다."고 언급한다(86쪽). 나아가, 길푸스는 폭력이 "사랑과 물질적인 성공을 약속하고 자신을 받아주는 사람을 부양하는데 지극한 헌신을 할 수 있도록 여성들을 사회화할 수 있고"(86쪽), 이는 결국 여성들을 더욱 심한 착취와 학대의 위험에 처하게 한다고 추정한다.

　동일한 가설을 기초로 시립구치소에 복역 중인 흑인 여성 50명과 교도소에 있는 흑인 여성 10명을 대상으로 한 아놀드^Arnold^(1995)의 면접조사는 길푸스(1992)의 연구에 더하여 중요한 성과를 도출했다. 아놀드는 흑인 여자청소년은 성적으로만 피해를 당할 뿐만 아니라 "계층 억압"의 피해자이기도 하다고 지적한다. 구체적으로 아놀드는 "어리고, 흑인이고, 가난하며, 여성인 것은 다양한 수준의 범죄피해와 낙인에 대한 고위험 유형"이라고 말한다(139쪽). 극빈한 환경에서 성장하는 것은 흑인 여자청소년이 자신과 가족을 도우려고 물건을 훔치는 등 나쁜 행동에 일찍 눈을 뜰 가능성이 있다는 것을 의미한다. 한 젊은 여성은 아놀드에게 "아버지는 어머니를 때리고 우리들을 방치했죠… 나는 12살부터 물건을 훔치기 시작했어요. 나는 동생들(12명)을 먹이고 입히고 월세를 내기 위해 성매매를 했어요"라고 말했다(139쪽).

　따라서 여성의 범죄경로에서 언급되는 부양의 역할은 극도의 가난으로 인해 흑인가정에서 강조된다. 또한, 아놀드(1995)는 경제적 필요는 어린 흑인여성이 학업에 집중하고 학교에 다니는 것을 방해한다고 지적한다. 끝으로, 아놀드(140쪽)는 길푸스(1992)가 그랬듯이 흑인 여자청소년들은 학교시스템으로부터 "피해"를 당한다고 지적했다. 응답자 중 한 명은 "(교사 중) 몇몇은 편견을 갖고 있었고, 어떤 선생님은 학급 전체에 자신은 흑인을 좋아하지 않는다고 말할 정도로 뻔뻔했다"고 말했다(140쪽). 응답자 대다수는 매일 학교에 가더라도 아무것도 배우지 못했다고 말했다. "사회에서 평범한 역할에 충실하고자 하는" 절박한 바람에도 불구하고 여자청소년들은 결국 거리로 나와 소소한 범죄로 내몰렸다(141쪽).

　부모의 학대와 교육의 방치에서 살아남는 방법은 어린 흑인여자청소년들에게 특히 힘든 것이므로, 이들은 학교를 그만두고 길거리로 내몰려 영원한 "구조적인 이탈^structural dislocation^"에 처하게 된다(아놀드, 1995, 143쪽). 돈이 될 만한 기술이 없고 교육을 제대로 받지 못했기 때문에 많은 여자청소년이 마약중독에 빠져 "매춘과 절도"에 의존하게 되었다.

길거리 여성을 넘어서 : 해방된 여성 사기꾼의 부활?

여성폭력의 문제, 그리고 폭력과 여성이 처한 환경의 변화 간 관계는 여성범
죄를 논할 때 반복되는 주제이다. 제3장에서 봤듯이, 여성의 범죄성에서 지속되
는 주제는 여성의 경제적·정치적 지위를 향상시키려는 노력과 여자청소년과 여
성들의 범죄, 특히 폭력범죄 수준 간 추정되는 연관성이다. 이 문제에 대해서 우
리는 특별히 "새로울" 것은 없다고 판단했다. 1970년대 초기 동안, 신문과 간행물
들은 "새로운 여성범죄자"에 대한 이야기로 가득 차 있었다(폴리, 1974; 클레메스러
드^{Klemesrud}, 1978; 로스앤젤레스 타임즈 서비스^{Los Angeles Times Service}, 1975; 넬슨^{Nelson}, 1977; 로버
츠^{Roberts}, 1971). 여성범죄자들은 아마도 여성운동에 영감을 받아 전통적인 여성들
이 보다 용인되는 영역에서 자신들의 권리를 추구했듯이 지하세계에서도 동등함
을 추구했을 것이다.[2]

현대의 "후드를 쓴 여자아이들^{girlz in the hood}", "거칠어진 여자아이들" 이야기와
같은 언론의 묘사는 일반적으로 여성권리 운동과 여성의 범죄성 증가 간 관계에
관한 주장을 뒷받침하기 위해 전통적이지 않은 범죄에서 체포된 여성 수의 급증
과 놀라운 여성폭력건수에 대한 FBI 통계에 의존한다. 1970년대에는 레일라 칼레
드^{Leila Khaled}, 베르나딘 도른^{Bernardine Dohrn}, 수잔 색스^{Susan Saxe}와 같은 여성 정치활동가들
의 활동이 두드러졌다. 물론, 잔 다르크^{Joan of Arc}와 샬럿 코르디^{Charlotte Corday}의 행동들
이 증명했듯이 정치 또는 테러활동에 대한 여성들의 참여가 새로운 것은 아니다.

FBI가 수집한 체포자료는 체포된 여성 수의 급격한 변화가 제2물결 페미니
스트 활동과 관련된 시기에 발생했다는 객관적인 증거를 제시하는 것으로 보인
다. 예를 들어, 1960년부터 1975년까지 성인여성 체포는 60.2% 증가하고 여자청
소년 체포는 놀랍게도 253.9% 증가했다. 구체적으로, 전통적이지 않은 범죄의 증
가는 더욱 믿기 어려웠다. 예를 들어, 1960년부터 1975년까지 살인으로 체포된

---

2) [역자 주] 여성운동의 성과가 여성범죄자들에게까지는 미치지 못했음을 지적하는 동시에 여성의
  권리가 신장된 결과 여성이 남성과 동등한 수준의 범죄를 저지르고 있다는 해방가설 내지 자유가
  설에 입각한 주장을 우회적으로 비판하는 표현이다.

여성은 105.7% 증가했고, 강간은 633.3%로 증가, 강도는 380.5% 증가했다(FBI, 1973, 124쪽; 1976, 191쪽).

살인 등 비전통적인 범죄에서의 여성체포 증가와 여성평등운동을 가장 먼저 연관지은 사람은 법집행기관 종사자들이었다. 로스앤젤레스 경찰국장인 에드 데이비스[Ed Davis]는 "여성의 해방운동은 세상이 이전에 보지 못한 범죄의 물결을 촉발시켰다"고 주장했다(와이스[Weis], 1976, 17쪽). 또 다른 기회에서 데이비스 경찰국장은 여성운동이 시사하는 "모성 붕괴"가 "마약투약, 절도, 살인"으로 이어질 수 있다고 설명함으로써 자신의 주장을 확장하였다(로스앤젤레스 타임즈 서비스). 살인 등 비전통적인 범죄에서의 여성체포 증가 문제에 대해 캘리포니아의 보안관인 피터 핏체스[Peter Pitchess] 같은 다른 법집행기관 종사자는 다소 완화된 발언을 했다. "여성들이 이전에 남성들이 차지한 정치 및 사업 분야에 참가하여 주부와 어머니로서의 전통적인 역할에서 벗어나게 됨에 따라, 여성 또한 범죄 세계에 있는 남성과 동일하게 접근하지 않을 이유가 없다"고 했다(로버츠, 1971, 72쪽).

이러한 입장은 법집행기관 종사자들만의 의견은 아니었다. 애들러[Adler](1975a, 1975b) 같은 학자들 또한 여성의 체포증가와 여성이 사회적·경제적 평등을 위해 분투하는 것을 관련시켰다. 예를 들어, 애들러는 이렇게 말했다.

> 20세기 중반에 우리는 여성의 성장과 추락을 동시에 목격했다. 제2차 세계대전 시기의 산업역군[Rosie the Riveter]3)이 베트남전 시기에는 폭도[Robin the Rioter]4) 또는 강도[Rhoda the Robber]5)가 되었다. 여성들은 그들을 묶고 있던 쇠사슬 이상의 것을 잃었다. 좋든 나쁘든, 여성들은 법으로 자신들을 제약하던 많은 것으로부터 벗어났다(1975b, 24쪽).

---

3) [역자 주] 제2차 세계대전 당시 참전한 남성들을 대신하여 군수공장에서 일한 여성들을 비유하는 표현이다.

4) [역자 주] 잉글랜드 민담에 등장하는, 부자들을 약탈하여 가난한 사람들을 도운 의적으로 그려지는 로빈후드가 약탈당한 부자들의 입장에서는 폭동을 주도한 자로 여겨졌음을 가리킨다.

5) [역자 주] 성경에 등장하는, 베드로가 출옥한 것을 가장 먼저 목격하고 사람들에게 소식을 전파하였으나 사회적 지위가 낮다는 이유로 사람들이 그 말을 믿지 않고 정신이 이상하다고 멸시했던 가정부 로다를 가리킨다. 로다는 사회적 지위가 낮았을 뿐, 범죄를 저지르지는 않았으나 애들러가 로다를 강도로 표현한 것은 R로 시작하는 어휘의 느낌을 살리고자 한 의도 내지 성경해석의 다양성에서 비롯된 것으로 보인다.

여성의 경제적·사회적 지위 성장과 여성범죄를 연결시키는 주장은 새로운 것은 아니다. 페미니즘의 제1물결은 여성의 권리와 여성의 범죄를 관련지으려고 시도하기도 했다. 예를 들어, 스마트Smart(1976)는 여성에게 투표권을 보장한 19차 수정헌법 인준 다음 해인 1921년에 W. I. 토마스W. I. Thomas가 쓴 아래의 글을 발견했다.

> 현대의 여자청소년과 젊은 남성들은 극도로 부도덕한데, 환경의 압박 없이도 부도덕한 것으로 보인다. 이것을 누구의 탓으로 돌릴지 우리는 알 수 없다. 이것이 보호막에서 벗어남으로써 수반된 자유, 청소년기의 이성 간 친밀감의 증가, 삶의 부정한 모든 것들에 대한 보다 관대한 관점이 수반된 데 따른 소위 "여성해방"의 결과인가?(스마트, 1976, 70-71쪽)

여성범죄를 배우는 학생들도 오랜 세월 동안 비가시성을 띄었던 여성범죄자에 대해서 관심을 표명하는 상황이 역설적이라는 것을 재빨리 알아채고, 왜 새로운 가시성은 "손에 총을 들고 있는 여성의 이미지"와 관련되어 있는지 의문을 표시했다(채프먼Chapman, 1980, 68쪽). 채프먼은 여성의 폭력 경향에 대한 최근의 면밀한 평가는 소위 "자유가설"을 지지하지 못하고, 더욱이 주류경제에서 여성의 지위는 "실제 악화되었음"을 보여주는 자료를 고려할 때, 여성범죄자에 대한 관심은 "이중 역설doubly ironic"이라고 결론 내렸다(68-69쪽).

구체적으로, 대중은 "자유가설" 혹은 "해방가설"으로 불리는 것을 받아들였지만, 여성 체포율 변화에 대한 정교한 분석은 이 주장을 충분히 지지하지 못했다. 스테판스마이어(1980, 58쪽)는 FBI의 체포자료, 지역 경찰 및 법원의 통계를 이용하여, (제2물결 페미니스트 운동으로 큰 영향을 받은 시기인) 1965년부터 1977년까지의 여성범죄 패턴을 설명하였다. 스테판스마이어는 인구변화를 체포 자료에 가중하여 여성의 체포 증가와 남성의 체포 증가를 비교한 결과, "여성은 폭력적이고, 남성적이며, 남성 중심적인 중범죄(절도 제외) 또는 화이트칼라 범죄를 저지르는 데 있어서 남성을 따라잡지 못하고 있다."라고 결론지었다. 스테판스마이어는 표준범죄보고서Uniform Crime Report에서 절도, 사기, 위조, 부랑죄 항목에서 여성체포가 증가했지만, 그 증가를 보다 정교하게 분석해 보면 대부분 전통적으로 여성이 저지른 범죄인 상점절도, 성매매, 부도수표사용(사기) 등에 기인한 것이라고 설명하였다.

스테판스마이어(1980)는 전통적인 여성범죄로 체포되는 여성 수의 변화는 여성의 행동변화 외 다른 원인이 있다고 보았다. 상점절도를 처벌하고자 하는 상점들의 의지가 강해진 것, 성매매여성 체포에 부랑죄 적용을 남용하는 한편, 공공장소에서의 만취에 대해서는 부랑죄 적용이 감소한 것, "사회복지사기"에 대한 우려가 증가한 것이 실질적으로 이들 행위에 관련된 여성의 수가 변하지 않았음에도 여성체포가 증가한 것을 설명할 수 있는 사회적 요인이었다.

스테판스마이어(1980)의 결론은 사이먼[Simon](1975), 랜스[Rans](1975) 등이 오로지 여성체포 비율의 급격한 증가만으로 일반화하는 것이 아닌지에 대한 의구심을 확인시켜 주었다. 이러한 의구심은 1970년대 초반 여성체포가 보인 놀라운 증가가 새로운 경향이 아니었음을 나타내는 현재의 체포 자료로 명확해진다. 예를 들어, 1976년과 1979년 사이에는 여성의 체포율은 7.1%밖에 높아지지 않아 같은 기간 남성의 체포율인 5.8%를 약간 웃도는 수준이었다(체스니-린드, 1986).

끝으로, 앞에서 언급했듯이 1970년대의 여성범죄자는 대부분이 중산층인 여성운동의 전파 대상이 될 것 같지 않다. 여성범죄자는 가난하고, 소수집단의 일원이자, 학업을 중단했고, 근로경력이 간헐적이다. 지금까지 그래왔던 것처럼 여성범죄자들은 백인 중산층 여성권리운동의 어떠한 수혜도 받지 못한 여성들이었다(채프먼, 1980; 크라이츠[Crites], 1976). 예를 들어, 크라이츠는 "여성범죄자들은 여성운동으로 확대된 권리와 기회를 부여받기보다는 자신의 생존수단이 사라지는 것을 목도하고 있다"고 언급했다. 여성운동의 주장에 대한 여성범죄자들의 관점을 연구한 결과는 여성범죄자들이 오히려 젠더에 대해 매우 전통적인 태도를 취하고 있음을 시사했다(관련 연구의 요약은 체스니-린드 & 로드리게스, 1983 참조).

요약하면, 1970년대의 체포 동향은 여성범죄에 대해 인기 있는 자유가설을 전혀 지지하지 못했다. 여성의 체포 동향 변화는 여성의 자유에 의한 것이라기보다는 경제적 소외와 관련되어 있다는 주장이 더 부합한다(사이먼 & 랜디스, 1991).

"폭력적인 여성범죄자"의 부활

여성범죄가 극단적으로 변화하고 있다는 주장을 신중하게 뒷받침하는 연구가 이뤄지지 못했다는 것은 언론에 거의 알려지지 않았다. 결과적으로, 15년 뒤에 수정된 "자유" 가설이 재활용되는 것을 막을 수 없었다.

앞서 언급했듯이, 이렇게 재활용된 가설을 사용한 첫 번째 기사는 월스트리트 저널에서 1990년에 쓰인 기사로 "몰Moll, 멀리서 오셨네요"라는 제목의 기사로, 폭력범죄로 체포되는 여성이 증가한다는 데 초점을 맞춘 것이었다. 이 기사는 "군대가 이미 실질적으로 통합되었다"고 언급하며 군대 내 여성에 관한 토론으로 시작하여, "우리는 폭력이 더는 남성의 영역이라는 증명을 위해 전투와 같은 극단적인 사례를 볼 필요가 없다. 여성은 강도, 가중폭행과 같은 폭력범죄로 인해 미국에서 전례 없이 가장 높은 수준으로 체포되고 있다"는 것으로 관점을 옮겼다 (크리튼던Crittenden, 1990, A14).

제3장에서 다루었듯이, 많은 후속 기사들이 젊은 여성(특히 갱단 여자청소년들)에 대해 다루었는데, 몇몇 예외도 있었다. 예를 들면, "요람을 흔드는 손이 범죄를 저지르고 있다"(칼러Kahler, 1992)는 여성구금이 증가하는 것에 초점을 맞추고 그 패턴을 "점차 증가하고 있는 여성폭력범죄자수"(3A)와 연결하였다. 2000년 4월, 뉴욕타임즈에 연재된 "광란의 살인자rampage killers"의 저자는 이야기의 3번째 문장에서 광란의 살인자는 "대부분 백인남성이지만, 여성 또한 놀라운 수치를 보인다"고 지적했는데(페센덴Fessenden, 2000), 실제로는 여성은 대부분 한 명을 살해하고 다수를 살해하는 경우는 매우 드물다(약 4% 정도). 그리고 2009년 7월 28일, 뉴저지주 법무부 장관인 앤 밀그램Anne Milgram은 법집행기관이 여성이 이끄는 갱단과 관련 있는 마약판매조직을 해체하였다고 발표하였다. 밀그램은 "피의 오데트 작전 Operation Bloodette"이라고 이름을 붙이면서 "이것은 여성이 부순 한 장의 (유리) 천장이 아니며, 전통적으로 남성이 주도하던 갱단에서 여성이 주도적인 역할을 맡았다"라고 언급했다(리드Read, 2009).

"자유" 가설에 대한 보도가 급증하였던 첫 번째 시기의 체포율과 언론이 관심을 가졌던 두 번째 시기의 체포율을 비교해보면 차이가 거의 없음이 분명하다. 이 장 서두에 언급한 대로, 지난 10년간 "기타 폭력"으로 인한 체포가 21% 증가하고 강도가 44% 증가했지만(FBI, 2010a), 폭력범죄에서 여성이 차지하는 비율은 안정적으로 유지되고 있다. 지난 5년간 강도로 인한 여성 체포 건수는 15.8% 증가하였고(처음부터 상대적으로 체포건수가 적었다), 기타 폭행은 5.5% 증가했지만, 가중폭행과 무기소지를 포함한 다른 모든 폭력범죄 유형에서는 여성의 체포가 감소하였다(241쪽).

언론만이 여성의 폭력, 특히 길거리 범죄에 관심이 있었던 것은 아니다. 일련의 논문에서(배스킨[Baskin], 소머스[Sommers] & 페건[Fagan], 1993; 소머스 & 배스킨, 1992, 1993), 저자들은 뉴욕의 여성폭력범죄 정도와 성격을 분석한다. 두 여성강도가 다른 여성을 총격했다는 지역 언론기사에 대해 저자들은 "뉴욕여성들이 길거리 폭력범죄에 관련되는 경향이 커지고 있다는 결론에 다다르고 있다"고 언급했다(배스킨 외, 1993, 401쪽). 이들을 이러한 결과로 이르게 한 일부 연구결과는 다음과 같다.

한 연구에서 소머스와 배스킨(1992)은 "흑인여성과 히스패닉여성이 백인여성보다 상대적으로 높은 범죄율을 보인다"는 것을 주장하기 위해 뉴욕시의 체포자료(및 여성 266명의 체포기록)를 사용하였다. 소머스와 배스킨은 이어 "흑인여성의 폭력범죄율은 백인남성과 대등하다"고 주장한다(191쪽). 소머스와 배스킨의 연구에서 "폭력"범죄의 정의에는 살인, 강도, 가중폭행, 침입절도(뉴욕시는 폭력범죄로 분류하지만, FBI는 재산범죄로 분류)가 포함되었다.

저자들은 흑인여성 및 히스패닉여성의 범죄 패턴을 "도심지역의 사회적·제도적 변이효과"의 결과물이라고 설명한다(소머스 & 배스킨, 1992, 198쪽). 특히, 저자들은 "폭력 및 마약범죄 관여"는 빈곤과 실업으로 고통 받는 하위계층의 적응전략이라고 본다. 소머스와 배스킨의 주장에 따르면, 남녀 모두 "극도의 사회적·경제적 박탈"에 대응하는 방식으로 범죄를 선택한다(198쪽).

두 번째 연구(소머스 & 배스킨, 1993)는 중한 폭력범죄(강도 또는 폭행)로 체포된 여성 23명과 수감된 여성 65명의 인터뷰 자료분석을 통해 여성의 폭력범죄를 탐색하였다. 소머스와 배스킨은 마약범죄과 폭력범죄(특히 강도 및 강도상해) 비율간의 높은 상관관계를 찾았으나 "우리 연구에서 강도를 저지른 여성들은 전문적

인 범죄자가 아니라 비폭력범죄인 절도, 사기, 위조, 성매매, 마약거래 등의 경험
도 있었다"고 지적했다(142쪽). 실제로 소머스와 배스킨은 "이 여성들이 "아무런
이유 없는" 폭력을 행사하며 길거리를 하릴없이 배회하는 것은 아니다"라고 언급
하였다(154쪽).

이 여성들이 보다 전통적인 형태의 여성범죄에 어떻게 관련되어 있는지는
연구논문에 제대로 드러나지 않았다. 그러나 부록을 보면, 여성범죄자들의 삶에
서 성매매 이력의 역할이 특히 명확하다. 예를 들어, 강도와 폭행 모두를 저질렀
다고 한 여성은 성매매에 관여한 비율도 가장 높았다(77%; 배스킨 & 소머스, 1993,
159쪽).

세 번째 연구에서 배스킨과 동료들(1993)은 "길거리 범죄의 정치적 경제"를
탐구하였다. 이 연구는 뉴욕의 체포자료와 도심 내 크랙 코카인 판매가 폭발적으
로 증가하는 것에 대한 논의를 기초로 "왜 흑인여성에서 상대적으로 폭력범죄 비
율이 높게 나타나는가?"에 대한 질문을 탐구한다. 배스킨과 동료들은 인종과 관
계없이 빈곤의 집중이 범죄 수준과 비례관계가 있다고 확신하면서, "마약시장이
확장되고 뚜렷하게 남성들이 사라지고 있는 것"은 "폭력범죄에 여성 참여를 확대
하는 사회경제적 기회구조를 생성하는" 하위계층의 다른 요인들과 결합한다고
결론짓는다(406쪽).

또한, 배스킨과 동료들은 여성범죄에 대한 전통적인 이론, 특히 젠더와 범죄
피해를 강조하는 이론은 여성의 폭력범죄를 제대로 설명하지 못한다고 추정한다.
배스킨과 동료들은 "도심 공동체의 여성들은 남성들에게 영향을 미치는 것으로
알려진 동일한 요인(예를 들어 친구, 기회구조, 이웃효과)에 의해 거리의 폭력범죄로
떠밀리고 있다"고 주장한다(배스킨 외, 1993, 412쪽). 그들은 특히 마약거래에 영향
을 미치는 것과 같은 도심의 사회경제적 상황은 "젠더가 덜 현저한 요소가 되는
범죄의 새로운 역학"을 형성한다고 결론짓는다(417쪽).

배스킨과 동료들은 뉴욕과 같이 도심이 경제적으로 붕괴한 곳은 여성의 폭
력, 특히 유색인종 여성의 폭력은 가부장적 사회 내 여성 지위의 관점을 고려하
지 않아도 된다고 주장한다(예를 들어, [유색인종] 여성들의 삶에서 젠더의 영향). 대신,
저자들은 여성들이 (남성과 동일하게) 남성과 같은 이유로 폭력 및 다른 전통적인

남성범죄로 끌려 나오고 있다고 주장한다.

여성들이 남성과 같은 이유로 폭력 및 전통적인 남성범죄를 저지른다는 주장은 "자유"가설을 근본적으로 뒤엎는 것이다. 이제 범죄에서 "평등"을 촉발하는 것은 경제적 이익^{economic gain}이 아니고, 경제적 소외^{economic marginalization}가 여성이 "전통적인" 역할을 벗어나 범죄자의 역할로 이동하도록 한다. 실제로 그렇게 되어가고 있는 것인가?

이미 이 장은 여성이 폭력범죄에서 차지하는 비율이 극적으로 변하였다는 것(적어도 체포 통계로 측정했을 때)에 대해 의문을 제기했다. 또한, 이 장은 "비전통적인" 범죄(횡령, 음주운전, 절도)로 일컬어지는 범죄에서 여성의 참여가 사회에서의 여성의 "지위^{place}"에 크게 영향을 받는다는 증거도 제시하였다. 두 분석결과 모두 적어도 강도와 마약판매와 같은 범죄에 여성들이 연루되는 경향에 대한 상세한 분석 없이 새롭고, 폭력적인 여성범죄자 집단이 존재한다고 주장하는 것에 의문을 제기한다. 이러한 범죄들, 특히 마약투약 및 판매는 성인여성범죄의 특징에 대한 논의에서 현저하게 나타나기 때문에 다음 장에서 자세히 다룰 것이다.

폭력범죄와 같은 전통적인 남성범죄에 대해 여성 참여가 증가했는가? 이 장에서 검토한 일부 체포통계로 추정되는 것처럼, 여성들이 남성과 같은 "평등"을 추구하는 것에는 어두운 면이 존재하는가? 이 질문에 충실히 답하기 위해서 다음 장에서는 여성들이 어떤 범죄를 저지르고 교도소에 가게 되는지 탐구한다. 수감된 여성의 3분의 1은 "대인범죄"로 유죄를 선고받았고, 과반수(58.2%)는 재산범죄 또는 마약범죄로 수감되었다(FBI, 2010a, 2010c). 실제로 여성들이 점점 폭력적이고 "남성처럼" 변하고 있는 것이 아니다. 점차 가혹해지는 것은 여성들을 처벌하는 남성주의적인 시스템이다.

제6장

여성에 징역형 선고하기: 정의 없는 평등

제6장 여성에 징역형 선고하기: 정의 없는 평등

    미국에서 백만 명 이상의 여성이 형사처분을 받고 있다(글레이즈[Glaze] & 본즈카[Bonzcar], 2007). 2009년 기준, 미국에서 여성수형자수[1])는 지난 30년 동안 800% 증가한 105,000명에 달했다(웨스트[West], 2010). 1995년부터 2009년까지만 살펴보면, 여성수형자수는 87% 증가하여 전체 수형인원의 7% 가량에 해당한다(표 6.1 참조; 슈테판[Stephan], 2008; 웨스트 & 세이블[Sabol], 2010). 여성수형자 3명 중 1명 이상이 3대 지역(텍사스, 연방, 캘리포니아)에서 복역 중이다(글레이즈 & 본즈카, 2010; 웨스트, 2010; 체스니-린드, 2002, 80-81쪽 참조). 여성은 미국 내 보호관찰 대상인원의 23%, 구치소 수용인원의 12%, 가석방 대상인원의 12%에 해당하기도 한다(글레이즈 & 본즈카, 2010; 민턴[Minton], 2010).

    여성수형자수 증가 정도는 같은 기간 남성수형자수 증가 정도를 추월했다.

---

1) [역자 주] 이 장에서 저자는 형이 확정된 이후 교정시설에 수용되어 있는 여성범죄자는 주로 "prisoner"로, 형이 확정되지 않은 미결수용자를 포함하여 교정시설에 수용된 여성범죄자를 포괄적으로 지칭하는 경우는 "inmate"로 용어를 구분하여 사용하고 있다. 이러한 어감 차이를 반영하여 prisoner는 "수형자", inmate는 "수용자"로 옮겼다. 한편, 우리나라의 「형의 집행 및 수용자의 처우에 관한 법률」상 "수용자"는 수형자·미결수용자·사형확정자 등 법률과 적법한 절차에 따라 교정시설에 수용된 사람을, "수형자"란 징역형·금고형·구류형의 선고를 받아 그 형이 확정되어 교정시설에 수용된 사람과 벌금 또는 과료를 완납하지 아니하여 노역장 유치명령을 받아 교정시설에 수용된 사람을 가리켜, 이와 같은 용어 사용 및 어감 차이와 부합한다.

표 6.1 주 관할 또는 연방 교정청별 여성수형자수
(12월 31일 기준, 2000년-2009년)

연도	계	연방	주	전체 수형자 중 비율
2000	85,044	8,397	76,647	6.4%
2001	85,184	8,990	76,194	6.3%
2002	89,066	9,308	79,758	6.5%
2003	92,571	9,770	82,801	6.6%
2004	95,988	10,207	85,791	6.7%
2005	98,688	10,495	88,193	6.7%
2006	103,343	11,116	92,227	6.9%
2007	105,786	11,528	94,258	6.9%
2008	106,358	11,578	94,780	6.9%
2009	105,197	11,780	93,417	6.8%

출처: 웨스트 & 세이블(2010).

여성수형자수는 1985년 이래 남성수형자수 증가율의 2배 이상으로 증가해왔다 (양형 프로젝트, 2007). 미결수용자수에서도 유사한 패턴이 발견되는데, 여성미결수 용자수는 2000년부터 2009년 사이 32%가 증가한 데 비해, 남성미결수용자수 증 가율은 22%였다(민턴, 2010).

미국의 구금 의존도가 높아진 것은 여성수형자수 증가에 일정한 영향을 미 치지만, 여성수형자수의 증가는 단순히 구금 의존도가 높아진 데 따른 결과는 아 니다. 미국 전역에서 여성의 구금률은 언제나 높았다. 1925년 여성의 구금률은 인구 10만 명당 6명이었다. 2001년에 이 비율은 인구 10만 명당 58명으로 상승했 고, 2009년에는 인구 10만 명당 67명으로 역사상 가장 높은 수준을 기록했으며, 히스패닉여성 및 흑인여성의 구금률은 그보다 더 높았다(표 6.2 참조). 종합하면, 이들 수치는 사실상 한 번도 대중적인 토론은 이뤄진 바 없는 가운데, 여성범죄 를 둘러싼 사회적 대응에 주요한 정책 변화가 있었음을 시사한다.

표 6.2 미국 인구 10만 명당 성별, 인종별, 연령대별 주/연방 관할 수형자수
(2009년 12월 31일 기준)

연령	여성수형자수			
	계	백인	흑인	히스패닉
계	67	50	142	74
18–19	23	17	42	24
20–24	109	86	186	124
25–29	149	115	287	164
30–34	188	155	361	178
35–39	206	164	426	187
40–44	172	131	360	171
45–49	94	67	205	107
50–54	45	32	101	60
55–59	22	18	42	29
60–64	11	9	22	22
65세 이상	3	2	6	4

출처: 사법통계국(2010a).

여성범죄의 동향 : 반복

여성구금에 있어서의 극적인 증가는 통제할 수 없을 정도로 치솟은 여성범죄 문제에 대한 대응인가? 앞의 장들에서 보았던 것처럼 여성 체포건수에서 나타나는 패턴은 집합적인 수준에서의 여성범죄에 극적인 변화가 있었다는 증거가 되지 못한다. 다음의 대략적인 수치가 다시 한 번 이 지점을 지적한다. 2000년부터 2009년간 중한 폭력범죄로 인해 체포된 성인여성의 수만이 소폭 증가(3.4%)했을 뿐이다(FBI, 2010a, 239쪽). 그러나 지난 10년간 여성수형자수는 24%

증가했다(웨스트 & 세이블, 2010).

여성, 폭력범죄, 마약과의 전쟁

여성범죄의 특성 가운데 여성이 구금된 범죄행위에 대한 정보로 바꿔보아도 여성구금의 증가는 설명되지 않는다(표 6.3 참조). 지난 15년간 여성구금의 3분의 1가량이 폭력범죄에 기인했다. 주립교도소에 폭력범죄로 수용된 여성의 비율은 1979년 48.95%에서 2001년 32%로, 다시 2006년 34%로, 1979년 이래 감소하고 있다(사법통계국, 1988, 2002a, 2010). 캘리포니아와 같이 여성구금이 크게 증가하였던 주일수록 폭력범죄로 수용된 여성의 비율이 급격히 감소했다. 2009년에 캘리포니아 주립교도소에 입소한 여성 중 16%만이 폭력범죄로 수용되었던 반면, 1982년에는 여성의 37.2%가 폭력범죄로 수용되었다(블룸[Bloom], 체스니-린드 & 오웬[Owen], 1994; 교정 및 보호관찰국, 2010, 44쪽).

보다 최근의 수치들은 마약과의 전쟁이 선전포고도 없이 여성과의 전쟁으로 변모했고 여성수형자수가 폭발적으로 증가하는 데 기여했음을 보인다. 2006년 미국 내 교도소에 수용된 여성 4명 중 1명 이상이 마약범죄로 복역 중인 데 비해 (1979년 10명 중 1명에 비해 증가한 것이다), 남성수형자는 5명 중 1명 미만이 마약범죄로 복역 중이었다(사법통계국, 2002a, 13쪽; 스넬[Snell] & 모턴[Morton], 1994, 3쪽). "범죄척결" 정책의 의도가 사회에서 마약판매상과 소위 핵심인물들[kingpins]을 축출하는 것이었음에도, 미국 내 교도소에 마약범죄로 복역 중인 여성 중 3분의 1 이상 (35.9%)은 단순 "소지" 혐의로 복역하고 있다(사법통계국, 1988, 3쪽).[2] 캘리포니아의 경우, 마약범죄로 교도소에 입소한 여성의 절반 이상(52%)이 소지 혐의만으로 유죄를 선고받았다(교정 및 보호관찰국, 2010, 45쪽).

---

2) 1979년의 경우, 마약범죄로 주립교도소에 복역 중인 여성의 26%가 단순 소지 혐의로 수용되었다 (사법통계국, 1988, 3쪽).

표 6.3 범죄행위 및 성별에 따른 주 관할 수형자수(2006년 말 기준)

(단위: 명)	전체 수형자수	남성	여성
계	1,331,100	1,238,900	92,200
폭력범죄	693,400	661,600	31,800
고살	168,600	158,200	10,200
모살	16,100	14,200	1,600
강간	65,800	65,300	500
기타 성범죄	93,600	92,500	1,300
강도	178,900	171,600	7,500
상해	133,900	125,500	7,800
기타 폭력범죄	37,100	34,400	2,800
재산범죄	258,200	230,700	27,500
침입절도	126,100	119,800	6,000
상점절도	49,500	41,900	7,800
차량절도	22,700	21,000	1,600
사기	33,600	23,700	9,800
기타 재산범죄	26,400	24,400	2,200
마약범죄	264,300	238,600	26,200
질서위반	101,300	95,700	5,500
기타/미상	13,300	12,300	1,200

출처: 사법통계국(2010a, 13쪽).

　　마약과의 전쟁은 마약류 사용을 탐지하는 신기술 개발(예컨대 소변검사)과 결합하여 여성구금이 증가하는 데 숨은 기여를 했다. 많은 여성가석방자들은 가석방 준수사항 위반을 사유로 교도소로 돌아오는데, 이는 이들 여성가석방자들이 무작위 마약테스트를 통과하지 못하기 때문이다. 2009년 캘리포니아에서 여성수

용자 7,117명 가운데 5명 중 1명가량은 가석방 준수사항 위반으로 인해 수용된
것이었다(교정 및 보호관찰국, 2010, 30쪽). 오레곤에서는 (1992년 10월부터 1993년 9월
까지) 1년 동안 교정시설에 입소한 여성 중 16%만이 별건 유죄선고로 인해 수용
되었고, 나머지는 보호관찰 및 가석방 준수사항 위반으로 수용되었다. 남성의 수
용에 있어서는 이러한 패턴이 그다지 뚜렷하지 않다. 교도소에 수용된 남성의
48%는 새로운 범행으로 인해 입소한 것이었다(앤더슨^Anderson, 1994). 하와이의 경우,
이 점이 보다 명확히 드러난다. 1998년 가석방된 후 2년간 재범 여부를 추적한
사람들 가운데 절반 가까이(43%)가 교도소에 재입소했다. 가석방 준수사항 위반
사유를 살펴본 결과, 성차가 두드러졌다. 여성의 73%는 (재범에 대비되는) 준수사
항 위반으로 재입소했다. 준수사항 위반에 따른 재입소 경향은 남성가석방자의
경우에도 여성가석방자의 경우보다 그 수치가 작긴 하지만 유의한 수준(64%)이
었다(체스니-린드, 2002, 90쪽).

　　형이 확정된 여성에게 있어 연방법원보다 마약과의 전쟁이 큰 역할을 발휘
한 곳은 없다. 연방 시스템에서 연방법상 범죄에 대해 가혹하게 최소 의무형량
^mandatory minimums3)을 부여하는 제도가 마련된 것은 "남성에게 형을 선고함에 있어 인
종, 계급, 기타 허용되지 않는 차이를 줄이는"(래더^Raeder, 1993) 것을 의도한 양형기
준과 결합하여 여성에게 뚜렷한 불이익으로 작용했다.4) 또한, 마약과의 전쟁과

---

3) [역자 주] 최소 의무형량^mandatory minimums(prison sentences)은 특정 범죄를 저지른 범죄자에 대해 일정 기
　간 이상의 형량을 선고하도록 규정한 것을 가리킨다. 미국의 경우, 중한 폭력범죄뿐만 아니라 소위
　"사회악^social evils/moral vices"이라고 불리는 마약범죄, 성범죄 등에 대해서도 최소 의무형량 제도 적용
　이 확대되었다.

4) 일례로 래더(1993)는 연방 양형기준제가 법관들로 하여금 특히 임신·육아와 같이 과거에는 여성
　을 교도소 밖에 두도록 했던 가족돌봄^family responsibilities에 대한 고려를 제한하도록 했다고 언급한다.
　이처럼 "중립적인" 양형기준의 효과는 어머니, 특히 홀어머니의 특수한 사정에 대한 고려가 "예외
　적인" 것으로 정립되지 않는 한, 이러한 고려를 배제하는 것이다. 90% 가까운 남성수용자가 자신
　의 배우자가 자녀들을 양육하고 있다고 답했다. 반면, 자녀를 둔 여성수용자의 22%만이 복역기간
　중 배우자가 자녀를 양육하고 있다고 답했다(69쪽). 이는 교정시설에 수용된 많은 여성, 이들 중
　상당수는 자녀가 있는 어머니인 가운데, 자녀를 잃을 (실제 발생하지 않았다면) 잠재적인 가능성에
　직면하고 있음을 의미한다. United States. v. Booker(2005) 결정은 법관에게 양형기준에 구속되지
　않고 더 많은 사법재량권을 행사할 수 있도록 하였지만, 연방 양형기준의 적용은 지속되고 있다.
　Booker 결정 이전에 법원은 피고인의 약 70%에 대해 양형기준에 따라 형을 선고했다. Booker 결
　정 이후에도 여전히 양형기준에 따라 피고인 중 60% 정도에 대해 형이 선고되고 있다(미국양형위
　원회, 2010).

표 6.4 마약 종류별 연방 법원에서 형이 선고된 여성마약범죄자수(2009년)

코카인가루	589명
크랙 코카인	508명
헤로인	240명
마리화나	751명
메스암페타민	700명
기타	219명

출처: 미국양형위원회(2010).

양형기준은 연방교정시설에 입소하는 여성의 수를 급격히 증가시켰다. 2000년부터 2009년까지 연방법원에서 마약거래 혐의로 2,700여 명의 여성에게 징역형이 선고되었다(미국양형위원회, 2010). 지난 몇 년간 메스암페타민과 마리화나 같은 마약은 연방정부의 철저한 감시하에 놓였고, 여성에게 중대한 영향을 미쳤다. 1995년부터 2009년까지 메스암페타민 관련 연방법상 범죄로 유죄가 선고된 여성의 수는 200% 가까이 증가했고(1996년 239명에서 2009년 700명), 마리화나 관련 연방법상 범죄를 위반한 여성범죄자수는 51% 증가했다(1995년 495명에서 2000년 751명; 표 6.4 참조). 이제 연방 단위에서 메스암페타민과 관련하여 체포되는 5명 중 1명은 여성이다(모티밴스Motivans, 2008). 코카인가루 및 크랙 코카인 관련 범죄로 유죄가 선고된 여성의 수도 꾸준히 증가하여 각각 500명 정도에 이른다. 주립교도소에서 여성이 마약범죄로 복역할 가능성은 남성보다 47% 높다(사법통계국, 2010a).

메스암페타민·크랙 코카인과 같은 마약은 상대적으로 소량을 거래한 경우에도 최소 의무형량 제도의 적용대상이 된다. 그 결과, 점점 더 많은 여성들이 경범죄를 저지른 경우에도 더 이상 보호관찰을 선고받지 못하고 징역형을 선고받고 있다. 30년 전 중범죄로 유죄가 선고된 여성의 3분의 2 가량은 보호관찰 처분을 받았지만, 1991년에는 28%의 여성에 대해서만 보호관찰 처분이 가능했다(래더, 1993, 31-32쪽). 여성마약범죄자들의 평균 복역기간은 1984년 7월에는 27개월이었으나 1990년 6월에는 67개월로 증가했다(34쪽). 종합하면, 이들 자료는 1980

년대 이래 연방교정시설에서 여성의 수가 급증한 이유를 설명한다. 2008년에 여성수형자는 총 11,988명으로, 연방교정시설 수형자의 6.7%를 차지한다(모티밴스, 2010).

재산범죄의 경우에는 어떠한가? 2009년에 주립교도소에 복역 중인 여성 가운데 재산범죄를 저지른 경우는 약 30%다(웨스트 & 세이블, 2010). 캘리포니아 주의 자료는 다시 한 번 상세히 들여다 볼 필요가 있다. 2009년 캘리포니아 주립교도소에 복역 중인 여성의 3분의 1 이상(34.6%)이 재산범죄로 수용되었다(교정 및 보호관찰국, 2010, 15쪽). 여기에는 경미한 침입절도, 사기, 전과가 있는 절도가 포함된다. 종합하면, 캘리포니아에 수용된 여성 3명 중 1명(30.5%)은 단순 마약소지나 전과가 있는 절도, 사기, 경미한 침입절도로 수용된 것이다(교정 및 보호관찰국, 2010, 15쪽).

여성범죄에 대한 강경대응

교정시설에 수용 중인 여성이 저지른 범죄에 대한 자료와 여성범죄자 체포 경향을 고찰한 결과는 여성구금이 극적으로 증가하게 된 것은 여성범죄의 속성이 변화한 데 따른 것이라기보다는 이에 개입한 요인이 있음을 시사한다. 간단하게 말해, 이제는 형사사법체계가 여성을 더 구금하고자 하는 것처럼 보인다.

지난 20년간 무슨 일이 있었던 것일까? 추정에 근거한 설명이긴 하지만, 합리적인 추론이 가능하다. 첫째, 특정 범죄유형, 특히 마약범죄에 대한 최소 의무형량이 주 단위 및 연방 단위 모두에 있어 여성구금에 영향을 미쳤다고 보인다. 주 및 연방 단위의 입법자들은 아마도 실제 범죄율보다는 범죄를 다루는 언론보도의 급격한 증가에 부응하여 모든 범죄유형, 특히 마약 관련 범죄에 대한 형량을 상향시켰다(마우어[Mauer], 2006; 마우어 & 헐링[Huling], 1995).

나아가 양형 "개혁", 특히 양형기준 개발, 그리고 "삼진아웃" 및 "양형의 진정성[Truth in Sentencing]"5) 입법의 결과로 도출된 최소 의무형량 제도도 여성에게 문제를 초래했다. 캘리포니아에서 "양형의 진정성" 정책과 같은 양형개혁은 형기의 최소

85% 이상을 복역하여야 하는 징역형을 선고받은 여성의 수 증가를 초래했다(블룸스타인Blumstein, 코헨Cohen, 마틴Martin & 톤리Tonry, 1983; 교정 및 보호관찰국, 2010; 마우어, 2006). 양형개혁은 남성범죄자 처분을 바탕으로 제기된 이슈들을 여성범죄자에게 적용하면서 문제를 유발했다.[6] 일례로 댈리Daly가 이 문제를 검토한 것에 따르면, 연방의 양형기준은 피고인의 취업 여부나 가족유대/가족돌봄을 양형인자로 고려하는 것을 허용하지 않았다. 댈리는 이러한 양형기준이 계층 및 인종 간 차이를 줄이고자 의도하였지만, 여성의 양형에 미칠 효과는 고려되지 않았다고 언급한다. 마약과의 전쟁에 대한 부시—배스켓Bush-Baskette의 분석도 비슷한 주제를 상기시킨다. "마약중독 및 가족돌봄을 감경사유에서 배제한 양형기준은 백인여성들과 마찬가지로 흑인여성들을 징역 및 장기간의 형사사법 감독에 처하게 했다"(222쪽).

결국, 형사사법체계는 모든 의사결정 단계에서 한층 강경해졌다. 랭건Langan(1991)은 체포 후 징역형이 선고될 가능성은 최소 의무형량 제도에 포함된 범죄유형 외에도 모든 범죄유형에 있어 높아졌다고 언급한다(1569쪽). 이처럼 강경해진 형사사법체계는 (성매매 및 마약범죄의 경우를 예외로 하고) 최소 의무형량 제도가 대개 성폭력, 살인, 무기소지 범죄와 같은 남성적인 범죄에 초점을 맞추었기 때문에 특히 여성에게 의미가 있다. 따라서 랭건의 연구는 전체 형사사법체계가 전통적으로 여성이 범해 온 범죄유형을 비롯한 모든 범죄유형에 한층 "강경"해졌음을 확인한다.

최근의 여성구금 증가를 신중히 검토한 결과는 이러한 증가가 여성행위에 있어서의 주된 변화와는 무관하다는 점을 시사한다. 이러한 여성구금의 증가는 초기 여성구금의 증가, 특히 20세기 초반에 나타났던 여성구금의 급격한 증가와는 분명한 대조를 이룬다.

아마도 최근의 여성구금 현상을 잘 설명하는 관점은 여성구금에 대한 초기 시각들을 소환하는 것이다. 역사적으로 여성수형자들은 그 수가 극히 적었고 남

---

5) [역자 주] 1990년대에 미국에서 범죄자에게 보호관찰 등을 선고하는 것을 지양하는 한편, 선고된 형량의 일정 기간 이상 복역하도록 주법 제정을 통해 강제하였던 움직임을 가리킨다.

6) 블룸스타인과 동료들은(1983) 캘리포니아의 통일 정기형 선고법Uniform Determinate Sentencing Law이 "평균적인 접근법averaging approach을 사용했고, 그 결과 특히 폭력범죄를 저지른 여성의 양형을 현격히 높였다"고 언급했다.

성구금에 맞춰진 시스템에 덧붙여진 존재였다. 사실 초기의 여성수용시설은 종종 남성교도소에서 파생된 것이었다. 초기에 여성수용자들은 전체 "도덕적 조직"에 상반되는 행위를 한 것으로 비춰졌기 때문에 남성수용자들에 비해 "더 타락한[more depraved]" 것으로 여겨졌다(래프터, 1990, 13쪽).

미국에 많은 여성감화원[reformatories]이 세워졌던 1870년부터 1900년 사이에 대규모이자 조직적인 여성구금이 처음 나타났다. 여성이 공공안전에 위협이 되어서가 아니라, 여성에게 도덕적 개전과 보호가 필요하다고 생각되었기 때문에 여성구금은 정당화되었다. 그러나 비범죄나 품행문제 행위를 이유로 많은 백인노동자 계층 여자청소년 및 여성을 구금하는 것으로 귀결되었던 개혁운동이 유색인종 여성에게까지는 확대되지 않았다는 것을 언급해 둘 필요가 있다. 래프터(1990)가 주의를 기울여 기록하였듯이, 특히 남부 지역의 흑인여성들은 남성수형자와 같은 처우를 받으며 교도소에 계속하여 수용되어 있었다. 흑인여성들은 종종 쇠사슬에 묶여 강제노역에 동원되었고 일을 계속하지 않으면 구타를 피할 수 없었다 (150 – 151쪽). 여성수용인구의 폭발적인 증가를 살펴봄에 있어 "기사도[chivalry]"[7])에 따라 보호된 백인여성과 흑인여성을 분리한 인종차별적 유산을 유념할 필요가 있다.

성인여성의 구금에 대한 최근 경향은 여성범죄자에 대한 초기 접근방식을 상기시킨다. 다시 한 번 여성은 재활적이기보다는 처벌적인 교정의 대상이 되었다. 여성은 개혁운동의 특징이었던 기사도의 수혜를 보지도 못했다. 오히려 여성들은 사회가 여성범죄를 일소하겠다고 결정해서가 아니라, (거의 대부분 남성이고 마이너리티 구성원인) "살인을 저지르고 유유히 빠져나간" 폭력범죄자에 대한 이미지로부터 추동된 사회적인 "범죄척결" 움직임에 휩쓸려 구금되는 경향이 증가했다.

사형에 대한 고찰은 이러한 주장을 한층 뒷받침한다. 비록 역사적으로 여성은 남성보다 사형을 선고받는 빈도가 크게 적지만, "범죄척결"의 출현은 여성에

---

7) [역자 주] 대부분 남성인 형사사법기관 종사자들이 기사도 정신에 따라 여성범죄에 한결 너그럽게 대응하고 여성을 보호하려는 태도를 취한다는 폴락[Pollak]의 주장을 가리킨다.

표 6.5 ᐟ 미국에서 사형이 집행된 여성(1984년-2010년)

일자	수형자	인종	주	피해자
1984년 11월 2일	벨마 바필드 Velma Barfield	백인	노스캐롤라이나	남자친구, 독살(남자친구의 어머니와 남편을 포함, 4명을 살해한 혐의가 인정됨)
1998년 2월 3일	칼라 페이예 터커 Karla Faye Tucker	백인	텍사스	지인, 손도끼 이용
1998년 3월 30일	주디 부에노아노 Judy Buenoano	백인	플로리다	남편, 독살
2000년 2월 24일	베티 루 비츠 Betty Lou Beets	백인	텍사스	남편, 총기 이용
2000년 5월 2일	크리스티나 릭스 Christina Riggs	백인	아칸소	두 자녀, 독살(자살 시도하였으나 생존)
2001년 1월 11일	완다 진 앨런 Wanda Jean Allen	흑인	오클라호마	아들의 전 여자친구, 총기 이용
2001년 5월 1일	마릴린 플랜츠 Marilyn Plantz	백인	오클라호마	여자친구, 총기 이용
2001년 12월 4일	루이스 나딘 스미스 Lois Nadean Smith	백인	오클라호마	남편, 폭행 후 방화(함께 사형이 선고된 남자친구 교사)
2002년 5월 10일	린다 리온 블럭 Lynda Lyon Block	백인	앨라배마	경찰관, 총기 이용(함께 사형집행된 남편과 공동범행)
2002년 10월 9일	에일린 우오노스 Aileen Wuornos	백인	플로리다	행인(피해자 총 7명), 총기 이용
2005년 9월 15일	프랜시스 뉴턴 Frances Newton	흑인	텍사스	남편, 아들, 딸, 총기 이용
2010년 9월 23일	테레사 루이스 Teresa Lewis	백인	버지니아	남편, 의붓아들, 총기 이용(남자친구 및 공범 교사)

출처: 스트라입(2010)의 연구를 바탕으로 함.

게 사형이 선고되는 건수를 극적으로 증가시켰다(모간[Morgan], 2000, 280쪽, 스트라입[Streib], 2010; 표 6.5 참조). 1973년부터 2010년 말까지 총 167명의 여성범죄자에게 사형이 선고되었다(스트라입, 2011, 9쪽). 5개 주(텍사스, 캘리포니아, 플로리다, 노스캐롤라이나, 오하이오)에서 선고된 것이 여성범죄자에게 선고된 사형건수의 절반을 차지했는데(167건 중 83건), 지난 10년간 여성범죄자에게 사형이 선고된 건수는 연간 4건이었다(스트라입, 2010, 3–6쪽). 2010년 기준, 미국에서 55명의 여성이 사형집행을 기다리고 있는 가운데, 112명은 사형이 집행되었거나 자연사했거나 종신형이 선고되었다. 미국 내 대다수의 주에서 가정 내 살인은 사형을 선고하여야 하는 필요적 범죄가 아님에도 불구하고, 사형집행을 기다리고 있는 55명 중 4분의 1(55명 중 14명)에 대해서는 남편 또는 남자친구를 살해한 죄로 사형이 선고되었다(스트라입, 2010, 10쪽).

살인범죄를 저지른 여성의 체포건수가 감소하였음에도 불구하고, 1990년부터 2010년까지 사형이 집행된 여성의 전체 숫자는 지난 40년간 사형이 집행된 여성의 수를 넘어섰다. 1984년부터 2010년까지 미국에서 12명의 여성에 사형이 집행되었다. 표 6.5에 이들 여성 12명의 인종, 지역 및 피해자 관련 내용이 요약되어 있다.

범죄처벌에 있어 여성에 대한 보복적인 "평등"을 지지하는 법체계와 맞물린 대중의 분위기는 사형 및 여성에 대해 가벌적인 경향, 그리고 여성범죄에 대한 대응으로 구금을 한층 활용하는 것으로 귀결되었다. "진정한 여성"의 서열 바깥에 위치하도록 하는 범죄 및 인종에 속하는 여성을 타락한 여성으로 상상하는 관점도 부활한 것으로 보인다. 그 증거로, 태아가 출생하기 전에 마약을 투약한 여성에게 아동학대죄를 적용하는 새로운 적대적인 관점을 생각해 보라(채프킨[Chavkin], 1990; 임신한 여성을 위한 전국연합[National Advocates for Pregnant Women: NAPW], 2011; 노블[Noble], 1988).

미국 교도소에 수용된 많은 여성들이 마약범죄로 복역 중인 유색인종 여성들이라는 사실은 교도소의 삶으로부터 보호받아야 하는 여성으로서의 이미지에서 한참 벗어난 것이다. 이러한 이유로 정책입안자들이 새로운 "범죄척결" 분위기의 예상치 못한 결과에 직면하게 되면, 실무 그 자체에 의문을 제기하기보다는 수용되는 여성의 특성을 공격하는 반응을 보이는 것이 너무나 비일비재하다.

더 많은 여성교도소 짓기

여성구금이 증가한 결과, 미국은 여성교도소를 폭발적으로 짓기 시작했다. 교정사가인 니콜 한 래프터(1990)는 1930년부터 1950년 사이 매 10년간 약 두세 곳의 여성교도소가 지어지거나 생겨났음을 확인했다. 1960년대에 여성교도소 건축 속도는 약간 빨라져서, 주로 남서부 주에서 7개 시설이 개소했다. 1970년대에는 한때 인근 주에 위치한 교도소로 여성수용자를 이송했던 로드아일랜드·버몬트와 같은 주에 신축된 시설을 포함하여 17개 여성교도소가 개소했다. 1980년대에는 여성교도소가 34개소 세워졌다. 이는 1950년대에 비해 10배 증가한 것이다(래프터, 1990, 181–182쪽).

이러한 극적인 변화를 다른 역사적인 맥락에 위치시켜 본다면, 불과 30년 전에는 대다수의 주들이 별도의 여성교도소를 운용하지 않았다는 사실을 상기해 보라. 1973년 28개 주(푸에르토리코 및 워싱턴 D.C. 포함)만이 여성을 수용하기 위한 별도의 시설을 두고 있었다. 다른 주들은 여성수용문제를 다르게 다루었다. 여성은 남성시설 한 켠에 수용되었거나 하와이, 로드아일랜드, 버몬트의 경우에서처럼 다른 주에 위치한 시설에 수용되었다(싱어^{Singer}, 1973). 되돌아보면, 여성교도소 시설 부족이라는 패턴은 매우 뚜렷했다. 1970년대 여성범죄에 대한 공식적인 대응은 이 시기에 일부 여성들이 중범죄를 저질렀다는 사실보다는 여성교도소가 상대적으로 부족하다는 상황에 큰 영향을 받았다.

지난 몇 십 년간 나타난 상황은 미국이 여성범죄에 대응하는 방식에 주요하고도 극적인 변화가 있었음을 시사한다. 경고나 공개토론 없이 남성에 대한 구금모델이 여성에게 적용되는 것이 증가했다. 여성범죄에 대한 이러한 가벌적인 대응은 "보복이 있는 평등$^{equality\ with\ a\ vengeance}$"으로 묘사할 수 있을 것이다. "보복이 있는 평등"은 여성범죄자가 남성범죄자와 "평등"한 것처럼 여성범죄자를 처우할 필요가 있음을 강조하는 평등 또는 동등성 추구 사법모델의 어두운 이면을 의미한다. 한 전국회의에서 교정공무원이 말한 것처럼 "수용자는 수용자다$^{an\ inmate\ is\ an}$ ^{inmate}."

그러나 이들 "수용자"는 누구이며, 교도소에서 여성수용자가 남성수용자과 동일하게 처우되는 것은 타당한가? 다음 섹션에서는 미국 전역의 주립교도소 및 연방교도소에서 복역하고 있는 여성들의 배경에 대해 알려진 바를 살펴볼 것이다.

미국 교도소에 수용된 여성의 프로필

교도소에 수용된 여성의 유년시절

미국 전역의 주립교도소에서 복역하고 있는 여성의 특성에 대한 최근 연구는 이 책 앞부분에서 확인한 핵심주제, 특히 형사사법체계에 들어온 여성의 삶에 있어 성폭력 및 신체적 폭력이 차지하는 역할을 강조한다. 또한, 이 연구는 교정시설에서 여성이 처한 상황에 대해 국가적인 토론이 필요하다고 주장한다.

스넬과 모턴(1994)은 사법통계국의 발주로 1991년에 미국 내 교도소 남녀수용자(13,986명)에 대해 임의표집에 따른 조사를 실시했다. 이 정부용역 연구는 최초로 남녀수용자의 유년시절 성폭력 및 신체적 폭력 경험을 질문했다. 조사결과, 여성수용자들은 남성보다 높은 수준의 신체적 학대 및 성학대를 경험한 것으로 나타났다. 여성 중 43%는 교도소 입소 전 "최소 한 번 이상 학대당한 적이 있다"고 답했는데, 입소 전 학대당한 경험이 있는 남성은 12.2%였다(스넬 & 모턴, 1994, 5쪽). 1998년 교정시설 내 여성에 대한 조사는 한층 더 높은 수치를 제시한다. 이 조사에 따르면, 구치소 내 여성의 48%, 주립교도소 내 여성의 57%가 성학대 또는 신체적 학대 경험이 있다고 응답했다(표 6.6 참조).

교도소에 수용된 여성 중 3분의 1가량(31.7%)의 경우, 청소년기부터 시작된 학대는 성인이 된 시점에도 지속되었다. 핵심적인 성차가 이 지점에서 드러난다. 교도소에 수용된 남성 중 적지 않은 수(10.7%)가 청소년기에 학대를 경험했지만, 성인기까지 학대가 지속되지는 않았다. 여성 4명 중 1명은 성인기에 학대가 시작되었다고 응답했는데, 성인기에 학대가 시작되었다고 응답한 남성은 3%에 불과

표 6.6 보호관찰 중, 구치소 및 교도소 내 성인여성의 특성

	보호관찰	구치소	주립교도소
인종/민족			
백인	62%	36%	33%
흑인	27%	44%	48%
히스패닉	10%	15%	15%
기타	1%	5%	4%
연령			
24세 이하	20%	21%	12%
25–34세	39%	46%	43%
35–44세	30%	27%	34%
45–54세	10%	5%	9%
55세 이상	1%	1%	2%
연령 중앙값	32세	31세	33세
혼인상태			
기혼	26%	15%	17%
사별	2%	4%	6%
별거	10%	13%	10%
이혼	20%	20%	20%
미혼	42%	48%	47%
교육수준			
중학교 졸업 이하	5%	12%	7%
고등학교 재학	35%	33%	37%
고등학교 졸업	39%	39%	39%
대학교 재학 이상	21%	16%	17%
신체적 학대·성학대 경험	41%	48%	57%

출처: 사법통계국(1999, 7−8쪽).

했다. 조사에 참여한 여성의 33.5%가 신체적 학대를 경험했고, 그보다 약간 많은 수(33.9%)가 청소년기 또는 20대 초반에 성학대를 경험했는데, 그에 비해 남성의 비율은 상대적으로 낮았다(남성 중 청소년기에 성학대를 경험한 경우는 10%, 성인기에 경험한 경우는 5.3%였다).

이 조사에서는 학대 가해자와의 관계에 대해서도 질문했다. 짐작되는 바와 같이, 남성과 여성 모두 유년시절 경험한 학대에는 부모와 친척이 관여했다고 응답했는데, 여성수용자들은 성인기에 경험한 학대에서 가정폭력이 문제였다고 말할 수 있다는 점에서 남성수용자들과 차이를 보였다. 절반가량의 여성이 배우자 또는 전 배우자로부터 학대를 경험했는데, 남성수용자의 경우에는 배우자 또는 전 배우자로부터 학대를 경험한 비율이 3%에 그쳤다.

조사결과, 소년사법체계 및 형사사법체계가 여성수용자의 삶에 미치는 역할에 있어 인종 간 차이가 나타났다. 전반적으로 백인여성은 위탁가정이나 다른 시설에서 지냈던 비율(21.1%)이 흑인여성(14.1%)이나 히스패닉여성(14.4%)에 비해 높았다. 반면, 흑인여성과 히스패닉여성에서는 가족구성원(통상 남자형제)이 수용 중이라고 응답한 비율이 크게 높았다(스넬 & 모턴, 1994).

마약투약에 대한 고정관념과는 달리, 흑인여성에 비해 백인여성 및 히스패닉여성이 청소년기에 알코올 및 마약을 접하게 된 데 부모가 관련되어 있다고 응답했다. 백인여성 10명 중 4명 이상, 히스패닉여성 3명 중 1명이 부모도 마약을 투약했다고 답했는데, 흑인여성의 경우 그 비율은 25%였다. 이는 교도소에 입소하는 여성의 경로에 있어 문화, 젠더, 계급의 상호작용에 초점을 맞추어야 할 필요성을 강조한다.

입소죄명

수용된 여성의 죄명을 살펴보면 극도로 폭력적이고, 전통적이지 않은 여성 범죄자라는 언급과는 거리가 멀다. "수용된 여성의 절반가량은 폭력이 결부되지 않은 범죄로 복역 중이며, 과거에 폭력이 결부되지 않은 범죄로 유죄를 선고받은 적이 있다"(스넬 & 모턴, 1994, 1쪽). 사실, 여성수용자수는 폭증한 데 비해, 전체 여성범죄자 중 폭력범죄로 수용된 여성의 수는 지난 수십 년간 꾸준히 감소해 왔다. 1979년 주립교도소 내 여성수용자의 절반가량은 폭력범죄로 수용되었다(사법통계국, 1988). 1986년에 그 비율은 40.7%로 낮아졌고, 2001년에는 32.2%였다(사법통계국, 2002a; 스넬 & 모턴, 3쪽). 2009년에 미국 내 교도소에 있는 여성수형자 3명 중 1명은 폭력범죄로 수용되었는데, 이에 비해 남성수형자의 경우 폭력범죄로 수용된 비율은 40%다(사법통계국, 2010a).

스넬과 모턴(1994)은 구금으로 귀결되는 폭력에 있어 성별화된 특성을 확인했다. 여성수형자들은 친밀한 관계에 있던 사람 또는 친척을 살해한 비율이 높은 데 반해(50%; 남성의 경우 16.3%), 남성수형자의 경우 낯선 사람을 살해한 비율이 높았다(50.5%; 여성의 경우 35.1%). 1999년 여성범죄자에 초점을 맞춘 사법통계국의 연구도 유사한 결과를 보여준다. 1998년에 여성살인범죄자의 93% 이상이 친밀한 관계에 있던 사람, 가족구성원, 또는 지인을 살해했다. 남성의 경우 알고 지내던 사람을 살해한 비율은 76%였다(표 6.7 참조). 이 책에서 여성폭력의 특성과 성장과정 및 학대경험과의 관련성에 대해 살펴보았던 내용을 상기할 때, 여성의 폭력행위는 남성의 폭력과는 상당히 다른 유의점이 있다.

마약이 여성의 폭력범죄에 미치는 영향은 사법통계국 자료에서도 뚜렷하다. 전반적으로 폭력범죄로 복역 중인 여성은 재산범죄나 마약범죄로 복역 중인 여성에 비해 마약과 폭력 간의 연계를 보고하는 비율이 낮았다. 일례로 폭력범죄로 유죄가 선고된 여성의 11%만이 범행 당시 마약을 투약했는데, 이에 비해 재산범죄로 유죄가 선고된 여성의 25%, 마약범죄로 유죄가 선고된 여성의 32%가 범행 당시 마약을 투약하고 있었다(사법통계국, 1999, 9쪽). 스넬과 모턴(1994)의 연구에서 절도로 수용된 여성에게서 이러한 일반화의 유일한 예외를 찾아볼 수 있었다. 절도범죄로 수용된 여성들은 범행 당시 마약투약 상태였을 뿐만 아니라, 폭력범죄로 복역 중인 여성 가운데 "마약을 구할 돈을 마련할 목적으로" 범행하였다고 응답한 유일한 유형이었다. 살인범죄로 수용 중인 여성들도 범행 직전 월에 마약을 투약하였으며 범행 당시 마약투약 상태였다는 응답비율이 높았으나, 마약을 구입할 자금을 마련하는 것이 범행동기는 아니었다.

표 6.7   살인범죄자와 피해자 간 관계(1998년)

피해자	여성	남성
배우자	28.3%	6.8%
전 배우자	1.5%	0.5%
자녀·의붓자녀	10.4%	2.2%
기타 가족구성원	6.7%	6.9%
남자친구·여자친구	14.0%	3.9%
지인	31.9%	54.6%
타인	7.2%	25.1%
계(1976년-1997년)	59,996명	395,446명

출처: 사법통계국(1999, 4쪽).

재산범죄

주립교도소의 많은 여성수형자들은 경미한 절도로 복역 중이다. 재산범죄로 복역하고 있는 여성(전체 여성수형자의 25.1%) 중 약 3분의 1(30.2%)이 절도로 복역하고 있다. 남성의 경우, 18.2%만이 재산범죄로 복역 중인 것과 대비된다. 사기는 여성이 관여하는 주요범죄 중 하나로, 여성이 범한 재산범죄의 35%에 해당하는데, 남성이 범한 재산범죄에 있어 사기가 차지하는 비율은 10.3%에 불과하다. 재산범죄로 복역 중인 남성이 주로 저지른 범죄는 강도다(49.2%, 사법통계국, 2010a).

여성수형자의 마약투약

교도소에 여성이 수용되어 온 역사에 비춰볼 때, 마약투약·소지·거래가 핵심적인 여성구금 사유라는 점은 전혀 놀랍지 않다. 1979년에 주립교도소에 수용된 여성의 10.5%만이 마약범죄로 복역 중이었다. 1986년에 그 비율은 12%로 높아졌고, 2006년에는 주립교도소에 수용된 여성의 28.4%가 마약범죄로 복역 중이다(사법통계국, 1988, 3쪽; 2010c, 29쪽; 스넬 & 모턴, 1994, 3쪽). 현재 마약범죄로 복역 중인 여성의 절반 이상이 마약거래로 복역 중이다. 마약범죄는 매우 심각한 것처럼 들리지만, 맥락을 잘 살펴보아야 한다. 다음 장에서 보는 바와 같이, 전세계적으로 대형 마약밀매는 거의 남성이 독점하고 있고(그린, 1996), 대부분 빈곤국이나 미국 내 빈곤지역 출신인 여성들은 마약운반책의 역할을 맡도록 강요당하는데, 이들은 결국 지난 수년간 마약과의 전쟁에 따른 형량 상향에 휩쓸려 버렸다(마우어 & 헐링, 1995).

여성수형자에 대한 전국 단위의 자료를 통해 여성수형자가 남성수형자에 비해 마약과 관련된 문제가 많다는 점을 확인할 수 있다. 스넬과 모턴(1994)은 남성마약중독자에 대한 고정관념과는 달리, "1991년 여성수형자들이 남성수형자들보다 더 많은 마약을 더 자주 투약했다"(7쪽)는 점을 발견했다. 일례로 남성수형자보다 더 많은 여성수형자들이 입소하기 전 매일 마약을 투약하고 있었고(41.5%; 남성의 경우 35.7%), 범행 당시 마약투약 상태에 있었던 비율도 높았다(36.3%; 남성의 경우 30.6%). 여성수형자 4명 중 1명, 남성수형자 5명 중 1명은 마약을 구하기 위해 저지른 범죄로 수용되었다. 여성수형자 4명 중 1명은 수용 전 마약중독치료를 받은 적이 있었고, 마약을 투약한 여성수형자의 41.8%는 범행 직전 월에 마약중독치료를 받았다. 이 수치는 대부분의 치료가 여성들의 마약중독 문제를 해결하는 데 충분하지 못했음을 의미한다.

코비나^{Cobbina}의 연구(2009, 2010) 또한 여성범죄자의 삶, 범죄경로, 성공적인 재사회화 기회에 있어 마약이 차지하는 강한 역할을 보여준다. 구금 중 또는 가석방된 여성 50명이 인터뷰에 참여한 가운데, 여성수형자의 88%와 여성가석방대상자의 79%가 일생동안 마약을 투약한 적이 있다고 답했다(38쪽).

> 마약을 투약한 여성 가운데, 여성수형자의 74%와 여성가석방대상자의 79%는 약물에 중독된 가족구성원이 최소 1명 이상 있었다. 이는 가족구성원이 마약을 투약하고 있을 때 여성이 마약을 투약할 가능성이 높음을 시사한다(38쪽).

코비나의 연구에서 여성수형자의 23%와 여성가석방대상자의 25%는 유년시절 또는 청소년기 가족을 통해 불법약물에 노출된 것이 마약의 세계에 빠져들게 된 시작점이었다고 진술했다. 대부분은 친구 및 친밀한 관계의 남성으로부터 인정받고자 하는 열망이 마약을 투약하는 데 영향을 미쳤다고 답했다. 몇몇은 마약은 부정적인 생애사건을 극복하기 위한 방법이었다고 답했다(37-38쪽).

여성수형자들은 마약투약에 따른 건강상 위험도 안고 있었다. 스넬과 모턴(1994)은 여성수형자들이 남성수형자에 비해 마약투약을 위해 주삿바늘을 사용하는 비율(34%; 남성의 경우 24.3%), 친구와 주삿바늘을 공유하는 비율(18%; 남성의 경우 11.5%)이 높다는 점을 발견했다. 또다시, 고정관념과는 달리 주삿바늘을 사용하고 공유하는 비율은 흑인여성보다 백인여성 및 히스패닉여성에서 높았다. 일례로 백인여성의 41.6%, 히스패닉여성의 45.9%가 주삿바늘을 사용한 적이 있었는데, 흑인여성은 24%에 그쳤다.

아마도 주삿바늘 사용비율이 높은 데 따른 결과로, 21세기에 들어 남성수형자보다 더 많은 여성수형자들이 HIV에 감염되어 있다. 2000년에 주립교도소에 수용된 전체 여성의 3.6%가 HIV 감염자였는데, 남성수형자 중 HIV 감염자는 2.2%였다. 가장 많은 HIV 감염 여성수형자(600명)가 있는 뉴욕의 경우, 양성판정을 받은 여성수형자의 비율(18.2%)은 양성판정을 받은 남성수형자의 비율을 훨씬 웃돈다(8%; 매루샥[Maruschak], 2002). HIV에 감염된 수형자수는 점차 감소하고 있지만, 그 감소폭은 남성수형자에게서 크게 나타난다. 1999년에서 2000년 사이 남성수형자 중 HIV 양성비율은 7% 감소하였지만, 여성수형자 중에서는 2% 감소하였다(매루샥, 2001, 2002).

교도소 담장 뒤 엄마들

여성수형자의 3분의 2 가량은 18세 미만의 자녀가 있다(글레이즈 & 매루샥, 2008). 지난 20년 동안 엄마가 구금된 아이의 수는 131% 증가했다(글레이즈 & 매루샥, 2008). 연구결과들이 정확하다면(블룸 & 스타인하트[Steinhart], 1993 참조), 이들 여성수형자의 상당수는 다시는 아이를 만날 수 없다. 남성수형자에 비해 여성수형자는 직계 가족구성원에게 양육권을 빼앗기거나 위탁가정 또는 기타 기관에 아이가 맡겨지는 비율이 5배 이상 높다(무몰라^{Mumola}, 2000). 양육권을 유지한 엄마들이라 하더라도 아이들을 거의 보지 못한다. 스넬과 모턴(1994)은 18세 미만의 아이를 둔 엄마의 52.2%가 아이들을 한 번도 접견하지 못했음을 발견했다. 아이들을 접견할 수 있었던 대부분의 여성도 "한 달에 한 번 이하" 또는 "한 달에 한 번" 아이들을 만났다. 더 많은 여성들이 아이들에게 편지를 보내거나 전화할 수 있게 되었지만, 여전히 5명 중 1명은 아이들에게 편지를 보내거나 받아본 적이 없고, 4명 중 1명은 아이들과 전화통화한 적이 없다. (남성수용자들과는 달리) 많은 여성들이 교도소 입소 이전에 아이를 돌보고 있었다는 사실에도 불구하고 그렇다. 교도소 담장 뒤 엄마들의 64% 이상이 입소 전에는 아이들과 함께 살고 있었다(글레이즈 & 매루샥, 2008).

또한, 엄마가 복역하는 동안 자녀는 주로 그 어머니(아이의 할머니)가 양육하는 것이 빈번한데, 이에 빈해 남성수용자의 경우에는 아이의 어머니가 양육(89.7%)하는 것이 보다 일반적이었다(스넬 & 모턴, 1994, 6쪽).

이러한 경향은 특히 흑인여성 및 히스패닉여성에게서 두드러진다. 백인아동에 비해 흑인아동은 부모가 복역 중인 비율이 9배 이상, 히스패닉 아동은 3배 이상 높았다(무몰라, 2000; 양형 프로젝트, 2007). 1990년에 출생한 아동이 14세가 되었을 때 부모가 복역 중일 누적위험은 흑인아동의 경우 25.1%에서 28.4%로 높아진 데 비해, 백인아동의 경우 3.6%에서 4.2%로 높아지는 데 그쳤다(포스터^{Foster} & 헤이건^{Hagan}, 2009). 백인여성수용자들은 남편이 아이의 양육을 맡고 있다고 응답한 데 비해, 흑인여성수용자의 경우에는 남편이 아이의 양육을 맡는 것을 고려할 수 없었다(이노스^{Enos}, 2001, 55쪽). 흑인여성과 히스패닉여성은 다른 가족구성원과 양육책임을 분담하기 때문에 돌봄서비스에 의존하는 경향이 낮음에도 불구하고, 경제적·정서적인 측면에서 자녀가 있는 여성가족구성원의 수용상황에 가족이 효과적으로 대응하는 정도는 사회경제적 지위에 달려 있었다(이노스, 2001). 이는 특히 유색인종 여성에게 큰 문제였는데, 빈곤과 인종은 서로 얽혀있고, 가족은 종종 확장할 자원이 거의 없기 때문이다(크리스티안^{Christian} & 토마스^{Thomas}, 2009).

더욱이 유색인종 여성은 적대적인 양육환경을 경험하는 경향이 높았다. 흑인여성 및 아프리카출신 여성들은 형사사법체계와 아동복지서비스라는 주의 이

원적 개입이 강하게 작용하는 지역사회에 거주하는 경우가 잦기 때문에, 수용되기 이전에 적대적인 양육환경에 노출되는 경우가 많았다. 가석방 중인 어머니에 대한 브라운과 블룸의 연구(2009)에서 여성의 24%(48명)이 아동학대로 주 사회복지국^{Department of Human Services: DHS}의 아동복지서비스부와 접촉한 적이 있었다(317쪽). 일부 주(또는 관할)는 이 연구에 포함된, 한 명 이상의 자녀가 있는 어머니들 중 17%(34명)의 친권을 박탈했다.

인종과 여성의 구금

젠더뿐만 아니라 인종 역시 여성구금에서 두드러지는 부분이다. 미국 내 여성수형자의 절반가량이 유색인종에 해당한다. 구체적으로, 흑인여성이 30%, 히스패닉여성이 16%이다(양형 프로젝트, 2007). 흑인여성 수용률은 히스패닉여성의 2배, 백인여성의 2.5배에 이른다. 2009년에 흑인여성은 703명 중 1명이 수용 중이었던 데 비해, 백인여성은 1,987명 중 1명, 히스패닉여성은 1,356명 중 1명이 수용 중이었다(사법통계국, 2010a, 2010c).

이 자료에 감추어진 것은 여성의 구금증가가 미국 내 유색인종 여성에서 불균등하게 나타난다는 사실이다. 조사자료 및 공식통계(사법통계국, 2010c; 마우어, 2006; 마우어 & 헐링, 1995)는 유색인종 여성에 대한 구금이 급격히 증가함에 따라 여성의 구금증가가 촉발되었음을 보여준다. 백인여성이 여성보호관찰대상자의 62%를 차지하지만, 구치소와 교도소에서 마주치게 되는 것은 흑인여성이다.

1986년과 1991년 사이에 마우어와 헐링(1995)이 "통제율^{control rate}"(보호관찰, 구치소, 교도소, 가석방 등 일정한 형사처분을 받는 여성의 비율)이라고 불렀던 비율의 증가가 확인되었는데, 이 비율은 특히 흑인여성에게서 가장 높이 증가했다. 국가의 관심은 흑인남성에 대한 가혹한 과잉통제(20세에서 29세 사이 남성 3명 중 1명 수준의 통제율을 보이는; 마우어 & 헐링, 1995)에 초점이 맞춰져 있지만, 그 자매들인 흑인여성들도 형사사법체계와의 접촉이 증가하고 있다는 점이 발견된다.

1989년에 전체 여성 중 흑인여성의 "통제율"은 2.7%였다. 1994년에 이 비율은 78% 높아진 4.8%였다(흑인여성 20명 중 1명; 마우어 & 헐링, 1995, 5쪽). 흑인과 백인 간 통제율 차이는 더 커져서, 백인여성에 비해 흑인여성이 형사사법체계와 접촉하게 되는 비율은 3배 높았다. 히스패닉여성들도 통제율이 18% 상승했는데, 이에 따라 히스패닉여성들의 통제율은 백인여성 통제율(2.2%)의 2배가량 되었다.

마우어와 헐링(1995)은 이러한 통제율의 증가가 이제는 많은 이들이 사실상 여성과의 전쟁, 특히 유색인종 여성과의 전쟁이 되었다고 믿는 마약과의 전쟁으로부터 많은 부분 기인하였다는 주장을 뒷받침하는 설득력 있는 근거를 제시한다. 또한, 마우어와 헐링은 마약투약 및 거래에 대한 일제단속이 흑인여성과 히스패닉여성에 어떻게 영향을 미쳤는지에 대해 분석하고 있다. 구체적으로, 마약판매로 주립교도소에 수용된 여성의 수는 1986년부터 1991년까지 433% 증가했는데, 이러한 증가폭은 백인여성(241%)보다 히스패닉여성(328%) 및 흑인여성(828%)에서 더 높았다(마우어 & 헐링, 1995, 20쪽).

별도의 논문에서 헐링(1995)은 마약과의 전쟁이 특히 크랙 코카인을 투약하고 판매하는 이들에게 가혹했다는 사실과 여성구금의 증가를 직접 연결한다. "여성들은 크랙 코카인을 투약하는 비율이 높고 다른 마약에 비해 크랙 코카인 공급에 관여하는 비율이 높았기"(8쪽) 때문에 크랙 코카인 집중단속은 흑인여성들에게 중대한 영향을 미쳤다. 헐링은 마약과의 전쟁은 공식 경고도 없이 (코카인가루나 다른 마약에 비해) 크랙 코카인 판매를 강하게 처벌했고, 이는 흑인여성구금 증가에 극적인 영향을 미쳤다고 본다. 마약과의 전쟁이 하위 단계의 길거리 크랙 코카인 투약자들에게 초점을 맞추면서 언론이 "크랙 창녀[crack whores]" 및 마약에 중독된 엄마로 묘사한 흑인여성들은 도심 지역사회의 크랙 확산에 "책임이 있는" 존재가 되었다(유사한 주장으로 부시-배스켓, 1999 참조). 결과적으로, 흑인여성들은 놀라운 수준의 비율로 형사사법체계에 들어섰다.

잉글리시(1993)의 마약판매에 대한 자기보고식 조사연구를 상기해 보자. 이 연구에서 잉글리시는 여성수형자들이 남성수형자들에 비해 소규모 마약판매에 관여했다고 응답한 경향이 매우 높다는 점을 발견했다. 이는 마약판매의 위중함보다는 마약판매 패턴이 여성들을 체포 및 구금 위험에 노출시켰음을 의미할 수 있다.

마약과의 전쟁에 있어 숨은 피해자는 미국 외부의 국가에서 마약을 밀반입한 혐의로 미국 내 교도소에서 복역 중인 여성들이다. 헐링(1996)은 "마약-수요 국가"와 "마약-공급 국가" 간에 피의자인도조약이 체결되지 않은 상황은 많은 마약밀반입자들이 체포된 국가에서 장기간 복역하게 되는 것으로 귀결된다고 본다. 실제로 뉴욕 존 F. 케네디 공항과 같은 공항을 이용하여 미국에 입국한 여성들은 연방법원에 서게 된다. 연방교도소에 여성의 구금이 급격히 증가함에 따라 연방법원은 이들 사건을 주 법원으로 이송하고 있다(헐링, 1996; 잉글리시, 1993).

헐링(1996)은 1990년에서 1991년까지 마약밀매 혐의로 존 F. 케네디 공항에서 체포된 여성들(59명)의 사건을 검토하여 다음의 내용을 발견했다. 첫째, 거의 모두(96%)가 형사사법체계에 연루된 전력이 없었다. 대부분(95%) 법정에서 유죄임이 밝혀지기보다는 형량감경을 위해 자백했다. 이들은 종신형이 선고될 수 있는 뉴욕주법이 적용되는 것을 피하기 위해 혐의를 자백함으로써 교도소에서 3년을 복역하여야 하는 "최소 의무형량"의 형량감경을 적용받았다. 체포된 거의 모든 여성은 히스패닉이었다(헐링, 53쪽). 이러한 경향에 대해 검사들에게 질의하자, 검사들은 자신들에게는 불법마약을 4온스[8] 이상 소지한 사람은 전부 기소하는 것 외에 다른 선택의 여지가 없다고 했다.

헐링(1996)은 몇몇 여성을 인터뷰하여 가족이 위협을 받는 상황이거나, 마약밀매에 연관된 남성과 학대관계로 얽혀있거나, 사기를 당했거나 속아서 이들 여성들이 마약을 운반했다는 것을 기록할 수 있었다. 헐링은 이러한 진실에도 불구하고, (선출직 검사를 포함한) 뉴욕의 정치인들이 "범죄척결" 기조 유지를 위해 마약밀매자 유죄 선고건수를 이용하였음을 보였으며, 헐링과 라이커스[Rikers Island9)]에서의 마리온[Marion] 수녀[10)]의 작업에 따른 사회적 반향에도 불구하고, 뉴욕의 강경한 최소 의무형량 제도를 개혁하려는 노력은 수포로 돌아갔다.

---

8) [역자 주] 약 113g.
9) [역자 주] 라이커스[Rikers Island]는 뉴욕 퀸스와 브롱크스 사이 이스트 강에 위치한 섬이다. 섬 전체가 교도소로, 세계 최대 규모의 교정시설이다.
10) [역자 주] 마리온 수녀는 1984년부터 2007년 은퇴할 때까지 라이커스에서 여성수용자들을 대상으로 활발한 봉사사역을 전개했다.

다름 대 평등?

마약밀매로 기소된 여성들이 경험하였던 상황들이 이러한 가운데, 법 앞의 평등이 여성에게 이로운 것인가에 대해 계속되는 논쟁은 형사사법체계에 들어온 여성들의 상황에서 볼 때 특별한 의미를 가진다. 이 논쟁을 요약해 보면(전체적인 논의에 대해서는 체스니-린드 & 폴락-번$^{Pollock-Byrne}$, 1995 참조), 일부 페미니스트법학자들은 과거 여성이 경험했던 차별적인 처우와 억압을 제거하는 유일한 방법은 법 앞의 평등을 지속 추진하는 것, 즉, 평등권을 쟁취하고 남성과 여성을 다르게 다루는 법률을 폐지하는 것이라고 주장했다. 페미니스트법학자들은 단기적으로는 이 과정이 힘들지 모르지만, 장기적으로는 여성이 사회경제적 영역에서 동등한 파트너로 대우받는 유일한 길이라고 여겼다. 예를 들어, 매키넌^{MacKinnon}(1987)은 "다름이 지배를 의미할 때, 여성들이 다름을 인정하게 되면 그것은 젠더와 결부되어 무기력함의 수준과 특성을 인정하는 것이 된다"(38-39쪽)고 썼다. 여성의 경험을 억압적으로 보지 않는 사람조차도 여성들을 보호하기 위해 고안된 "관심과 애정$^{concern\ and\ affection}$"에 기반하여 형성된 법에 의하여 여성들이 피해를 입고 있다고 결론지었다(컵^{Kirp}, 유도프^{Yudof}, 프랭크스^{Franks}, 1986).

이에 반대하는 주장은 여성은 남성과 같지 않으며, 평등은 여성에 반해 측정된 남성의 기준$^{male\ standard}$이기 때문에 여성은 늘 남성에 질 수밖에 없다는 것이다. 따라서 ("서로 다르면서도 평등$^{separate\ but\ equal}$"하다는 주장의 일종인) 차별적 욕구$^{differential\ needs}$를 고려할 필요가 있다고 본다. 이는 남성과 여성을 구분하는 차별적인 법률이 부재하는 것보다 더 부정적인 상황에 여성을 처하게 하지 않는 한, 여성과 남성이 차별적인 대우를 받을 수 있음을 의미한다. 역으로, 평등론자들은 법 및 사회적 현실을 고려할 때 여성에 대한 차별적 처우는 늘 불평등한 처우일 수밖에 없고, 다른 정의와 처우를 용인함으로써 여성은 남성"과 다르고$^{different\ from}$" 남성"보다 못한$^{less\ than}$" 존재라는 고정관념이 영속할 위험에 놓인다고 여긴다.

누군가는 이와 같이 주로 근로자로서의 여성의 권리에 초점을 맞추어 전개되어 온 법적 논쟁이 수형자로서의 여성에게도 그대로 적용되는 것이 가능하냐고 질문할 수 있을 것이다. 다음 섹션에서 다룰 것이지만, 여성수형자들의 경험은 다름 대 평등 논쟁[different-versus-equal debate]의 양극단이 갖는 단점을 잘 보여주는데, 미국 역사의 각 시점마다 여성을 구금하는 자들은 구금한 여성을 어떻게 다루어야 할지에 대해 각기 다른 관점을 갖고 있었기 때문이다. 여성구금에 대한 역사적 고찰은 젠더를 고려하지 않는[gender-blind] 여성구금이 갖는 중대한 문제점들을 보여준다.

교도소와 동등함

차별적 욕구 접근방식은 지배적인 교정원칙이었다. 거의 시작부터 여성범죄자에 대한 교정의 대응은 남성과 여성의 차이가 불변의 것으로 보이도록 "구분된 영역"에 대한 빅토리아 시대의 관념을 유지하며, 여성수용시설을 신축하고 관리하는 것으로 이루어졌다(래프터, 1990). 여성은 남성과 구분된 시설에 수용되었고 여성수형자를 위한 프로그램은 사회가 인식하는 여성의 역할을 반영했다. 따라서 여성들은 좋은 엄마, 좋은 가정부가 되기 위한 교육을 받았다. 직업교육은 가사활동 중심으로 치우쳐졌다. 여성들만이 여성수형자가 가진 특수한 욕구[needs]에 부합하고 여성수형자에게 롤모델이 될 것이라는 믿음에 따라 여성수형자를 감시할 여성이 고용되었다. 이러한 상황은 오늘날 여성교정시설에서도 어느 정도는 영속되고 있다. 통상 교도소에는 젠더 역할을 반영하여 직업교육이 성별화되어 있고 (거실이 더 작거나 분산된 부엌과 같이) 건축 차이가 나타난다.

양형에서도 형사사법체계가 여성과 남성을 다르게 처우하는 것을 발견할 수 있다. 예를 들어, 여성범죄자가 아이를 학대하거나 방임하는 나쁜 엄마였거나 돌볼 가족이 없는 것과 같이 전형적인 여성의 역할에 부합하지 않는 경우가 아닌 한, 여성은 남성에 비해 훨씬 적게 구금된다(체스니-린드, 1987; 이튼[Eaton], 1986). 그 결과는 형사사법에서 가장 극적인 불균형비로 나타난다. 여성은 전체 교도소 수용인원의 약 4%만을 차지한다. 물론, 대부분의 여성이 남성에 비해 중범죄를 훨씬 적게 저지른다는 점에서도 기인하지만, 이러한 차이의 일정 부분은 양형실무에 기인한다(블룸스타인 외, 1983 참조).

분명히 양형 및 교정 프로그램에서 여성을 차별적으로 처우하는 것은 과거의 일이 되었다. 부분적으로는 동등성 모델[parity model]에 입각한 수형자 권리주장의 결과(폴락-번, 1990 참조)로, 여성범죄자는 여성을 "동등하게" 처우하는 것처럼 보이는 시스템 속으로 쓸려 들어갔다. 현재 여성교도소 신축 및 건축구조가 강조되고 있는 것은 여성이 교도소 안팎 세계에서 열악한 상태에 있음을 의미하는 것이다. 언론을 통해 잘 알려진 사건들은 여성구금에서 "젠더를 고려하지 않은" 접근이 가지는 중대한 문제점을 잘 보여준다.

　잔혹함과 남용 가능성 때문에 앨라배마에서 1932년에 사라졌던 "단체 사슬^chain gangs"이 1995년 남성수형자에게 재도입되었다. 단체 사슬은 고속도로에서 노역하는 다섯 명씩 사슬을 채우는 것으로, "큰 바위를 작게 쪼개는" 작업에 배치된 경우에도 적용된다("단체 사슬 사망," 1996, 8A쪽). 현재 미국의 "범죄척결" 분위기는 앨라배마 공무원으로 하여금 노역자들과 심지어 "격무"에 시달리는 집단에 단체 사슬을 재도입하는 계기를 제공했다.

　앨라배마의 남성수형자들은 단체 사슬에서 여성을 배제하는 것은 헌법에 위반된다며 소송을 제기하겠다고 교정공무원들을 위협했다. 앨라배마 교정청장이 내린 결정은 여성수형자에게도 단체 사슬을 적용하라는 것이었다(프랭클린^Franklin, 1996, 3A쪽). 결국 앨라배마 주지사는 교정청장에게 사임을 촉구했다. 주 대변인은 "철학의 차이였다. (주지사는) 남성과 여성은 (특히) 신체적으로 차이가 있다고 생각한다"고 간결하게 답했다(헐렌^Hulen, 1996, A1쪽).

　여성에게 단체 사슬을 적용할 것인지에 대한 논쟁은 앨라배마에서 시작되었지만, 다른 주로도 확산되고 있다. 애리조나 보안관[11])은 자신을 "동등 기회 구금자^an equal opportunity incarcerator"라고 선언하면서 여성도 "이제 다른 서너 명과 같이 눅눅하고 비좁은 징벌실에 가둬야 한다"고 주장했다(킴, 1996, 1A쪽). 이러한 상황을 벗어나기 위해 여성은 15명의 단체 사슬에 묶일 것을 "자원할 수 있다." 논란의 여지가 있는 조치를 옹호하기 위해, 애리조나 보안관은 다음과 같이 언급했다. "여성이 국가를 위해 싸울 수 있다면 그들을 축복하여야 할 것이고, 여성들이 순찰을 돌고 사람들을 지키고 법을 위반하는 자들을 체포할 수 있다면 120도 각도로

---

11) [역자 주] 미국에서 주^state와 시^city의 중간 정도에 해당하는 행정단위인 카운티^county의 치안을 담당하는 법집행기관을 가리킨다. 통상 경찰^police과 유사한 역할을 담당하는 가운데, 경우에 따라 선거를 통해 선출되며 카운티 내 구치소를 담당하기도 한다.

쓰레기봉투를 들어 올리는 데 문제가 없어야 한다"[12](1A쪽).

알몸수색(때때로 체강[body-cavity] 수색을 포함)과 같은 일상적인 기관 내 활동 역시 문제의 소지가 있다. 알몸수색이 종종 구타를 동반한다는 남성수형자들의 진정에 따라 뉴욕 주립교도소는 수색이 이루어지는 공간에 (통상 벽에 부착하는) 비디오모니터를 설치했다. 한편, 여성교도소(앨비온[Albion] 교도소)에서 여성에 대한 알몸수색이 시작되었을 때 고정식 카메라는 이동식 카메라로 대체되었다(크레이그[Craig], 1995, 1A쪽).

앨비온 교정시설에 수용되어 있던 여성수형자 15명이 알몸수색에서 발생한 사건에 대해 진정을 제기했다. 여성수형자들의 변호인에 따르면 여성수형자들을 대상으로 알몸수색이 이루어지는 공간의 출입문이 가끔 개방되어 있었고, 남성교도관들이 문 바깥에서 수색하는 것을 지켜보았으며, 남성수형자의 경우 수색이 이루어지는 방 전체를 들여다 볼 수 있는 비디오가 설치되어 있었지만, 여성수형자의 경우에는 [이동식 카메라를 이용하여] 오로지 여성만 촬영하였다. 촬영된 영상에는 포르노그래피적인 요소가 다분했다(크레이그, 1996, 1A쪽). 남성이 "바로 문 밖에 있으면서 모든 상황을 지켜볼 수 있는 가운데 수색이 이루어졌던" 한 여성은 "'그들이 지켜보고 있다는 것을 알 수 있었고, 치욕스러웠고, 내가 [포르노그래피] 화면에 등장한 것처럼 느껴졌다. 내 자신이 고깃덩어리 같았다'"고 진술했다(A6쪽). 여성수형자들의 변호인은 교도소에 오는 많은 여성들이 성학대 및 성폭력 경험을 갖고 있는 가운데, 이러한 수색이 불러올 트라우마 영향을 강조했다.

여성수형자들은 교도관들이 녹화된 영상을 보고 있다고 의심하며 여성수형자에 대한 일상적인 촬영을 중지해 달라는 소송을 제기했다. 여성수형자들은 6만 달러의 손해배상을 받았을 뿐만 아니라, 여성에 대한 신체수색을 일상적으로 촬영해 온 정책을 변경할 수 있었다. 소송 결과, 여성수형자들이 수색에 저항할 것이라고 교도관이 판단하는 경우에 한해 촬영이 가능해졌다(크레이그, 1996, A6쪽). 현재 뉴욕에서 여성수형자의 신체수색이 촬영되는 것은 매우 드물지만, 수색촬영

---

12) [역자 주] 여성이 "120도 각도로 쓰레기봉투를 들어 올리는 데 문제가 없어야 한다"는 언급은 경찰관 등 법집행기관 종사자로 근무하기 위해서는 그 정도의 체력을 필요로 한다는 것을 비유적으로 표현한 것이다.

남용의 가능성은 거의 모든 교도소에 상존한다.

영상촬영 및 기타 학대 외에도, 알몸수색은 여성과 남성에서 상당히 다른 의미를 가진다. 예컨대, 앨비온 교도소에서 포착되었던 지점 중 하나는 여성수형자들이 과거 성학대 경험 수준이 매우 높은 가운데, 알몸수색은 극도의 트라우마를 불러올 가능성이 있다는 것이었다. 실제로 매사추세츠 주 보건국의 TF 보고서에서 성학대 과거가 있는 정신질환 환자들에게 "징벌 및 격리"를 적용하는 것에 대해 유사한 우려가 제기된 바 있었다(카르멘[Carmen] 외, 1996).

여성구금에 수반되는, 가장 지속되는 진정은 남성교도관에 의한 여성수용자 성학대 및 괴롭힘이다. "혼돈 속 여성"이란 오웬[Owen]의 연구(1998)는 남성교도관에 의한, 여성수용자들이 경험한 모욕적인 상황을 담고 있다. 오웬의 연구에 포함된 여성들은 교도관과의 성관계가 강제적인 것이었는지 동의에 의한 것인지에 대해서 상세히 언급하고 있는데, 한 여성은 일상활동 가운데 괴롭힘의 가능성을 다음과 같이 묘사하고 있다.

> 교도관들에게 대들면 교도관실에 가게 될 수 있어요. 그건 모욕적이에요. 어떤 때는 (교도관들이) 샤워를 엿보기도 해요. 전 다른 여자아이들한테 샤워하는 걸 (보이지 않게) 막으라고 했어요. 그랬더니 교도관이 화를 내더라고요. (어떤 일이 닥칠지) 알 수 있었어요(166쪽).

여성구금이 오래된 만큼이나 미국의 교도소에서 발생하는 여성의 성적 피해는 오랫동안 단골 보도소재였고, 최근에는 국제적인 비난에 휩싸였다. 캘리포니아, 조지아, 하와이, 오하이오, 루이지애나, 미시건, 테네시, 뉴욕, 뉴멕시코에서 여성의 성적 피해 스캔들이 발생했고, 미국 및 다른 지역의 교도소에서도 이러한 문제가 농후하다는 의심이 생겨났다. 이 문제는 휴먼라이츠워치(1993)의 관심을 끌 정도로 확대되었다.

여성수형자의 성적 피해 스캔들의 세부내용은 다르지만, 스토리라인은 기본적으로 변화가 없다. 다수의 남성이 감독하는 교도소 내 여성은 취약하다. 여성수형자 변호인이 언급한 바와 같이 "남성이 통제하고 그들이 원하는 대로 손을

뻗칠 수 있는 환경에 여성들을 두고 있다"(크레이그, 1996, A1쪽). 아래 사례는 뉴욕 주립교도소에서 발생한 여성에 대한 일련의 성폭력 중 하나를 다룬 것이다.

> 교도관 셀본 라이드(27세)는 웨스트체스터 카운티에 있는 대형 교도소에 있는 21세 수형자의 감방으로 들어갔다. 잠들어 있던 수형자는 교도관이 감방에 들어온 것을 발견하고 깜짝 놀랐다. 웨스트체스터 카운티 검찰에 따르면 그날 밤 라이드는 여성에게 구강성교를 강요했다. 라이드가 떠난 후 여성은 방에 있던 작은 병에 정액을 뱉어 두었다. 수형자는 교정시설에 성폭행을 신고하고 DNA 조사를 위해 정액을 제출했다(크레이그, 1996, 1A 및 6A쪽).

비슷한 상황이 고통스러울 정도로 규칙적으로 발생하며, 더 충격적인 것은 앞서 언급된 사례와는 달리, 실제로 재판에 회부되거나 가해자들이 유죄 판결을 받는 사례가 드물다는 사실이다. 교도관들이 서로를 "감싸주는cover" 여성교도소 내 제도적 하위문화institutional subculture는 소송을 제기하는 여성들을 적절히 보호하지 못하는 상황과 맞물려, 많은 여성수형자들이 부당한 상황을 고발하는 용기를 내는 것을 어렵게 한다. 실제로 미국 법무부 민권부Civil Rights Division 소속 변호사의 메모에 따르면 미시간 주 여성교도소에서 "남녀 교도관 모두에 의한 성학대 패턴"이 발견되기도 했다(패트릭Patrick, 1995).

워싱턴 D.C. 교도소 여성들의 수용상황을 살펴본 한 판사는 "성적 괴롭힘의 수준이 너무나 악의적이어서 오늘날의 품위 기준을 벗어난다"고 지적했다. 사실이 그렇다면, 왜 극히 드문 사건만이 법정에서 다루어지는 것일까? 안타깝게도 일부분은 여성수형자들의 이력과 관련되어 있는데, 이들 중 상당수는 성매매에 관여한 적이 있고, 이는 피고인들이 성매매 여성을 강간하는 것은 불가능하다며 여성혐오적으로 변호하는 것을 가능케 한다. 이에 더해 여성수형자를 "나쁜 여자"로 보는 대중의 고정관념이 존재한다는 것은 피해자인 여성수형자가 자신의 사건이 공정하게 다루어지기에 앞서 이러한 고정관념에 먼저 맞서야 한다는 것을 의미한다. 수형자들을 폭력적인 사람으로 보는 대중의 인식으로 인해 촉진된 변화로, 최근 수형자 및 변호인들이 교도소 수용여건을 놓고 소송을 제기하는 것을 대폭 제한하는 입법이 이루어졌고, 이로 인해 교도소 수용여건 개선은 거의 이루어지지 못하고 있다.

여성수형자들이 "보복이 있는 평등"의 수혜자라고 해서 성차를 전제하는 교도소에 존재해왔던 학대가 완전히 사라진 것은 아니다. 사실 오늘날 여성수형자들은 전통적으로 분리된 영역, 특히 사회통제 분야에서 여전히 가장 심한 수준의 학대에 처해 있는 것으로 보인다. 일례로 맥클레란McClellan(1994)은 텍사스의 남성교도소 및 여성교도소의 규칙을 살펴보았다. 텍사스 교정국의 자료를 이용하여 맥클레란은 수형자 표본(남성 271명 및 여성 245명)을 구축하고 1년(1989년) 동안 이들을 추적조사 했다. 맥클레란은 표본 중 대부분의 남성(63.5%)은 교도소 규칙위반이 한 번 이하인 것으로 나타났지만, 표본에 포함된 여성 중 교도소 규칙위반이 한 번 이하인 여성은 17.1%에 불과했다. 여성수형자들은 남성수형자에 비해 교도소 규칙위반 처분을 훨씬 많이 부과받았고, 이로 인해 다양한 제재를 받았다. 여성수형자에게 흔한 것은 "통신규칙 위반"이었던 반면, 남성수형자에게 흔한 것은 "노역거부"였다(맥클레란, 1994, 77쪽). 결국, 여성은 남성에 비해 징벌방[13] 수용을 포함하여 더 강한 제재를 받았다(82쪽).

맥클레란(1994)이 검토한 바에 따르면 "통신규칙 위반"의 범주에는 "과도한 벽장식('너무 많은 수의 가족사진을 벽에 붙이는 것'), 식판 위 음식을 모두 먹지 않는 것, 약 배급을 받기 위해 줄을 서서 기다리면서 대화하는 것"이 포함되어 있었다 (85쪽). 금지물품 소지에는 여벌 속옷, 베갯잇, 페퍼민트 스틱, 빌린 빗이나 모자 같은 것들이 포함되어 있었다. 샤워 중에 샴푸를 빌리는 것과 다른 수용자의 담배에 불을 붙여주는 일회적인 행위는 "거래"와 "교환"에 포함되었다(85쪽).

맥클레란은 "남성교정시설과 여성교정시설에서 감시와 통제를 행하는 방식은 상이하다. 이는 성인여성에게 극도의 제재를 부과할 뿐만 아니라 텍사스 주민들로 하여금 많은 비용을 지불하게 한다"(맥클레란, 1994, 87쪽)고 결론지었다. 맥클레란의 연구는 앞서 연구자(벅하르트Burkhart, 1973; 만Mann, 1984)들이 언급했던 것과 마찬가지로, 여성수형자들이 교정환경에서 더 감시받고 통제되고 있음을 보여준

---

13) [역자 주] 규칙을 위반한 수용자를 벌주기 위해 별도로 마련한 독거 수용실을 가리킨다.

다. 남녀 교정시설에서 감시 및 통제방식이 상이한 것은 여성의 성적 행위에 대한 역사적 관심이 확장된 결과인지, 또는 남성들이 여성을 통제하는 정도로 통제받았다면 그들이 폭동을 일으킬 것이라는 사실에 의한 것인지는 분명치 않다.

오늘날 여성수형자들이 "양쪽 세계14)에서 최악"의 상황에 놓여 있다는 점은 확실하다. 맥클레란(1994)의 연구결과가 다른 주에도 확장될 수 있다면, 오늘날 여성수형자들은 지속적으로 감시받고 통제받고 있다(여성에 대한 영역분리 구금 전통의 특징). 동시에, 여성수형자들은 남성시설에서는 아마도 나타나지 않을 학대로 귀결된 "평등"의 수혜자였다(예컨대, 교도관에 의한 성착취와 모욕적인 알몸수색). 나아가, 일부 사례에서 교정기관장은 여성수형자의 규칙위반을 다루기 위해 단체 사슬이나 부트캠프15)와 같이 전반적으로 부당하고 남성 기준의 조치들을 도입했다(엘리스^Elis, 맥켄지^MacKenzie & 심슨^Simpson, 1992).

급격히 증가한 여성구금은 프로그램은 차치하고라도 교도관들에게 교도소 안으로 들어오는 수천 명의 여성을 수용하기 위한 공간문제를 해결해야 한다는 부담으로 작용했다(모라쉬 & 바이넘^Bynum, 1996 참조). 이렇게 수용인원이 증가하기 이전에도, 여성수용자들을 위한 교도소 내 공간이나 프로그램은 충분치 않았다. 여성수용자들은 남성수용자들이 받는 정도와 같은 프로그램을 이수해 본 적이 없었다(이러한 점은 여성수용자수가 적다는 이유로 종종 정당화되었다; 폴락-번, 1990 참조). 여성수형자수가 증가하였음에도 불구하고 최근의 구금 폭증은 남성교정시설 및 여성교정시설 모두에 영향을 미치기 때문에 여성의 특수한 욕구는 언제고 진지한 관심을 받기 어렵다.

특히 수용 중인 어머니와 아이를 연결해 주는 것을 지원하기 위한 일부 노력이 미국 전역에 걸쳐 전개된 바 있다. 일례로 캘리포니아에서 폭력범죄가 아닌 여성마약범죄자에게 지역사회 기반 프로그램으로, 6세 이하의 아이들과 함께 거주하면서 마약중독 치료프로그램을 이수하는 가족기반^Family Foundations 처분이 선고되었다. 뉴욕의 여성교정협회는 범죄로 이어지는 여성의 경로와 출소 후 지역사회로의 성공적인 복귀와 관련된 주요 이슈를 다루기 위해 여성범죄자를 지원하고

---

14) [역자 주] 교도소 안과 밖을 의미한다.
15) [역자 주] 군대에서와 같이 규율이 엄격한 훈련을 가리킨다.

있다. 이러한 주요 이슈에는 마약중독 문제, 범죄피해 경험, 가족해체, 주거문제, 직업 및 취업 문제가 포함된다(콘리[Conly], 1998). 뉴욕의 벨포드힐스 아동센터는 아이가 한 살이 될 때까지 여성범죄자가 아이와 함께 거주할 공간을 제공한다. 여성들은 "좋은 엄마가 되는 법"을 배우는데, 이때 프로그램은 여성의 정신건강 욕구에 초점이 맞춰져 있다(국립사법연구소, 1998, 8쪽).

이러한 프로그램들에도 불구하고, 여성범죄자 관련 이슈를 다룰 수 있는 대안적이고 창의적인 접근은 여전히 부족하다. 국립사법연구소(1998)의 연구는 이 지점을 포착하고 있다. 이 연구에서 주 및 교도소 단위 관리자들에게 교도소 내 여성을 위한 프로그램이 있는지를 질문했다. 세 개 주에서만 여성을 위한 높은 수준의 프로그램이 있다고 응답했고, 34개 주는 없거나 이용 정도에 제한이 있었다(국립사법연구소, 1998, 6쪽). 국제적으로 비교해 보아도 법률체계가 젠더 중립적인 자세를 견지하고 있는가 여부와 관계없이 여성의 구금경험은 남성의 경험과는 극도의 차이를 보인다. 여성수형자에 대한 성학대 스캔들로부터 교훈을 얻는다면, 여성수형자들을 남성인 것처럼 처우하여서는 안 된다.

앞서 언급한 학대 사안들은 구금에 있어 젠더를 고려하지 않는 접근이 공정한 것인지 또는 정당한 것인지를 묻게 한다. 여성수형자들이 정치적으로 "사라지고 있는" 것은 남성마약공급자와 폭력범죄자의 이미지에 사로잡힌 나라에서 선거에서 이기려는 사람들이 형사사법체계와 대중의 두려움을 조작하여 여성수형자들에 대한 유죄선고를 부추기고 있기 때문일까? 언론보도를 통해 여성구금이 증가하고 있다는 것을 알게 되었을 때(르블랑[LeBlanc], 1996), 우리는 여성구금에 쓰이는 세금이 지역사회 내 여성을 위한 프로그램에 쓰이는 게 더 좋지 않을까 질문해 볼 필요가 있다.

효과적인 지역사회 기반 전략 및 프로그램을 통한 여성구금 줄이기

여성수형자수의 팽창은 폭력범죄 행위 때문이 아니라 마약범죄로 인한 구금이 증가한 데 주로 기인했다. 미국의 여성수형자 대다수는 비폭력범죄로 형을 선고받는데, 비폭력범죄는 교도소에 들어오는 여성들의 경제적 소외가 초래한 직접적인 산물이다.

살펴본 바와 같이, 지난 10년간에 걸친 형사사법정책 및 절차상 변화가 교도소 내 여성인구가 급격히 증가한 원인이었다. 최소 의무형량 제도와 양형기준은 젠더를 고려하지 않았고, 범죄척결 기조하에 형사사법담당자들은 여성에 대해 강경정책을 적용해서 여성들을 전례 없는 규모로 구치소와 교도소에 밀어 넣었다.

이들 여성범죄자의 대부분은 빈곤하고, 교육받지 못했고, 직업기술이 없고, 과거에 신체적 학대 또는 성학대를 받았던 피해자이며, 최소 두 명 이상의 아이를 둔 비혼모들이다. 여성범죄자들은 특유의 의료적·심리적·재정적 문제를 안고 형사사법체계에 들어선다.

이 장에 요약된 자료는 여성들이 치료할 수 있는 여지가 있고 범죄도 덜 심각하기 때문에 지역사회에서 더 잘 복역할 수 있음을 시사한다. 점점 더 많은 주들이 앞서 언급한 것과 같은, 여성범죄자를 구금하지 않는 전략을 탐색하기 시작했다. 형사사법정책이 여성에 미치는 영향을 심사하는 위원회와 태스크포스(TF)는 법률과 충돌하는 여성의 다양한 욕구를 해결하는 대안적인 양형기준을 마련하고 지역사회 기반 프로그램을 확대할 것을 권고하고 있다.

캘리포니아에서는 여성수용자 및 가석방자 위원회[Commission on Female Inmate and Parolee Issues]의 상원 동시결의안[Senate Concurrent Resolution] 제33호에서 여성범죄자의 욕구가 검토되었다. 여성수용자 및 가석방자 위원회 보고서는 세 가지 중심생각에 바탕을 두었다. (1) 여성수용자들의 욕구는 남성수용자들과 확연히 다르며, 여성수용자들이 지역사회에 성공적으로 재사회화되기 위해서는 성인지적인 욕구가 고려되어야 한다. (2) 여성들은 지역사회 및 교도소에서 덜 폭력적인 성향을 보이고, 이러한 사실은 교도소가 아닌 곳에 기반한 프로그램과 공공안전을 저해하지 않는 중간적인 제재를 개발할 기회를 제공한다. (3) 지역사회는 여성범죄자에게 감독, 돌봄, 처우를 제공함으로써 재사회화를 지원하는 책임을 공유할 필요가 있다(블룸 외, 1994). 그 효과에 있어서는 논란이 있기는 하지만, 캘리포니아는 아이들과 엄마들을 함께 수용하는 교도소가 아닌 시설을 설립함으로써 교정에 있어 보다 성별화된 접근을 시작했다(헤이니[Haney], 2010 참조).

여성수형자 인구 증가에도 불구하고, 이러한 여성들의 욕구에 부합하는 연구나 여성수형자를 위한 교정시설 내 치료, 석방, 재입소 프로그램 등에서는 그에 상응하는 증가가 없었다(밸리스^{Balis}, 2007). 한 연구(모라쉬, 2010)는 미시건주 카운티 두 곳의 보호관찰과 가석방 감독에 대한 철학적 접근을 비교했다. 하나는 규칙에의 순응과 남성과 여성 간 "평등"에 초점을 맞춘 접근이었고, 다른 하나는 "젠더와 관련한" 이슈에 초점을 맞춘 접근이었다. 보호관찰 및 가석방 재범을 검토한 결과, 모라쉬는 (가정폭력 및 마약투약에 있어 트라우마의 역할에 초점을 맞추는 것과 같이) 성인지적인 방식으로 여성 특유의 문제와 욕구에 관심을 기울이고 (관계의 중요성과 같은) 여성의 강점을 살리는 것이 전반적으로 재범을 낮췄음을 발견했다. 일각에서는 집중감독에 대한 초기 연구들이 도출했던 결과 때문에 우려를 표했지만, 모라쉬는 재범위험성이 낮은 여성범죄자들을 집중감독한 결과, 성인지적인 접근법이 역효과를 일으켜 더 많은 여성범죄자를 구치소나 교도소로 되돌려보냈다는 점을 발견할 수 없었다(모라쉬, 2010, 147 – 148쪽).

여성구금에 대한 의존을 줄이는 창의적인 계획, 성별화된 욕구에 초점을 맞춰 보호관찰과 가석방을 재구성하는 동시에 마약중독, 트라우마, 형사사법체계에 있는 여성을 괴롭히는 도전적인 이슈에 대한 선도적인 연구를 통해 여성교도소의 과밀과 남용을 피할 수 있다. 많은 사람들이 여성교도소 신축 중단과 여성 탈구금을 진지하게 검토할 것을 지지한다. 이들은 여성을 구금하기 위해 쓰이는 예산은 여성들이 범죄에 의존하는 것을 예방하는 서비스를 제공하는 데 더 잘 쓰일 수 있으리라고 믿는다. 캘리포니아 여성중앙교도소의 한 수용자는 다음과 같이 이야기한다.

지역사회 프로그램에 대해 이야기할 수는 있어요. 제 담당 교도관에게 [지역사회 프로그램에 참여하고 싶다고] 도움을 요청했는데, 그 상사가 만류했어요. 제가 음주문제가 있어서 알코올중독 치료프로그램에 포함시켜 줄 수 있을지를 물었는데, 허락을 받지 못했다고 하더라고요. 저는 음주운전을 해서 8개월을 [선고]받았어요. 저는 심리적인 문제나 마약중독 문제가 있는 사람들은 지역사회 프로그램에 포함되어야 한다고 생각해요(블룸 외, 1994, 8쪽).

미국 전역에 여성범죄자들을 위한 효과적인 지역사회 기반 프로그램들이 있다. 오스틴^{Austin}, 블룸, 도나휴^{Donahue}(1992)는 제한적인 프로그램 평가자료를 검토했고, 돌봄을 중심으로 하는 프로그램의 지속, 프로그램 목표의 명확한 제시, 규칙 및 제재, 일관성 있는 감독, 다양하고 대표성 있는 인력배치, 지역사회 자원의 조정, 사회적 및 정서적 지원에의 접근과 같이 성공적인 프로그램 결과에 영향을 미치는 것으로 보이는 공통된 특성을 발견했다. 또한, 오스틴, 블룸, 도나휴는 여성범죄자들을 위한 접근은 다각도로 이루어져야 하며 여성의 문제를 구체적으로 다룬 것이어야 한다고 주장했다.

구금 대 예방

지금 미국은 역사상 그 어느 때보다도 많은 사람을 구금하고 있으며 세계에서 가장 높은 구금률을 보인다(마우어, 1999). 일시점에 백만 명이 넘는 사람이 구금되었고, 전례 없는 수의 교도소 신축이 계획되고 있다. 그 결과, 국가 및 주 경제에서 가장 빠르게 성장하고 있는 분야는 교정에서의 고용으로, 1990년 108% 증가하였는데, 당시 전체 고용은 겨우 13.5% 증가했을 뿐이었다(국가연구센터, 1993, 2쪽). 법과 충돌한 여성들은 국가에 의한 구금폭력의 숨은 희생자가 되고 있다. 절대적으로 측정하든 상대적으로 측정하든, 교도소 수용인구 중 여성이 차지하는 비율이 이보다 높은 적은 없었다. 20세기에 들어선 직후 여성은 수용인구의 4%에 해당했다. 1970년에 이 수치는 3%로 떨어졌다. 그러나 2001년에 미 전역 주립교도소 수용인구 중 6.7% 이상이 여성이었다.

여성수형자는 여성이 저지른 중범죄가 극적으로 증가함에 따라 증가하고 있는 것일까? 짧게 답한다면, 그렇지 않다. 살펴본 바와 같이 폭력범죄로 교도소에 수용된 여성은 급감하였으며, 경미한 마약범죄와 재산범죄로 구금된 여성의 수는 폭증했다. 여성구금이 증가하게 된 것의 상당 부분은 법집행실무와 사법적 의사결정이 변화하고, 여성이 범한 범죄의 본질을 살피기보다는 최소 의무형량을 규정한 데 기인한다.

국가로서 우리는 선택에 직면한다. 우리는 뚜렷한 목적 없이 경미한 마약범죄와 재산범죄를 저지른 여성을 구금하기 위해 유한한 세금을 계속하여 지출할 수도 있고, 마약에 의존하는 여성의 문제를 해결하기 위해 다른 방법을 찾아볼 수도 있다. 캘리포니아 주립교도소에 수용된 많은 여성들은 빈곤과 학대로 마약 투약에 내몰렸기 때문에 우리 앞에 놓인 현실적인 질문은 구금이냐 예방이냐로 압축된다.

전술한 것처럼 우리는 범죄에 대해 어떠한 조치를 취해야 할지, 특히 여성이 저지른 범죄에 대해 어떠한 조치를 취해야 할지 알고 있다. 여성수형자의 성장환경을 검토해 보면 그들의 욕구를 다루는 것이 더 좋은 방법임을 알 수 있다. 마약중독 치료프로그램에 더 많은 예산을 투입하고, 가정폭력 피해자를 위해 더 많은 쉼터를 짓고, 더 많은 직업훈련 프로그램을 마련하는 것이 여성범죄자들의 문제에 대한 해결책임은 명백하다. 사회로서 우리가 마약과의 전쟁(간접적으로 여성에 대한 전쟁)에서 패배했고 큰 대가를 치렀음을 인정할 용기가 있는가(바움[Baum], 1996 참조)에 대한 질문이 남는다. 마약과의 전쟁에 있어서 숨은 피해자들은 자신들의 사소한 범죄들이 범죄화되고 사생활이 심각하게 파괴되는 것을 보았다. 이것이 우리의 유일한 선택인가?

이 책은 다른 선택을 제안한다. 고비용의 비생산적인 형벌정책보다는 사회경제적으로 소외된 여성의 문제를 직접적으로 다루는 전략에 초점을 맞춤으로써 국가의 귀한 세금을 뚜렷한 목적 없이 낭비하는 것을 방지할 수 있다. 이를 위해서는 종종 선거 다음을 바라보지 못하는 입법자들의 근시안적인 목적이 아니라 인간적인 욕구를 다루는 것으로 여성범죄를 다루는 공공정책이 변화하여야 한다. "교정산업단지"라 불릴 수 있는 탐욕 또한 언급될 필요가 있다. 이 용어는 (건축사 및 시공사, 교도관들을 대표하는 노조 등과 같이) 교도소 건축으로 이득을 보는 자들, 냉전 시대의 무심한 지출을 대체하여 국가의 빈곤하고 가지지 못한 자들을 구금함으로써 똑같이 무심하지만 이득을 보는 자들을 의미한다.

뉴밀레니엄에 들어선 지금, 구금실무를 재검토하기 시작한 몇몇 주가 있다. 여성구금률은 역사상 가장 높은 수준이기는 하지만, 21세기의 첫 10년간은 여성구금률의 증가폭은 남성구금률의 증가폭보다 작았다. 2009년에 2008년보다 적은 수의 여성(1% 감소)이 구금되었다(웨스트 & 세이블, 2010).

오랜 기간 여성구금 증가와 관련되어 온 몇몇 주들, 특히 캘리포니아와 뉴욕의 경우 실제로 여성수형자의 수가 감소했다. 캘리포니아에서 2001년에 가속화된 감소는 분명 발의안^Proposition 제36호 통과와 관련되어 있었다. 2000년에 통과된 발의안 제36호는 비폭력적인 마약소지로 유죄판결을 받은 대부분의 사람들을 징역형이 아닌 프로그램을 이수하도록 전환했다. 발의안 시행 이후 단기간에 캘리포니아 주립교도소에 구금되는 여성의 수가 10% 감소했다(마틴, 2002, 1쪽). 여성수형자수 감소에 힘입어 실제로 민주당 의원 두 명이 캘리포니아 주의 예산적자를 해결하기 위해 주립여성교도소 한두 곳을 폐쇄하는 것을 제안하기도 했다(1쪽).

캘리포니아 주의 경험은 미국 내 다른 지역에 귀중한 교훈을 제공한다. 여성수형자의 특성에 비춰볼 때 미국 교도소에 수용 중인 거의 모든 여성이 탈구금화된다고 해도 공공안전을 위태롭게 하지 않는다는 것은 명백하다. 나아가, 절약된 예산은 여성의 욕구를 고려하여 고안된 프로그램에 재투자할 수 있을 것이며, 이는 여성의 삶뿐만 아니라 범죄에 연루될 위험에 놓인 다른 여성들의 삶 또한 풍요롭게 할 것이다. 여성교도소^women's prison에서 여성을 위한 서비스^women's services로 예산을 옮기는 것은 여성들뿐만 아니라 그들의 아이들까지 돕는 것이다. 순차적으로 우리는 빈곤, 절망, 범죄, 구금의 순환을 영속하게 하는 것이 아니라 깨트리게 된다.

또한, 우리는 교도소 프로그램에서는 젠더가 중요하지 않고, 성별을 고려하지 않는 증거기반 접근을 통해 효과적인 교정(특히 젠더에 기반한 보호관찰, 가석방, 기타 지역사회 재진입 프로그램)이 가능할 것이라는 믿음을 버려야 한다. 다음 장에서는 성별을 고려하지 않는 증거기반 접근법이 어떻게 작동하는지, 그리고 지역사회에서 여성범죄자들과 효과적으로 협력하는 데 있어 부족한 부분을 탐구하기 위해 전국 단위의 모범사례(현재의 위험/욕구 평가도구^risk-and needs-assessment tools)에 대해 신중히 검토하면서 이 문제를 심도 있게 탐구한다.

제7장

여성범죄자, 지역사회 보호처분, 증거기반 실무

제7장 여성범죄자, 지역사회 보호처분, 증거기반 실무

재닛 T. 데이비슨[Janet T. Davidson]

여성의 문제는 망할 마약중독이 아니라 그 마약중독 배후에 무엇이 있느냐이다.
– 조[Zoe](가석방자)

지난 20년 동안의 형사사법체계를 살펴보면, 구치소에서 교도소, 보호관찰, 가석방에 이르기까지 교정인구[correctional population]1) 중 여성범죄자의 비율이 지속적으로 증가하였음을 알 수 있다. 교정시설에 수용된 여성에 대한 관심이 높아진 데 반해, 지역사회에서 보호관찰이나 가석방 중인 여성에 대해서는 관심이 덜했으며, 지역사회 내 보호처분[community supervision]에 대한 관심이 제고되어도 그 초점은 보통 남성범죄자에게 있었다(블룸 외, 2003; 세이블 & 코튀르, 2008; 슈람 외, 2006). 여성범죄자 문제, 즉 여성범죄자가 형사사법체계에 진입하게 된 특유의 환경, 보호관찰/가석방 중의 삶을 전개함에 있어 성별화된 욕구에 대한 직접적인 관심은 상당히

---

1) [역자 주] 교정시설 내 처우와 지역사회 내 처우를 구분하고 담당조직 또한 구분되는 우리나라와는 달리, 미국은 주마다 차이가 있긴 하나 보호관찰/가석방 담당조직이 교정국[Department of Corrections] 직제에 속한 경우가 많다. 이러한 맥락에서 이 장은 보호관찰/가석방 대상자 수도 교정인구로 포함하여 설명하고 있다.

부족했다.

여성의 범죄경로는 지역사회에서 어떻게 시간을 보내는가에 따라 영향을 받는다. 여성의 빈곤이력, 신체적 학대 및 성학대, 마약투약, 가족에 대한 의무 등 모두가 여성이 다시 범죄를 저지르게 될지 여부에 영향을 미친다(재범[recidivism]; 휴브너, 데종 & 코비나, 2010; 닐, 2007). 그러나 이들 요인들은 보호관찰/가석방과 같은 지역사회 내 보호처분 및 개입[intervention]과정에서 매우 드물게 고려되며, 젠더는 거의 고려되지 않는다. 이 장은 지역사회에서 보호관찰과 가석방 집행기간을 보내며 생존하는 과정에서 여성범죄자들에게 중요한 쟁점과 과제를 살펴보고자 한다. 또한, 남녀 가석방자에 대한 하와이에서의 연구를 토대로 현재의 위험평가 도구와 증거기반 실무[evidence-based practices] 및 프로그램을 살펴볼 것이다. 위험평가 도구와 증거기반 실무 및 프로그램이 젠더의 특성을 고려하고 있는지, 여성 보호관찰/가석방 대상자들에게 필요한 것들을 충족하고 있는지에 대해서도 살펴볼 것이다.

보호관찰, 구금, 가석방 동향

표 7.1을 살펴보면, 보호관찰/가석방과 같은 지역사회 내 보호처분은 미국에서 가장 흔히 활용되지만, 가장 눈에 띄지 않는 처벌방법이다. 그리고 전체 구치소 수용인원 중 13%(세이블 & 민턴, 2008), 주립교도소 수용인원 중 7%가 여성범죄자인 데 비해, 여성은 가석방 인원의 12%, 보호관찰 인원의 24%에 해당한다(글레이즈 & 본차르, 2007).

교정인구의 증가가 남녀 범죄자들에게 미치는 영향을 구체적으로 살펴보는 것도 매우 유익하다. 구치소 및 주립교도소, 보호관찰, 가석방의 모든 범주에서 여성범죄자 인구가 가장 큰 변화를 보였기 때문이다. 실제로 1988년부터 2009년까지 20년 동안 보호관찰과 가석방 처분을 받은 여성범죄자의 변화율은 남성범죄자의 변화율의 두 배 이상으로 나타났다.

여성은 남성보다 낮은 정도로 재범하지만, 여성이 재범하지 않은 성공률은

표 7.1 성별 교정인구 동향

인구 1988-2009	총	총 변화율 (%)	남성	남성 변화율 (%)	여성	여성 변화율 (%)
보호관찰	2,356,483- 4,203,967	78.4	1,714,114- 2,342,640	36.7	350,852- 740,253	111.0
가석방	407,977- 819,308	100.8	355,341- 718,982	102.3	26,816- 98,432	267.1
구치소	341,893- 767,620	124.5	313,158- 673,891	115.2	30,411- 93,729	208.2
교도소	606,810- 1,617,478	166.6	575,670- 1,502,499	161.0	31,140- 114,979	269.2

출처: 사법통계국, 자료 분석 도구[Bureau of Justice Statistics, Data Analysis Tools]. http://bjs.ojp.usdoj.gov/content/dtdata.cfm#corrections; 글레이즈[Glaze] and 본차르[Bonczar](2010); 민톤[Minton](2010); 웨스트[West](2010).
비고: 1988년은 보호관찰/가석방에 대한 성별 자료를 구할 수 있었던 첫 해로, 자료수집의 시작점이 되었다.

주의를 기울여 살펴보아야 한다. 가석방 중인 여성의 절반 이상(58%)이 3년 이내 다시 체포되고, 3분의 1 이상(38%)이 새로운 범죄로 유죄판결을 받았으며, 약 30%가 새로운 범죄 또는 보호관찰/가석방 기간 중 준수사항 위반(예를 들어 구직 및 주거확보 실패, 담당 보호관찰관과의 정기면담 지속 실패, 마약 재투약 등; 데스체네스 외, 2006)으로 재수감되었다. 그러나 우리가 앞으로 살펴볼 재범의 패턴은 범죄경로와 매우 유사하며, 여러 집단에 두루 정형화된 것이 아니다. 생애 최초의 범죄에서 젠더가 중요 영향요인인 것처럼, 재범에서도 역시 젠더는 중요하다. 다음 섹션에서 우리는 지역사회 내 범죄자에 대한 효과적인 관리 측면에서 증거기반 모범사례에 대한 현재 체계를 살펴보고, 젠더요인이 이 체계에 포함되는 방법을 개관하고자 한다.

증거기반 실무와 젠더 중립적인 보호처분

보호관찰/가석방과 같은 지역사회 내 보호처분 인원이 증가하고 있는 것은 자원이 부족한 가운데 공공안전과 위험회피를 고려하며 많은 인원을 관리해야 하는 절박함을 보여준다. 이에 따라 지난 20년 동안 연구자, 정책입안자, 실무자들은 연합하여 비용절감 및 공공안전 보장 두 가지 측면 모두에서 "비용대비 효과"를 최대한 이끌어내기 위한 증거기반 실무(즉, 범죄자의 행동변화에 영향을 미치는 요인들을 검증하고 평가한 프로그램)로 변화하였다.

많은 주에서 따르고 있는 모델은 국립교정연구소[National Institute of Corrections: NIC]가 제시한 것이다. 국립교정연구소에 따르면, 효과적인 범죄자 개입에는 8가지 원칙이 있으며, 이 모델을 적용하여 따르는 지역에서는 공공안전 및 재범감소에서 상당한 성과를 거둘 가능성이 매우 높다(범죄사법연구소, 2004). 표 7.2는 효과적인 범죄자 개입을 위한 8가지 원칙을 제시한다.

표 7.2 효과적인 범죄자 개입을 위한 국립교정연구소의 8가지 원칙

원칙[Principle]	
계리적 위험/욕구[actuarial risk/needs] 평가	위험한 범죄자를 선별하고 사례관리를 통해 변화할 수 있는 범죄 유발 요인들을 식별하기 위해 계리적 평가도구 사용
내재적 동기부여[Intrinsic Motivation] 강화	범죄자 스스로 변화를 원하도록 유도하는 동기부여 인터뷰 독려, 교정직원·상담가 등 관련자들과 범죄자와의 대인 상호작용을 통해 변화하고자 하는 범죄자의 내적동기 강화
맞춤형 개입을 위한 5가지 원칙	(1) 위험원칙[risk principle]: 가장 위험이 높은 범죄자에 대한 감독 최우선 (2) 요구원칙[need principle]: 평가된 범죄유발 요인에 따른 맞춤형 개입 (3) 대응원칙[responsivity principle]: 범죄자를 프로그램에 배정할 때, 교정직원 등 실무자는 그들의 기질, 학습성향, 동기, 젠더, 문화를 고려하여야 한다. (4) 투여량[dosage]: 고위험 범죄자는 최소 3개월에서 최대 9개월로 구성된 시간의 40~70% 할당 (5) 치료원칙[treatment principle]: 형기에 치료프로그램을 통합하여 시행

직접 실행을 통한 기술 훈련	증거기반 프로그래밍 규정에 따라 인지행동 전략 사용. 실무자들의 반사회적 사고, 사회학습, 적절한 의사소통 기술 등 훈련
긍정적 강화 증대	행동변화를 증진하기 위하여 한 번의 부정적 강화가 있을 때마다 네 번의 긍정적 강화 실시
지역공동체 연계 지원	범죄자에게 공동체/지역사회 기반의 친사회적 지원 제공
현장과 진행사항 등 관련 자료 측정	사건정보, 범죄자의 변화, 성과, 해당 직원의 업무수행 등을 측정한 자료 수집
측정 피드백 자료제공	진행사항과 진전된 사항, 변경내용 등에 대한 추적관찰을 위해 이전 단계에서 수집된 정보 활용. 범죄자들도 피드백 순환과정에 포함되어야 함

출처: 범죄사법연구소^{Crime and Justice Institute}(2004).

이러한 증거기반 정책 및 실무는 재범위험성이 젠더에 따라 다르지 않으며 nongendered, 모든 범죄자에 대해 계리적인 평가도구를 이용하여 재범위험성을 정확하게 예측할 수 있다고 전제한다. 여성범죄자는 전체 보호관찰/가석방 인구 중 소수이기 때문에, 젠더는 재범위험성과 같은 평가도구 개발에서 대체로 간과되어 왔다. 연구, 정책시행, 실무는 남성범죄자를 중심으로 해 왔다(벨크냅, 2007; 블랑슈테 & 타일러, 2009; 블룸 외, 2003). 따라서 효과적인 범죄자 개입을 위한 모델 또한 남성범죄자를 중심으로 개발되었다.

실제로 젠더와 인종은 국립교정연구소 모델의 한 부분에서 살짝 언급된다. 반응원칙에 따르면, "프로그램에 배정할 때 기질, 학습성향, 동기, **젠더**, 문화를 고려하라"(범죄사법연구소, 2004, 강조 추가)고 설명한다. 이것은 모델 전체에서 젠더에 대한 유일한 언급으로, 이후 실무에서 젠더가 실질적으로 무엇을 의미하는지에 대한 명확한 설명조차 없다. 따라서 현장실무자가 개인의 젠더(와 인종, 그 점에 있어서) 특징을 "고려"하여야 함에도 불구하고, 이 지침을 현장에서 어떻게 적용할 것인지는 불확실하다.

이 모델이 부족한 점이 있다 할지라도, 전체 맥락에서 위험은 재범을 의미한다는 점을 이해해야 한다. 재범은 무수히 많은 방식으로 측정될 수 있는데, 일반적으로 새로운 범죄 또는 지역사회 내 보호처분 중 준수사항 위반 등으로 재체포

rearrest된 경우가 재범에 해당한다. 여성범죄자는 폭력행위로 유죄를 선고받는 경우가 드물기 때문에 폭력행위로 인한 재범가능성은 매우 낮다. 재범위험성이 있는 여성범죄자일지라도 남성범죄자보다 공공안전에 대한 위협 수준은 훨씬 낮다. 비록 같은 방식으로 측정된 위험수준이라 할지라도, 남성 대 여성의 공공안전 위협 수준은 그저 단순하게 동일한 수준을 의미하지 않는다. 특히 남성범죄자의 '위험'을 잘못 측정하는 것은 공공안전에 상당한 위협을 초래할 수 있으나, 여성의 경우에는 그렇지 않다.

이와 상관없이, 계리적 위험/욕구 평가는 보호관찰/가석방 대상자와 같이 지역사회에서 형기를 보내는 범죄자 관리의 이론적 기초가 되었다. 어떠한 범죄자도 위험수준 평가 없이 보호관찰을 받거나 가석방되지 못한다. 그 위험평가는 (1) 범죄자가 필요로 하는 보호처분의 유형와 수준에 대한 정보를 보호관찰/가석방 담당관에게 제공하고, (2) 범죄자가 지역사회에 미치는 위험성뿐만 아니라 재범위험성을 측정한다. 하코트^{Harcourt}(2007, 1쪽)는 계리적 위험/욕구 평가를 다음과 같이 가장 잘 설명하였다.

> (1) 과거, 현재, 미래의 범죄행위를 예측하고 (2) 형사사법적 처분결과를 집행하기 위한 목적에서 대량의 데이터 세트에 임상적 방법보다는 통계적 방법을 사용하여 하나 또는 그 이상의 집단특성과 관련된 범죄행위 수준을 판단하는 것(1쪽).

현재 사용 중인 평가도구는 위험관리 및 개별계획 지원을 위하여 프로그램에 대한 범죄자의 욕구와 평가에 따른 욕구가 부합하도록 설계되었다. 이 평가도구는 시간이 지남에 따라 단지 위험관리에만 집중했던 것에서 정적(예를 들어, 변경할 수 없는) 요인(범죄기록과 같은)과 동적 요인 또는 변화 가능성(마약중독이나 교육수준과 같은)을 평가하여 사례관리 및 재활계획을 목표로 하는 것으로 개선되었다(한나-모팻 & 쇼유, 2003; 반 부리스, 2005). 이러한 평가에서 정적 요인들은 위험을, 범죄유발요인(동적 요인)들은 변화를 잘 수용하고 재범을 예측할 수 있는 요인이다(본타, 1996). 범죄유발요인은 범죄자를 위한 맞춤형 개별계획이 이루어질 수 있도록 한다.

　　그러나 앞서 언급한 바와 같이, 이러한 도구는 남성범죄자 중심의 지식에 근거하여 만들어진 것이다. 따라서 젠더와 관련된 요인들은 적용과정에서 상당히 무시되거나, 간과되거나, 무가치한 것으로 치부되었다(벨크냅 & 홀싱어, 2006). 평가되지 못한 요인들로 인하여 프로그램의 처우는 맞춤형이 되지 못한다. 여성의 범죄행위와 관련된 요인들을 평가하지 못한다면 부적절하거나 불충분한 치료, 보호처분, 감시로 인해 여성들이 불이익을 받게 될 것은 명료해 보인다. 예를 들어, 홀트프레터[Holtfreter]와 쿱(2007)은 가장 널리 사용되는 위험/욕구 평가도구인 LSI-R (Level of Service Inventory-Revised)의 타당성을 뒷받침하기 위해 활용된 대다수의 연구가 전적으로 남성범죄자에 근거하고 있음을 주목하였다.

　　LSI-R에 대해 몇 가지 좀더 자세히 살펴볼 필요가 있다. 이후에 과거 및 현재 연구에 대해 보다 세부적인 내용을 다루겠지만, 최근의 연구와 현장적용에 있어 LSI-R의 약점을 이해하기 위해서는 이 평가도구로 위험이 어떻게 측정되었는가를 충분히 이해하는 것이 중요하다. 또한 LSI-R은 가장 보편적으로 사용되는 위험평가 방법 중 오직 계리적인 위험평가 방법(가장 많이 활용되는 방법)만을 제시하지만, 유사한 방식으로 위험을 측정하는 다른 평가도구들도 존재한다. 표 7.3은 LSI-R의 10개 영역과 각 영역이 무엇을 측정하는지를 보여준다.

　　LSI-R는 표 7.3에 나열된 10개의 평가영역에서 총 54개의 개별항목을 포함한다. 각 항목은 궁극적으로 이항방식으로 점수가 매겨지는데, 위험요인이 존재하면 1로, 위험요인이 부재하면 0으로 점수가 매겨진다. 모든 점수의 총합은 전반적인 위험 점수의 총합을 의미한다. 따라서 한 개인은 0에서 54까지 점수가 매겨질 수 있으며(이론적으로), 점수가 높을수록 위험수준이 높다는 것을 의미한다. 이 점수는 이후 재범 가능성에 대한 기초자료로 범죄자를 관리하는 데 사용되며 처우내용뿐만 아니라 전반적인 보호처분의 수준을 결정한다. 재범 가능성이 가장 높은 범죄자는 치료대상이 된다. LSI-R에는 전반적인 위험수준을 낮추기 위한 개입 시에 초점을 맞추어야 할 동적인 위험요인들이 포함되고 있다고 여겨지기 때문에 치료의 측면이 중요하다(반 부리스 외, 2008).

표 7.3 LSI-R의 평가영역 세부설명

영역	
범죄이력	과거 범죄이력의 특성과 범위 측정(10개 문항)
교육과 고용	현재 및 과거의 교육과 고용상황 측정(10개 문항)
재정상태	재정적 어려움/붕괴 정도 측정(2개 문항)
가족과 결혼	현재의 결혼상태 또는 이와 동등한 관계, 가족관계의 특성 측정(4개 문항)
주거안정성	주거환경의 특성 및 안정성 측정(3개 문항)
여가와 오락	지역사회에 친화적으로 참여하고 시간을 잘 활용하는 정도 측정(2개 문항)
친구관계	친구나 지인으로서 범죄자 및 친사회적 개인과 어느 정도 친근한 관계를 맺고 있는지를 측정(5개 문항)
음주와 마약	현재 또는 과거에 음주 또는 마약 문제가 있었는지 여부와 법위반행위, 결혼/가족 관계, 학교/직장, 의료 건강, 기타 부정적 지표에 영향을 주거나 저해하는 정도 측정(9개 문항)
감정적·개인적 문제	일상생활을 저해하는 정신건강 치료와 기타 정신건강 장애의 이력 측정(5개 문항)
사고방식과 성향	종래의 생활방식 및 형사처벌·보호처분에 대한 사고방식/태도 측정(4개 문항)

출처: 데이비슨(2007, 2009).

형사사법분야의 많은 연구들과 마찬가지로, LSI−R과 이와 유사한 위험평가 관련 연구는 여성범죄자를 간과하여 왔고, 젠더의 중요성을 진지하게 고려하지 않았다. 특히 1986년부터 2006년 사이 발표된 41편의 연구 중 오직 11편만이 여성범죄자 관련 통계를 보고하였다. 홀트프레터와 쿱(2007)은 해당 연구의 절반 이상인 26편이 남성범죄자만을 대상으로 한 연구모델을 기반으로 하였고, 오직 5편만이 여성범죄자만을 표본에 포함했다고 지적하였다. 그럼에도 여전히 많은 연구가 자신들의 연구결과에 젠더 중립성[gender neutrality]을 언급한다.

분석에 젠더를 포함한 연구의 결과들은 일관되지 않다(페이건 외, 2007; 맨차크 외, 2009; 스미스 외, 2009; 반 부리스 외, 2008; 베세이 & 해밀턴, 2007). 펑크[Funk](1999)는 여성범죄자만을 표본으로 한 모델에 성별화된 요인을 포함하였을 때 남성범죄자만을 표본으로 한 모델보다 재범 예측인자를 더 잘 설명할 수 있다는 점을 발견하였다. 특히, 아동학대, 방치, 가출이 재범의 유의한 예측인자로 나타났다. 다른 연구자들은 재범의 예측요인들에서 유사한 성차를 발견했다. 올슨, 앨더든, 루이지오(2003)는 재범 예측요인들에 있어서의 성차를 확인한 반면, 홀트프레터와 동료들은(2004) 여성의 빈곤상태를 통제하면 LSI−R이 여성재범을 예측하지 못한다는 사실을 발견했다. 이후 레이시그, 홀트프레터, 모라쉬(2006)의 연구는 범죄행위의 맥락이 남성범죄자와 유사한 여성범죄자에 대해서만, 즉, 저지른 범죄가 남성과 유사하고 과거 학대와 범죄피해 경험이 없는 여성에 대해서만 LSI−R이 예측가능하다는 것을 확인하였다. LSI−R은 범죄경로를 따르는 여성범죄자의 재범은 잘 예측하지 못했다. 마지막으로, 반 부리스와 동료들(2008)은 젠더 중립적인 (남성적인) 요인과 비교하여 젠더 관련 요인이 재범 등 여러 결과에 대해 더 나은 예측인자임을 입증하였다.

일부 연구가 LSI−R과 같은 평가도구의 젠더 중립성을 지지한다 하더라도(예를 들어, 해러 & 랭건, 2001; 스미스 외, 2009), 가출, 빈곤, 범죄피해 경험(특히 성적 피해), 경제적 소외 등과 같은 문제들이 부각되는 지점에서 젠더는 중요하다. LSI−R과 같은 위험/욕구 평가결과에 따라 사례관리와 범죄자 치료가 이루어지고, 사례관리 및 범죄자 치료는 다시 평가결과에 영향을 미치기 때문에 젠더는 중요하게 고려해야 할 요인이다.

하와이에서 수행된 연구는 범행의 맥락을 고려하는 것이 중요하다는 점을 보여준다. 이 연구의 자료는 위험평가를 포함한 국립교정연구소의 효과적인 교정모델과 관련하여 진행 중인 연구의 일환으로 수집되었으며, 전체 LSI−R 점수, 평가영역별 점수, 재범 예측에 있어서 젠더 관련 차이를 평가하는 데 사용되었다.[2] 1998년 1월부터 2005년 2월 사이 보호관찰/가석방 선고를 받고, LSI−R 평가를 받은 모든 범죄자들을 최소 1년 동안 추적하였다. 이 표본에는 여성 462명과 남

---

2) 이 데이터의 출처는 박사학위 논문의 일부로 수행된 연구다. 2007년 재닛 T. 데이비슨이 박사학위 논문 "위험한 산업: 표준 위험/욕구 평가가 여성범죄자에게 의미하는 것 Risky Business: What Standard Risk/Need Assessments Mean for Female Offenders"을 마쳤다.

성 2,046명이 포함되었다. LSI-R의 사전선별 평가를 근거로(현재 연령, 최초 체포 연령, 이전 체포 횟수에 근거하여) 가장 덜 위험한 범죄자는 LSI-R의 본 평가를 받지 않아 연구대상자에 포함되지 않았음을 언급할 필요가 있다.

여성의 재범률이 현저히 낮음에도 불구하고, 전반적인 재범 예측 변수로서 LSI-R은 젠더 중립성을 주장하는 연구들의 결과와 일치하는 것으로 나타났다. 남성과 여성은 전반적인 LSI-R 점수에서 비슷한 점수를 받았다(남성 21.91, 여성 21.63). 그리고 LSI-R 총점과 재범 간 상관관계는 여성(r= .26, p< .001)보다 남성(r= .27, p< .001)이 다소 강하게 나온 반면, 이러한 차이는 유의하지 않았다.

여성범죄자는 특정 영역 및 항목에서 훨씬 더 높은 점수를 받았다. 특히, 아래 영역 및 항목에서 여성이 남성보다 더 **높은** 점수를 나타냈다.

- 재정상태(t=5.704, p< .001)
- 가족과 결혼상태(t=3.598, p< .01)
- 정서적·개인적 문제(t=4.716, p< .001)
- 사회복지 지원에 대한 의존도(t=8.313, p< .001)
- 범죄를 저지른 배우자 또는 가족 구성원이 있는 경우(t=5.939, p< .001)
- 과거(t=5.761, p< .001)와 현재 정신건강 치료(t=4.524, p< .001)
- 일상생활을 다소 저해하는 정신장애가 있는 경우(t=2.087, p< .05)
- 잦은 실업상태(t=2.148, p< .05)
- 1년 내내 실업상태(t=3.808, p< .001)

그러나 여성의 경우 재범과 가장 강한 상관관계가 나타난 영역은 술과 마약에 대한 영역(r= .27, p< .001)으로, 전체 LSI-R 점수와 재범 간의 상관관계(그리고 남성이 실제로 더 높은 점수를 보인 영역)보다 더 **강하게** 나타났다. 또한, 여성은 재정상태, 가족과 결혼, 여가와 오락, 사고방식/태도와 성향 영역과 재범 간 상관관계 남성보다 더 높았다.

젠더 중립적이고 위험을 조장하는 보호처분에 도전하기

통계에만 의존하는 경우 평가영역이 실제로 어떻게 여성범죄자를 설명하는지 충분히 개념화되지 못할 수 있다. 이는 젠더 중립적인(남성적인) 모델 안에서 작동하는 부작용이다. 우리는 여성범죄자의 특정 위기상황과 욕구를 충분히 포착하지 못할 수 있고, 이는 실제로는 남성이 더 **높은** 점수를 기록한 평가영역(예를 들어 술과 마약)에서 재범과의 상관관계가 더 강하게 나타남에 따라 부분적으로 입증된다.

이러한 현상에 어떠한 요인이 있는지를 평가하기 위해 지역사회 내 보호처분을 받고 있는 남성 18명과 여성 13명을 대상으로 인터뷰를 진행하였다(보호관찰/가석방; 데이비슨, 2007). 인터뷰는 2005년과 2006년 사이에 이루어졌다. 인터뷰에 참여한 남녀 범죄자들의 전반적인 삶의 맥락 속에서 LSI-R로 측정된 재범 위험요인들을 평가하였다. 편의샘플임에도 불구하고 우리는 기존 연구에서 소홀히 다루었던 집단, 특히 여성범죄자의 이야기를 경청하였으며, 이를 통해 그동안 양적 분석이 감추어 두었던 것을 발견할 수 있었다는 점이 중요하다(스프래그, 2005).

전형적인 LSI-R 평가와 관련된 모든 측면에서 범죄자와 인터뷰를 실시하였으나, 일부 영역만이 강조되었다. 첫째, 이러한 질적 분석은 LSI-R의 내용타당도를 확인하기 위한 것이다. 내용타당도$^{content\ validity}$ 확인은 보다 일반적인 예측타당도$^{predictive\ validity}$3) 연구를 넘어서는 중요한 고려사항이다. 따라서 특정 영역들에 이의가 제기되지 않았거나 성차가 나타나지 않은 인터뷰 자료는 이 섹션에서 제외된다. 구체적으로, '여가와 오락', '친구관계', 그리고 '사고방식과 성향' 등의 영역들은 제외된다. 그 외의 영역들이 강조된 이유는 인터뷰 자료를 평가하는 과정에서 일부 염려스러운 요인이 드러났고, 이는 LSI-R이 젠더 중립적이라는 주장에 도전

---

3) [역자 주] 내용타당도$^{content\ validity}$는 논리적 타당도를 의미하는데 검사도구가 측정하려는 대상의 속성을 정확하게 반영하고 있는가를 평가하는 것이다. 한편, 예측타당도$^{predictive\ validity}$는 검사도구가 미래의 시점에 기준변수의 값을 얼마나 정확하게 예측할 수 있는가를 평가하는 것이다.

하는 것임을 발견했기 때문이다.

범죄이력

LSI-R의 영역은 주로 범죄이력과 관련되어 있다(질적, 양적 모두). 여성은 남성보다 덜 심각한 범죄이력을 보였다. 남성의 주된 범죄유형은 대인범죄(56%), 재산범죄(35%)로 나타났고, 여성의 주된 범죄유형은 마약범죄(53.8%)로 나타났다. 그리고 남성은 현금이나 물건을 취하기 위해(71%), 개인적인 문제해결을 위해(19%) 범죄를 저질렀다고 하였다. 남성은 주로 단독범행(76%)이었고, 청소년기에 처음으로 범죄를 저질렀다(88%)고 응답하였다. 남성은 가석방 대상자가 많았고(65%), 범죄이력상 여성보다 체포된 경험이 더 많은 것으로 나타났다.

여성은 자신의 범죄성을 친밀한 관계나 약물오남용의 맥락에서 설명하였다. 남성과는 달리, 여성의 범죄행위는 주로 마약을 구하거나, 투약하거나, 마약구매 자금을 구하기 위해 시도하는 과정에 범죄와 연루되었다. 나중에 논의될 것이지만, 이러한 자료는 여성이 마약 및 범죄로 향하는 경로가 남성과는 상당히 다르다는 것을 보여준다.

교육과 고용

비록 LSI-R의 영역이 보호관찰/가석방 대상자와 같은 지역사회 내 보호처분 인원에 대한 위험을 측정한다고 "직접적"으로 설명하고 있으나(앤드류 & 본타, 2000), 인터뷰 결과는 반드시 그렇지는 않다는 것을 보여준다. 많은 대상자가 실업상태였고, 치료 중이었다(중독치료시설clean and sober home4)에 머무는 것으로, 이는 종종 치료내용에 포함되는 것이다). 따라서 남성(44.4%)과 여성(61.5%)이 모두 사회복지에 의존하는 상태였다. 하지만 유감스럽게도 LSI-R은 실업과 사회복지 지원을 위험요인으로 간주한다.

---

4) [역자 주] 하와이 정부가 인증한 민간 알코올 및 마약중독치료 전문시설을 가리킨다.

인터뷰 대상자 중 많은 이들이 치료프로그램을 완료해야 했고, 최소한 초기 치료단계에서 프로그램 담당자도 이들이 일하는 것을 원하지 않았기 때문에 일을 하지 못했다고 응답하였다. 인터뷰 결과에 따르면, LSI－R에서 위험요인으로 간주하는 정신건강 치료를 제안하거나 요구하는 것도 치료의 일부라는 것을 확인하였다. 인터뷰 대상자 중 보호관찰 중인 21세 남성 마카^{Maka}는 자신의 상황을 이렇게 설명하였다.

> 지금 나는 마약중독 치료프로그램에 참여하고 있어서 사회복지 지원(복지수당)을 받아야 해요. 나는 거기에 있어야 해요. 정말 마음에 들지 않지만… 나는 사회복지 지원을 받는 것을 좋아하지 않지만, 내가 따라야 할 조건이기 때문에 받아야 해요. 일단 치료가 끝나면, 일할 수 있어요. 나는 일하러 가고 싶어요.

실업, 정신건강 치료 및 복지지원금 수령 등은 남녀 범죄자 모두의 삶의 맥락에서는 보호조치로 보인다. 이러한 요인들은 개인이 마약으로부터 깨끗해지고 치유하도록 도와주는 것이며, 궁극적으로 일터로 돌아갈 수 있을 정도로 회복하도록 도와주는 것이다.

인터뷰 표본의 여성대상자 중 많은 이들이 청소년기에 학대당했음이 드러났다. 이는 곧 무단결석을 하거나 가출하는 것으로 이어졌다. 형사사법체계의 다른 많은 여자청소년과 여성들처럼, 이들도 학업을 포기하거나 이어갈 수 없었다. 그보다는, 여자청소년들은 남성에게 종속되는 위치(예를 들어 합법적 또는 준합법적인 성 산업)에서 일을 찾아야 했다. 가석방 중인 38세 여성 파울리나^{Paulina}는 성 산업에 종사했던 경험을 다음과 같이 언급한다.

> 나는 22살 이후 성 산업 분야에서 일했어요. 호스티스 바에서 일하기 시작해서 스트립을 했는데, 음, 스트립하고 같이 [관계를 하러] 가주면 더 많은 돈을 주겠다는 성매매 같은 거예요. 심지어 호스트바에서도 돈 많은 일본인 부자들이 자기들과 자주는 조건으로 돈을 걸었다면 난 그들과 잤을 거예요. 그래서 나는 성 산업이라고 얘기해요. 왜냐하면 이 표현이 이 모든 것을 포함하기 때문이에요. 그리고 내가 헤로인에 심하게 의존해서 거리를 떠돌아다녔던 건, 음, 아마도 25살? 26살,

아니 25살이었을 거예요. 그때 내 첫 아이의 남자친구와 관계를 정리했는데, 알다시피 남자친구는 수배 중이었고, 우리는 정식 직업을 가질 수가 없어서 사실상 남자친구이자 포주 같았거든요. 네, 나는 그 사람의 [마약] 습관을 유지해주는 돈벌이 수단과도 같았고, 그때부터 거리를 좋아하게 되었어요.

가석방 중인 52세 여성, 로즈Rose는 또 다른 이야기를 전해준다. 로즈는 어렸을 때 부모를 알코올중독으로 모두 잃었다. 로즈의 가정은 학대가 심했고, 로즈는 이른 나이에 가출하여 학교를 그만두고 돈을 벌기 위해 성매매를 시작했다. 로즈는 14살 때 성매매로 인해 첫 번째 체포를 경험했다. 비록 로즈는 일을 했지만, 로즈는 교육을 제대로 받지 못해 합법적인 직업을 거의 가질 수 없었다. 후에 로즈는 교도소에서 검정고시로 고등학교 학력인증서를 취득했다. 로즈의 직업 궤적을 살펴보면, 직업윤리가 부족했다기보다는 삶의 여건에 따라 직업이 결정되었다. 파울리나와 로즈의 이야기로 알 수 있듯이, 어렸을 때 겪은 학대경험은 많은 여성범죄자들이 가출한 원인이 되었고, 학교로부터 단절시켰으며, 학대하거나 나이가 많은 남자와 건강하지 못한 애착을 형성하게 하였다. 사회적 자본의 부족은 여성범죄자로 하여금 범죄로 향하는 경로를 끊어버리기 어렵게 만든다.

재정상태

LSI−R은 두 가지 질문을 통해 재범위험성을 측정한다. 첫 번째 질문은 재정적 문제(단순히 부채문제가 아니라 기본적 필요를 충족하는데 어려움) 여부에 대한 것이다. 그리고 두 번째 질문은 현재 사회복지 지원에 의존하고 있는가에 대한 것이다. 남성(61.1%)보다 여성(76.9%)에서 재정적 문제를 가지고 있는 비율이 높았다. 앞서 언급하였듯이, 여성의 5분의 3가량(61.5%)과 절반에 약간 미치지 못하는 남성(44.4%)이 사회복지 지원에 의존하고 있었다.

앞의 섹션은 사회복지 지원과 재정문제의 맥락을 고려할 때, 왜 이러한 위험성을 주의 깊게 살펴야 하는가를 강조한다. 다시 말해, 사회복지 지원을 받기 위해서는 정신건강 치료를 받을 것이 종종 요구되는데, 사회복지 지원을 받는 것은

LSI-R의 위험요인 중 하나이다. 이 영역은 연구표본의 많은 경우가 사회복지 지원을 받은 **맥락**과 일치하지 않는다. 남녀 모두에서 상당한 비율이 구금 또는 보호관찰에 **앞서** 마약중독으로 인해 사회복지 지원을 받았다. 많은 이들에게 중독치료시설에 입소하기 위해서는 (일부 시설 기반) 치료프로그램에 참여할 것이 요구되고, 치료 종료시점까지 실업상태를 유지한다. 따라서 그들은 통상 사회복지 지원이나 정부지원금을 받았다. 즉, 보호관찰/가석방 대상자들은 치료를 마치는 것도, 중독치료시설에 머무는 것도, 그리고 일하는 것도 불가능하다.

　　일례로 마약사범으로 보호관찰 대상자인 35세 프랑스계 인도여성 올리비아^Olivia의 이야기를 살펴보자. 올리비아는 고등학교 학력인증서를 가지고 있어 드문드문 고용이력이 있었다. 올리비아는 중독치료시설에서 머물고 있었고, 사회복지국에서 한 달에 418달러를 받았다. 418달러 중 360달러는 거주 지원비 명목이고, 나머지는 식료품 할인구매권으로 받았다. 올리비아가 받은 금액은 기본적인 삶을 살기에 충분하지 않지만 "이곳[중독치료시설]의 규칙은 먼저 치료프로그램이고, 프로그램을 마친 후 다음 단계가 직업"이라고 언급하였다. 인터뷰 당시 사회복지 지원을 받은 인터뷰 대상자 대부분은 치료 중에 있었기 때문에 모두 이 규칙을 따르고 있었다.

　　LSI-R과 그와 유사한 평가도구들은 중독치료시설, 치료, 정신건강 치료의 맥락에서 나타나는 (범죄유발 위험요인으로 간주된) 사회복지 지원과 치료 간에 현저한 관계를 포착하지 못했다. 예를 들어, 홀트프레터와 동료들은(2004) 사회복지 지원으로는 당장의 욕구를 충족하지 못했던 경제적으로 빈곤한 여성범죄자의 재범 가능성은 낮아지기보다는 높아진다는 것을 발견하였다. 따라서 이러한 연구결과들의 데이터는 재정상태와 관련된 영역의 내용타당도를 반박한다.

가족과 결혼상태

　　LSI-R 평가 매뉴얼(앤드류 & 본타, 2000, 8쪽)은 "대체로 이 영역은 동적이며 현재의 결혼/가족 상호관계를 평가한다. 현재의 욕구에 가족/결혼관계로부터 나오는 아주 오래된 문제들이 해당할 수 있다. 이러한 욕구는 감정적/개인적 영역

으로 언급될 수 있다"고 설명한다. 혼인 또는 이와 유사한 관계에 대해 불만족스
럽다고 응답한 성별 비율은 여성(46.2%)이 남성(33.3%)보다 약간 높게 나타났다.
남성은 4분의 3가량(72.2%)인 데 비해, 거의 모든 여성(92.3%)이 부모와 불만족스
러운 관계라고 응답하였다. 여성(46.2%)은 남성보다(5.6%) 다른 친족들과도 불만
족스러운 관계를 가질 가능성이 높았다. 마지막으로, 여성은 46.2%가 범죄를 저
지른 적이 있는 배우자나 중요한 인물이 있다고 답한 반면, **범죄를 저지른 적이**
있는 배우자나 중요한 인물이 있는 남성은 아무도 없었다.

　　인터뷰 및 선행연구들은 아동기와 성인기 모두에서 여성의 학대경험이 역기
능적이면서 부정적인 인간관계를 정상화^{normalization}한다고 설명한다. 다시 말해, 언어
적으로, 정서적으로, 신체적으로, 심지어 성적으로 학대하는 관계가 여성범죄자
의 삶에서 정상이 되고, 가석방 담당관, 치료사 등과의 "건강한" 관계로 정의되는
관계는 낯설고, 이국적이며, 불편한 것이 된다. LSI-R은 동기부여 인터뷰[5]를 통
해 이루어지기 때문에, 평가자는 여성의 삶에서 만연했던 학대의 역사와 여성이
관계에서 수용할 수 있는 것이 무엇인가에 대해 인식할 필요가 있다. 예를 들어,
인터뷰에서 여성은 자신의 피해경험을 최소화하거나 반박하는 경향이 있기 때문
에 상황에 만족하는 것처럼 보일 수 있다(벨크냅, 2007).

　　실제로 이 연구에서 인터뷰한 여성들은 현재의 인간관계가 아동기의 학대이
력 및 문제적인 성인기 관계(특히 부모와의 관계)와 상당히 얽혀 있다는 것을 보여
주었다. LSI-R은 현재 맺고 있는 인간관계에 대한 불만족 여부를 기록할 것이지
만, 현재 맺고 있는 인간관계의 역동성은 학대당한 과거와 학대에 대해 어떻게
대처했는지(또는 대처하지 않았는지)에 따라 형성된다. LSI-R에서 측정한 다른 영
역과 연결되는 과거 학대경험의 무수한 영향은 포착하지 못할 것이다. 그 이유는
LSI-R이 그러한 질문을 하지 않기 때문이다.

　　예를 들어, 가석방 중인 40세 여성 랜디^{Randi}는 고용상태를 유지하지 못한 이

---

5) 동기부여 인터뷰^{Motivational interviewing: MI}는 '모범사례' 중 일부로, 범죄자들과 인터뷰하고 대화하면서
　　긍정적인 변화를 위한 내적 동기를 부여하는 방법이다. 동기부여 인터뷰의 기본 원칙은 범죄자에
　　대한 공감을 표현하고, 논쟁적이지 않은 방식으로 범죄자의 저항에 대응하며, 범죄자가 스스로 변
　　화의 이유를 찾을 수 있도록 돕고, 자기효율을 갖도록 지원하는 것이다(월터스^{Walters} 외, 2007).

유가 친밀한 파트너에 의한 원치 않은 피해결과 때문이라고 설명하였다. 랜디는 자신을 학대하는 남성과의 관계로 문제가 생기고 일자리를 잃었다. 랜디는 다음과 같이 이야기한다.

> 나쁜 관계 속에 있다는 것. 내가 임신하고 있었을 때부터 시작된 것 같아요. 나는 나쁜 관계 속에 있었고, 음, 내 남편은 나를 학대했어요. 그래서 남편을 떠나서 여러 남자들과 관계를 가졌는데, 아마도… 나는 근육질 남성들에 매력을 느껴요. 음, 그리고 그것이 항상 나를 곤경에 빠뜨려요, 항상.

가석방 중인 28세 여성, 비키[Vicki]는 인간관계와 관련된 트라우마를 극복하는 방법으로 마약을 택했다. 랜디의 실업상태와 비키의 마약중독이 그들에게 실제로 무엇을 의미하는지에 대한 고려 없이 단순히 범죄유발 요인으로 간주될 것이다 (그리고 위험성이 높은 것으로 그들을 평가할 것이다). 여성의 인간관계 맥락은 그야말로 질적으로 더 복잡하며, 따라서 다른 측정요인들과 상호작용할 가능성이 매우 높다.

주거안정성

LSI-R은 현재의 주거안정성에 대한 만족도, 지난 1년 동안 세 번 이상 주소변경 여부, 범죄율이 높은 지역 거주 여부를 측정한다. 여성(23.1%)은 남성(44.4%)보다 주거환경에 불만족하는 비율이 낮다. 여성(46.2%)과 남성(44.4%) 모두 범죄율이 높은 동네에서 살 가능성이 높았다. 그러나 여성(53.8%)은 지난 1년 동안 또는 구금 전 1년 동안 3번 이상 주소변경이 있었다고 응답한 비율이 남성(11.1%)보다 상당히 높았다.

여성범죄자의 잦은 주소변경은 종종 인간관계의 어려움을 반증한다. 일부 여성들은 자신을 학대하는 파트너로부터 벗어나기 위해 자주 이사했다고 응답하였다. 많은 여성들은 종종 노숙했고, 범죄율이 높은 지역에서 거주했다고 언급하였다.

절도로 유죄를 선고받고 현재 중독치료시설에서 생활하고 있는 50세 여성 마일^{Maile}은 체포 당시 노숙인이었다. 자신의 상황을 설명하는 마일의 이야기는 다음과 같다.

이곳(중독치료센터)으로 오기 전, 나는 노숙하고 있었어요… 아마도 7-8년 정도. 사는 처지와 마약 때문에, 음, 나는 돈과 마약 같은 것들을 구하기 위해 성매매를 하고 있었어요. 그 기간 동안 마약을 했고, 마약을 하면서 돈이나 필요한 것들을 구하기 위해 수표 같은 것을 위조하게 됐어요.

노숙상태와 잦은 주소변경으로 범죄자의 재범위험성은 더 커진다. 여성의 경우, 이러한 패턴은 남성과의 관계와 마약중독의 특성으로 인해 복합적이다. 현재 평가된 것과 같이, 불만족스러운 주거환경은 이러한 문제들을 대신하여 보여주는 것일 수 있다.

음주 및 마약문제

LSI-R에서 음주 및 마약문제 영역은 대상자가 현재 혹은 과거부터 음주 또는 마약문제가 있었는지, 그리고 음주 또는 마약문제가 범법행위, 결혼/가족 관계, 학교/직장, 정신건강, 그 외에 다른 부정적인 지표로서 영향을 주었는지 여부를 중심으로 한다. 인터뷰 대상자 대부분은 음주문제가 없다고 하였으나, 여성의 절반 이상(53.8%)과 남성의 38.9%는 삶의 어느 시점에 음주문제가 있었다고 보고하였다. 여성의 100%, 남성의 83.3%는 음주문제가 있었던 시기에 마약문제도 있었다고 보고하였다.

인터뷰 대상자 중 모든 여성이 마약 또는 음주가 범죄행위에 영향을 미쳤다고 답하였으며, 84.6%가 가족 또는 결혼생활에 영향을 미쳤다고 답하였다. 여성 모두가 마약 또는 음주로 학교 또는 직장생활에 영향을 받았으며, 53.8%가 의료기록에 문제가 있었고, 69.2%는 다른 영향지표(주로 노숙)가 있었다. 남성의 경우, 이러한 수치에는 약간 차이가 있었다. 83.3%가 마약 또는 음주문제가 범법행위에 영향을 미쳤다고 답하였고, 72.2%는 가족 또는 결혼생활에 영향을 미쳤다고 하였다. 61.1%가 마약 또는 음주문제로 학교와 직장에서 문제가 있었으며, 22.2%가 마약투약과 직접 연관된 의료문제가 있었고, 11.1%는 심각한 다른 영향지표들이 있었다.

대체로 여성은 마약을 투약하게 된 계기로 자기치료와 탈출을 언급한 반면, 남성들은 파티와 친구와의 어울림 측면을 언급하였다. 여성범죄자의 마약투약은 종종 (신체적, 성적, 정서적) 학대 및 고립의 문제와 함께 뒤엉켜있다. 예를 들어, 로즈는 마약을 투약하기 위해 친구와 가족의 물건을 훔치는 것을 포함한, 마약이 초래한 어려움을 토로했다. 로즈는 14세에 마약(헤로인)을 시작했다. 로즈는 5살에 위탁가정에 보내졌다가 후에 이모부부와 함께 살았다. 이모는 로즈를 신체적으로 학대했고, 이모부는 성학대를 반복적으로 하였다. 성학대와 관련하여 치유되지 못한 트라우마는 결국 첫 마약투약, 가출, 성매매, 성매매 알선, 그리고 마약을 계속하기 위해 다른 범죄의 세계로 진입하게 된 계기가 되었다. 로즈는 자살을 생각하기도 했으나, 결국 고통을 완화하기 위해 마약을 투약하는 것을 택하였다. 14살에 첫 약물로 신경안정제와 헤로인을 취했던 로즈는 마약이 자신에게 어떤 영향을 미쳤는지에 대해 다음과 같이 이야기 한다.

> 처음 주삿바늘이 내 팔에 꽂혔을 때, 나는 사랑에 빠졌어요… 나는 진짜 비참했어요. 아동성추행을 당했고, 이모는 나를 심하게 학대했어요. 나는 아빠와 함께 있고 싶었어요. 나는 아빠가 얼마나 나쁜 사람이었는지 상관없이 아빠를 사랑했어요. 아빠가 친구들과 술을 마치고, 파티를 하고, 즐거운 시간을 보내며 함께 시골길을 운전하던 옛날이 기억나요. 그리고 그게 아빠에 대해 유일하게 기억나는 이미지예요… 행복한 사람… 그래서 나는 그것[마약]을 원했고, 내가 있는 곳에서 고통스러웠는데, 음, [주삿바늘을] 꽂았을 때는 겪고 있던 고통을 전혀 느끼지 못했어요. 왜냐하면 내가 자살하고 싶었던 그 어린 시절 그 시간에 있기 때문이에요.

LSI-R은 여성의 음주와 마약투약에서 범죄유발 위험요인들을 식별한다는 점에서는 좋은 성과를 거둘 수 있겠으나, 맥락적인 이해가 부족한 점은 치료과정을 매우 미심쩍게 만든다. 이러한 문제점들을 안고 있는 치료는 심각한 결과를 초래할 수 있다. 여기 로즈가 치료과정에서의 에피소드 중 하나를 이야기한 것을 살펴보자.

> [치료센터에서 치료를 받은 지 16개월 후] 나는 너무 화가 나서 그 곳을 떠났어요. 음… 나와 남자 상담사들 중 한 명이… 그는 정말 공격적이고, 정말 무례했어요. 그리고, 음, 나는 몰랐어요, 나는 그런 상황에 대응할 능력이 없었어요, 그래서 나는 떠나서 [다른 중독치료시설로] 갔어요.

공격적인 스타일은 로즈의 과거 학대적인 경험과 뒤섞여 치료과정을 더 이상 견딜 수 없게 만들었다. 모든 계리적 위험/욕구 평가는 여성을 다룰 때 과거 학대의 이력과 마약중독에 학대가 미친 영향을 포함할 필요가 있다.

정서적·개인적 문제

LSI-R의 이번 영역은 보통 수준의 갈등과 정서적 어려움(불안 또는 우울의 신호들), 심각한 수준의 갈등 또는 진행 중인 정신병적 증세, 과거 또는 현재의 정신건강 치료이력, 지난 12개월 동안 심리적 평가결과 여부(또는 과도한 수준의 두려움, 적대감, 충동조절 문제 등이 현재 나타나는지 여부) 등을 측정한다. 인터뷰 대상자 중 남성은 유일하게 한 명이, 여성은 아무도 정서적·개인적 문제로 보통 또는 심각한 수준의 갈등을 보이지 않아 남녀 간 차이가 있었다. 대상자 중 모든 여성은 과거 정신건강 치료를 받은 경험이 있다고 보고하였으나, 남성은 55.6%가 과거 정신건강 치료 경험이 있었다. 인터뷰 당시, 여성의 61.5%가 정신건강 치료를 받았으나, 남성의 경우에는 22.2%에 불과했다.

여성의 삶에서 학대경험 이력이 더 잦았다는 점을 감안할 때, 여성들이 정신건강 치료를 받았을 가능성이 더 높다는 것은 전혀 놀라운 일이 아니다. 과거 또는 현재의 정신건강 치료는 보호요인으로 보이며, 위험요인으로 간주해서는 안 될 것이다. 그러나 LSI-R은 정신건강 치료를 위험요인으로 간주한다. **여성에게**

범죄유발요인으로 간주되어야 하는 것은 치료부족이다.

차량절도로 가석방 중인 38세 여성 조^{Zoe}는 정신건강 치료의 필요성을 보여주는 사례이다. 조는 8세까지 부모와 함께 살았고, 8세 때 어머니가 조가 보는 앞에서 자살했다. 아버지가 재혼해서 조는 12살까지 새어머니와 함께 살다가 가출했다. 조는 7학년 때 학교를 중퇴했다. 이후 조는 마약, 성매매, 학대하는 남성들, 그리고 범죄의 삶을 이어나갔다. 인터뷰 당시 조는 정신건강 치료를 받고 있었다.

남성 인터뷰 대상자는 정신건강 치료를 받았거나 그러한 도움이 필요하다고 느꼈다고 진술할 가능성이 적었다. 남성들을 치료하는 맥락은 여성의 경우와 통상 달랐다. 여성의 경우 특히 과거 트라우마를 극복하기 위해 치료가 필요하다고 목소리를 내는 경향이 있었다. 그러나 남성의 경우 마약중독 치료프로그램의 기술적인 요구나 장애치료를 위한 경우 외에 정신건강 치료의 유용성을 인정하지 않았다. 일례로 헥터^{Hector}는 절대로 정신건강 치료를 원한 적이 없었으나, 장애치료 목적으로 한 차례 심리상담가를 만났다고 진술하였다. 헥터는 상담가를 만난 것이 어느 면에서도 도움이 되지 않았다고 보았다.

요약해보자면, LSI-R 영역 중 여성에 대한 정신건강 치료의 내용타당성은 두 가지 측면에서 살펴볼 수 있다. 첫째, 여성 인터뷰 대상자 중 대다수가 (과거 또는 현재 학대이력으로 인한 트라우마 때문에) 정신건강 치료를 필요로 했다. 이 여성들의 경우 정신건강 치료 여부보다 정신건강 치료 부족이 진정한 위험요인이다. 둘째, LSI-R은 위험요인으로 간주되는 특성들 중 일부가 남녀 모두에게 어떻게 관련되어 있는지 고려하지 않는다. 재정적으로 -정신건강과 마약 둘다- 치료할 수 있는 능력(제한적이긴 하지만)과 더불어 치료프로그램을 스스로 요청할 수 있는 능력은 여성들(그리고 남성들)의 재범 감소 측면에서 상당히 고무적인 것이다.

젠더 중립적인 보호처분에 대한 문제제기 : 여성의 범죄피해 이력, 건강문제, 보육의 필요성

학대경험 이력

여성들과의 인터뷰를 통해 학대경험 이력이 매우 현저하게 드러났다. 여성의 4분의 3가량이 어린 시절 정서적 학대를 경험하였으나, 남성의 경우 약 3분의 1 수준에 불과했다. 여성 100%는 성인이 된 이후에도 정서적 학대를 경험했으나, 남성은 전혀 없었다.

인터뷰 대상자 중 많은 여성들은 유년기와 성인기 모두 성학대를 경험하였다. 여성은 69.2%가 유년기에 성학대를 경험한 반면, 남성은 11.1%였다. 여성은 38.5%가 성인기까지 성학대가 이어졌다고 보고하였으나, 남성 중에는 아무도 없었다. 마지막으로, 여성은 61.5%가 어린 시절 신체적 학대를 경험하였으나, 남성은 22.2%에 불과했다. 신체적 학대가 성인기까지 이어진 여성은 61.5%로 나타났으나, 남성은 전혀 없었다.

마약사범으로 보호관찰 중인 필리핀계 35세 여성, 재키[Jackie]는 아버지가 모두 다른 4명의 자녀를 낳았다. 재키는 자신의 자녀 모두 "아이스 아기들[ice babies][6]"라고 불렀다. 재키의 심각한 마약중독의 역사는 불행하고 학대가 심한 가정생활과 근원적으로 관련되어 있었다. 재키는 유년기뿐만 아니라 성인기까지 정서적·성적·신체적 학대를 경험했고, 자신의 생물학적 친어머니와 양어머니[hanai][7] [mother]로부터 일찍이 심각한 수준의 정서적 학대를 경험했다.

내가 3학년 때로 기억해요. 우리는 '당신의 미래를 건설하라'라고 불리는 경연을 했어요. 그 경연은 자기가 상상할 수 있는 모든 것을 만드는 것이었어요. 어떤 사람들은 아이스크림을 사용했고, 아이스캔디 막대를 사용하기도 했어요. 나는 레

---

6) Ice는 하와이에서 필로폰[methamphetamine]을 가리키는 속어다.

7) Hanai는 하와이에서 이루어지는 비공식적 입양 관계를 가리킨다.

고퍼즐을 사용했어요. 음, 나는 미래를 건설했어요. 나는 큰 것을 만들었기 때문에 큰 종이 상자에 보관해야만 했어요. 그 경연에서 나는 2위를 차지했고, 1-3위 작품들이 한 달 동안 도서관에 전시되었어요. 한 달 후 상장과 함께 작품을 집으로 가져왔을 때를 기억해요. 아빠는 매우 자랑스러워하셨지만, 양어머니는 그렇지 않았어요. 나는 내 작품을 식탁 위에 두었어요. 양어머니는 내 작품에 드리워진 빨간 리본을 보고 순식간에 빗자루로 부숴버렸어요. 그리고 내게 이 집에서 2등은 허락할 수 없다고 소리를 질렀어요.

재키가 어렸을 때 양어머니는 일상적으로 신체적인 학대를 했고, 이 학대는 재키가 성인이 될 때까지 계속되었다. 재키는 신체적으로 학대하는 남성을 여러 명을 만났다. 그 중 한 명은 크리스마스 날 재키를 칼로 여덟 번 찔렀다. 그 관계와 학대의 영향에 대해 재키는 다음과 같이 이야기한다.

당신이 내 얼굴 오른편에 이 흉터를 본다면… 크리스마스 밤… 내 전 남자친구이자 둘째 아이의 아빠가 나를 8번 칼로 찔렀어요. 음, 우리는 질병(마약중독)에 있어서는 잘 맞았지만, 앞서 언급했던 것처럼, 나는 꼼짝도 할 수 없는 상태였기 때문에 이러한 관계들에 머물렀던 것 같아요. 나는 혼자인 게 너무 두려웠어요. 나는 자부심도 낮았고, 자신감도 없었고, 자존감도 없었어요.

재키는 수년간의 정서적·신체적·성적 학대로 인해 가족과 멀어졌다. 재키는 이러한 학대적인 관계로부터 벗어나기 위해 자신의 원가족에게 돌아가길 원하지 않았다. 집으로 돌아가려고 정말 드물게 시도했던 경우에도, 심지어 신체적 학대의 징후가 보였음에도 양어머니는 재키가 집에 머무는 것을 허락하지 않았다.

마지막으로, 재키는 성추행이 난무했던 가정에서 자랐다고 언급하며 유년기의 성학대 문제를 이야기했다. 재키가 어렸을 때 최소 2회의 성학대 피해를 경험했다. 처음 성추행을 경험했던 것은 8세였다. 성학대 피해를 양어머니에게 얘기했을 때 반응은 다음과 같다.

나는 곧바로 뺨을 맞았어요. 그들[가족들]은 내가 반바지를 입었기 때문에 그런 일을 당해도 싸다고 말했어요. 그들[가족들]은 나를 푸카(puka),[8] 창녀라고 불렀어요. 당시 나는 8살이었어요. 그래서 내가 7학년 때 강간을 당했을 때, 그것이 내 잘못이라 생각했기 때문에 아무에게도 얘기하지 못했어요(재키는 학교에서 귀가 하던 중 낯선 사람에게 강간당했다).

재키는 13세에 처음 마약을 시작해서 성인이 된 이후에도 계속하였다. 재키 의 마약투약은 가정생활과 그에 따른 학대문제와 본질적으로 연결되어 있었다. 많은 여성범죄자들과 마찬가지로, 지속적이고 치료되지 않는 트라우마로 인해 마 약투약은 계속되었다.

이 연구는 학대가 만연한 이력이 트라우마와 관련된 치료 부족에 더해 여성 범죄자를 어려움에 처하게 한다는 것을 보여준다. LSI-R은 정신질환과 마약투약 에 대해서는 어느 정도 포착하고 있으나, 특히 트라우마 및 우울이 가지는 맥락 과 그 엄중함은 마약투약 뒤편에 감추어 두었다. 이러한 문제는 조(Zoe)의 언급 에서 분명하게 확인할 수 있다.

여성들은 무언가로부터 도망치려 노력 중이에요. 가정폭력, 고통, 수치심, 분노, 또는 과거의 경험이 무엇이든, 아동성추행, 또는 그들이 무엇을 겪어왔는지, 여성 들은 도망치려고 노력 중이에요. 여성들은 단순한 이유로 마약을 하는 것이 아니 에요. 사실 여성들은 진심으로 좋은 엄마가 되길 원하지만, 뭔가가 가로막고 있어 요. 모든 사람을 쿠키 틀에 넣고 레벨2 또는 레벨3이라고 말하는 것 대신에, 여성 들이 무엇을 진정으로 필요로 하는지 알잖아요. 그리고 당신도 알다시피, 교도소 는 트라우마 치료가 너무 위험하다고 하면서 15주 또는 16주 후에 중단해요(그러 나 그 이름만 바꾸고 일정기간 계속되었다).

여성의 문제는 망할 마약중독이 아니라 그 마약중독의 배후에 무엇이 있느냐 에요. 그리고 당신이 사람들을 선별하기 위해 쿠키 틀과 같은 평가도구를 사용하 고 있다면, 그리고 평가도구가 남성들을 위해 맞추어져 있다면 [그것은 문제예 요]. 지금 인터뷰하는 여성 중 대부분은 재범자들이고, 대부분의 여성은 재범이라 는 회전문에 끼어 있는 상태예요. 그 평가도구들은 여성들이 무엇을 필요로 하는 지 목표하고 있지도 않아요. 당신이 정확한 목표를 가진 선별도구를 가지고 있다 면… 그 목표는 트라우마예요. 당신이 여성들의 트라우마를 다루지 않으면, 여성

---

8) [역자 주] Puka는 하와이 해안에서 많이 발견되는 흰 조가비로, 속어로 여성의 생식기를 가리킨다.

들이 다시 이전으로 돌아가는 걸 보게 될 거예요.

건강과 자녀문제

이 연구에 참여한 여성은 남성보다 현재 건강상 문제가 있는 비율이 약 2배 높았고(각각 61.5% 대비 38.9%), 여성의 3분의 2(61.5%)가량이 약을 복용하고 있었는데, 약을 복용하고 있는 남성은 27.8%였다. 일부 여성의 건강은 상당히 심각한 상태(예를 들어, 유방암, C형 간염)였는데, 이러한 건강문제는 트라우마나 마약중독과 같은 다른 문제를 극복할 능력에 영향을 미칠 가능성이 높다. LSI-R은 사회적 지원금 수령, 정신건강 및 마약중독치료, 고용불안을 포함하여 맥락이 숨겨진 상황 때문에 이러한 여성들을(예를 들어, 위험성이 더 높은 것으로 평가) 과도하게 분류할 수 있다. 적어도 건강문제가 추가된 경우 여성들에게 부과된 요구상황은 더 심각해진다.

육아와 관련된 책임은 남성과 다르게 여성에게 영향을 미친다. 최근 통계자료에 따르면, 전체 수용자 중 약 절반가량이 18세 미만의 자녀가 있었다. 여성의 경우 이 수치는 더 높았다. 여성의 3분의 2(65.3%)가량이 18세 미만의 자녀를 한 명 이상 두고 있는 데 비해, 18세 미만의 자녀가 있는 남성수용자는 54.7%였다(무몰라, 2000). 이 연구의 인터뷰 대상자 중 18세 미만의 자녀가 있는 여성은 69.2%, 남성은 44.4%로 나타났다. 18세 미만의 자녀가 있는 여성 중 3분의 1은 18세 미만에 첫 아이를 낳았는데, 남성 중에는 이러한 경우가 없었다. 마지막으로, 아동보호국[Child and Protective Services: CPS]은 남성(37.5%)보다 여성을 자녀와 분리하는 데 관여했을 가능성이 더 높았다(66.7%).

보호처분과 재통합

많은 여성들에게 있어 트라우마, 학대경험, 마약문제, 치료는 각각을 분리하여 생각할 수 없다. 여성범죄자의 범죄피해 이력은 효과적인 교정개입을 위해 사례를 기반으로 분류[case-based classification]하는 전반적인 접근에 있어서 중요하게 다루어져야 한다. 여성범죄자 집단에 만연한 학대와 같은 범죄피해 경험은 다양한 심리적/정신적 문제들과 관련되어 있어서 범죄피해 경험에 효과적이지 못한 대처는 상황을 더 악화시킨다. 이는 여성범죄자에게 치료개입이 중요하다는 점을 강조한다. LSI−R과 이와 유사한 평가도구들은 여성의 범죄피해 경험과 같은 요소들을 측정하지 않기 때문에 이러한 문제점을 포착하지 못한다. 이 점에서 보호처분 전략들이 젠더 중립적인 것으로 보이는 평가전략을 따르고 있고 이를 기반으로 사례^{여성범죄자}를 관리하고 있다는 점을 다시 언급할 필요가 있다.

여성범죄자는 성별화되어 있기도 하고^{gendered} 젠더 중립적이기도^{gender neutral} 한 재통합^{reintegration}의 장벽에 직면한다. 호놀룰루 지역에서 지역사회 내 보호처분을 받고 있는 남녀 범죄자와 수행한 인터뷰는 일부 차이점을 보여준다. 남녀 모두에게 지역사회에서 자신이 범죄와 마약으로부터 거리를 두기 위해 필요한 상위 5개 항목을 질문하였다(데이비슨, 2007). 남성의 상위 5개 항목은 나쁜 친구 또는 마약을 투약하는 친구 멀리하기, 신앙, 직업, 바쁘게 시간 보내기, 좋은 여자친구 사귀기 등이었다. 여성의 상위 5개 항목은 적절한 직업, 자녀/가족과 재결합, 치료, 신앙, 마약을 투약하지 않는 친구 등으로 차이를 보였다.

남성범죄자의 재범을 예측하는 많은 요인들이 여성범죄자에게도 적용되지만, 몇 가지 현저한 차이점이 있으며, 여기에는 종종 여성범죄의 맥락(한나−모펫, 2009; 레이시그 외, 2006)이 중요하다. 블랑슈테와 타일러(2009, 60쪽)는 "재통합에 대한 연구에 따르면 가족과의 분리, 지역사회에서의 고립, 열악한 삶의 질, 정신질환, 안전하고 안정적이며 합법적인 고용 부족은 여성의 재통합 문제를 다루는 데 모두 결정적인 요인들"이라고 지적한다. 여성범죄자에 대한 평가와 보호처분에서 가부장제의 역할과 성별화된 요인을 고려하지 않는 것은 여성범죄자에게 심각한 불이익을 줄 수 있으며 부정적이고 의도치 않은 결과로 귀결될 수 있다.

앞서 언급한 바와 같이, 특히 여성범죄자에게 두드러진 특징은 일생에서의 학대빈도와 그 영향이다. 불행히도 여성수용자의 절반가량(46.5%)이 과거 신체적 학대를 경험했다고 보고하였는데, 과거 신체적 학대를 경험한 남성수용자는 13.4%에 불과했고, 여성수용자의 39%가 성학대를 경험한 반면, 성학대를 경험한 남성수용자는 5.8%였다(할로우, 1999). 이러한 불균형은 보호관찰에 처한 사람들

을 포함하여 확대된 지역사회 내 보호처분 집단에도 존재한다. 여성보호관찰자
중 40.4%가 선고 전 일정한 학대를 경험한 반면, 학대를 경험한 남성은 9.3%에
불과했다(할로우, 1999).

이러한 학대는 여러 요인들, 특히 트라우마 및 정신건강 문제와 관련이 있다
(블룸 외, 2003; 허바드 & 매튜스, 2008; 반 부리스 외, 2008). 또한, 여성범죄자는 육아
(블룸 외, 2003; 홀린 & 파머, 2006; 홀트프레터 & 쿱, 2007; 반 부리스 외, 2008), 교육 및
직업교육 부족을 포함한 낮은 수준의 사회적 자본(홀트프레터 & 쿱, 2007; 레이시그
외, 2006), 친밀한 관계에서 발생하는 문제들(반 부리스 외, 2008), 자부심과 자기효
능감(허바드 & 매튜스, 2008; 반 부리스 외, 2008)과 관련하여 불균형한 어려움에 직
면한다. 이러한 요인들은 지역사회에서 여성범죄자를 효과적으로 처우하기 위해
고려해야 할 것들이다.

석방 준수사항은 효과적인 교정개입을 위한 국립교정연구소 모델의 표제인
개선된 위험/욕구 평가도구에 의해 여러 방식으로 결정된다. 가석방자는 부분적
으로는 평가에 기반하여 재범 가능성을 낮출 것으로 여겨지는 준수사항을 적용
받는다. 준수사항에는 지리적·사회적 제한, 주거 확보(즉, 사회복귀 훈련시설), 치료
와 다른 프로그램 참여 등이다(턴불 & 한나-모팻, 2009). 새로워진 증거기반 실무
는 위험관리와 재사회화 모두를 목표로 하므로(턴불 & 한나-모팻, 2009), 지역사회
내 보호처분에 있어 성인지적인 실무로 전환하는 것은 중요하다.

전진을 위하여 : 지역사회 내 여성범죄자를 위한 성평등적 보호처분

보호관찰/가석방 중에 있는 여성들의 지역사회 보호처분과 관련된 실무는
성별화된 접근에 따라 이루어져야 한다. 성인지적인 실무 및 프로그램은 여자청
소년 및 여성이 형사사법체계에 들어오게 된 특수한 상황을 이해하고, 인지하며,
그에 따라 행동한다. 지역사회 내 보호처분을 받고 있는 많은 여성들은 주거, 고
용, 의료, 사회복지 지원, 자녀 및 가족과의 재결합, 마약중독 대응에 초점을 맞춘
다양한 욕구를 가진다(턴불 & 한나-모팻, 2009). 여성범죄와 위험, 욕구는 성별화

된 삶의 맥락에서 고려되어야 한다(턴불 & 한나-모팻, 2009). 여성이 맺고 있는 관계에 대해서도 초점이 맞춰져야 한다(헤일브룬 외, 2008b).

여성범죄자는 특히 지역사회 내 보호처분 초기에 재범에 취약한 경향이 있으며(헤일브룬 외, 2008b), 지역사회 내 보호처분 담당자는 처음부터 힘이 되어 주고 포용력 있는 태도를 유지해야 한다. 앞서 언급한 바와 같이, 여성범죄로의 경로는 여성이 지역사회로 재통합되거나 지역사회 내 보호처분하에 머물러 있게 될지를 고려하여야 한다.

지역사회 내 보호처분하에 있는 여성범죄자에게 가장 필요한 것 중 하나는 마약중독치료이며(데이비슨 & 체스니-린드, 2009), 여기에는 특별한 주의가 필요하다. 여성의 마약중독문제가 어느 날 갑자기 나타난 것으로 보아서는 안 된다. 여성의 마약중독은 남성에 비해 다른 중요한 요인들과 종종 상관관계가 있기 때문에(블랑슈테 & 테일러, 2009), 독립적인 범죄유발요인으로 간주해서는 안 된다. 학대이력은 여성의 마약투약을 이해하는 중요한 열쇠다. 여성의 범죄피해 경험(여자청소년으로서, 그리고 후에 여성으로서)은 재범에 중요한지, 어느 정도 중요한지에 대한 논란이 있어 왔다. 적어도 여성범죄자의 범죄피해이력은 보호처분 및 처우계획에 고려되고 통합되어야 한다는 주장이 제기된다(블랑슈테 & 타일러, 200; 레이시그 외, 2006; 반 부리스 외, 2008).

그러나 교도소에서 지역사회로 재편입[re-entry]한 여성 중 절반 미만에 대해서만 범죄피해이력이 보호처분 및 처우계획에 고려되었다(슈람 외, 2006). 이는 참으로 불행한 일이다. 휴브너[Huebner]와 동료들(2010)은 마약에 중독되었다고 평가를 받은 여성은 법을 위반하거나(가능성이 3배 이상 높음), 그렇지 않으면 가석방 중 실패할 가능성이 높다는 것을 발견했다. 휴브너와 동료들이 8년 동안 추적한 여성 중 재범한 3분의 1가량이 교도소 석방 당시 마약중독으로 평가받았다. 휴브너와 동료들(2010)이 지적한 바와 같이, 마약중독은 고용, 자녀와의 관계, 다른 사회적 지원 네트워크 등에 중요하면서도 부정적인 방식으로 연관되어 있다.

많은 여성범죄자는 현재 또는 과거에 가정폭력 피해자이기 때문에 여성의 범행상황뿐만 아니라 가정폭력 피해이력과 잠재적인 가정폭력 피해 가능성에도 초점을 맞출 필요가 있다(닐, 2007). 즉, 보호관찰이나 가석방 중인 여성범죄자를 감독하는 담당자는 이러한 범죄피해의 속성과 정도를 주지하고 보호처분 전략을 수립하는데 있어 안전확보 계획$^{safety\ plans}$과 같은 항목을 포함시켜야 한다(닐, 2007).

안정된 가정과 직업이 있는 여성 가석방자는 가석방 기간 중 교도소로 돌아가거나 재범할 가능성이 적다(슈람 외, 2006). 또한, 여성은 지역사회 내 보호처분 시작 전에 노숙자였던 경우가 많은 것으로 알려지고 있으며(데이비슨, 2007), 그들의 자녀에게 돌아가 양육권을 되찾고 주 양육자가 될 가능성이 남성보다 높다(슈람 외, 2006). 따라서 안정된 가정·직업과 같은 요구는 여성과 가족의 전반적인 건강을 위해 매우 중요하다. 안정된 거주환경은 여성과 자녀에게 중요한 부분이며, 마약중독문제가 있고 교육수준이 낮은 여성은 재범가능성이 높고 결과적으로 자녀들에게 한층 해로운 영향을 준다(휴브너 외, 2010). 남성범죄자에 집중된 초점은 이러한 유형의 문제와 문제해결 프로그램이 보이지 않거나 중요하지 않게 만들었다.

불행히도 여성은 지역사회 내 보호처분 준수사항을 종종 위반하기 때문에 보호관찰/가석방 준수사항 위반행위는 여성범죄자가 교도소로 되돌아가는 주요 원인이 된다(턴불 & 한나-모팻, 2009). 증거기반 실무와 위험/욕구 평가를 구체적으로 활용할 것을 지향하는 현재의 움직임은 여성에게 도움이 될 수 있으나, 동시에 해롭고 역효과를 가져올 수 있다(데이비슨 & 체스니-린드, 2009). 만약 여성의 위험과 욕구를 맥락에서 벗어나 평가한다면, 여성은 과도하게 [재범 위험성이 높다고] 분류되거나 지나치게 감독받을 수 있다. 또는 여성의 특정한 욕구를 고려하지 않을 경우, 부적절한 처우를 받을 수 있다(또는 아무런 처우도 받을 수 없다). 이러한 조건은 재범을 줄인다는 목표와 상반되는, 더 큰 재범으로 이어질 수 있다.

여성범죄자의 범죄피해가 마약중독과 관련되어 있다는 것은 이 지점에서 자명한 사실이지만, 일부는 재범과 증거기반 실무의 관점에서 볼 때 마약중독의 근본 원인은 중요하지 않다고 주장한다. 그러나 성별화된 접근은 현재의 중독, 그 중독 및 궁극적으로 재범을 초래한 요인 모두를 치료할 것을 요구한다(포투인^{Fortuin}, 2007; 휴브너 외, 2010; 슈람 외, 2006). 다행스럽게도 몇 가지 고무적인 사례들이 있다.

전진을 위한 희망적인 사례들

성인지 원칙을 포괄하는 몇몇 참고할 프로그램들이 있다. 지역사회 내 보호처분에 성인지적인 접근방식이 연결될 때 이러한 유형의 프로그램은 재범을 줄일 수 있다. 메인 주의 변화, 재결합, 재편입 프로그램^{Transition, Reunification and Reentry Program}은 통합적이고 전체적이며 성인지적인 접근이 여성범죄자의 재범에 변화를 가져올 수 있다는 증거를 제공한다. 메인 주의 재편입 프로그램을 통해 사회로 돌아온 여성들의 재범률은 약 17%로 나타났고(포투인, 2007), 이는 전국 평균보다 훨씬 낮은 수준이다. 이렇게 낮은 재범률은 실무자들을 대상으로 성인지 교육을 실시하고 트라우마에 바탕한 방식으로 여성을 처우한 데 기인한다. 실제로 포투인(2007, 34쪽)은 메인 주의 프로그램이 "주거, 고용, 교육, 가족 재결합 및 권한부여, 피임, 정신건강·신체적 건강·마약중독에 대한 치료지속 등 여성의 사회 재편입을 위한 주요 문제를 다루었다"고 언급하였다. 이러한 요소들이 종종 상호연결되어 있는 방식은 자녀돌봄과 근무시간 등을 포괄하는 여성들의 복합적인 책임을 조정하는 것으로, 여성들에게 도움을 주는 스태프가 맡았다. 따라서 이러한 성인지적 접근방식은 여성들의 범죄경로뿐만 아니라, 여성들이 처한 현재 상황을 살펴보는 것도 중요함을 강조한다.

국립교정연구소 모델이 제안한 것과 같이, 메인 주의 프로그램은 운영에 앞서 평가도구를 이용한다. 이 평가는 약점(즉, 범죄유발위험과 욕구)보다는 강점에 초점을 맞추고, 이후 강점에 대한 사례관리에 집중한다(포투인, 2007). 이 평가도구는 성별화된 재편입 및 욕구와 관한 영역을 포함한다. 이러한 영역에는 경제적 안정성과 책임감(재정, 고용, 아동지원 포함), 가족 및 결혼상태를 고려한 주거/거주환경, 교통수단, 교육과 훈련, 법률지원, 안전 및 위기관리 계획, 신체 및 정신건강, 마약중독, 여가/오락/지역사회 및 또래모임, 성격 및 행동치료, 가족 및 기본적 지원, 태도와 성향 등을 포함한다. 이 평가의 결과는 여성의 상황과 관련된 모든 영역에서 역량 및 강점 형성을 돕도록 활용되며(포투인, 2007), 이는 여성범죄에 성별화된 맥락을 고려했음을 의미한다.

성인지적 처우를 받은 여성가석방자에 대한 연구도 효과적인 지역사회 내 성인지적 보호처분이 가지는 장점을 강조한다. 뉴저지의 연구자들은 교도소에서 석방된 후 성인지적 프로그램을 이수한 여성 176명을 추적했다. 연구자들은 프로그램을 이수하지 못한 여성 241명과 프로그램을 이수한 여성들을 비교하였다. 이 프로그램은 60일에서 90일까지 지속되었는데, 고도로 구조화되어 있었고, 트라우마, 부모─자녀 재결합, 주거, 고용, 가정폭력, 마약중독, 정신·심리적 건강문제 등을 다루었다(헤일브룬 외, 2008b). 프로그램을 이수한 여성들은 인지행동치료와 합리적 정서행동 치료프로그램에 참여하였다. 통제집단의 여성들은 이러한 구조화된 프로그램의 수혜 없이 지역사회로 석방되었다.

두 집단 모두 6개월 동안 추적조사되었다. 결과 측정기준은 재체포였다(가석방의 준수사항 위반은 포함하지 않았다). 성인지적 프로그램을 이수한 그룹이 통제집단보다 결과가 양호했다. 통제집단(12.4%)은 처치집단(6.3%)에 비해 재체포 평균 건수가 유의하게 높았다(헤일브룬 외, 2008b).

가석방을 성공적으로 종료한 여성 20명에 대한 뷰이와 모라쉬(2010)의 연구는 범행단념^{desistance from crime}을 불러일으키기 위한 고무적인 전략을 확인했다(교도소 출소 후 21개월 동안 추적). 이 여성 중 상당수가 교도소 수감 전 학대적인 파트너 또는 긴장된 가족관계와 같은 부정적인 관계망을 보고하였으나, 석방 후에는 긍정적인 관계망을 보고할 가능성이 높았다. 교도소 경험은 그들에게 두 가지 측면에서 중요한 기여를 했다. 첫째, 복역기간 동안 부정적인 인간관계를 자연스럽게 벗어나거나 종종 단절할 수 있었다. 둘째, 특히 치료나 종교단체 등 교도소 안에서 새로운 인간관계를 형성할 기회가 주어졌다. 이렇게 교도소 안에서 형성한 관계망은 석방되어 지역사회에 돌아온 여성들과 종종 함께 해주었다. 특히 확연한 것은 종교단체 관계망이었다. 가족과 그 외의 관계망을 포함하여 이러한 관계망들은 여성들이 쉼터, 금전, 의류와 같은 유형의 자원뿐만 아니라 직업소개, 정서적 지원, 격려와 같은 무형의 자원에 접근할 수 있도록 도와주었다. 뷰이와 모라쉬의 연구는 여성에게 필요한 자원(예: 주거, 재정, 정서 등)을 연결해 주는 개인 또는 집단과의 긍정적인 관계가 중요함을 강조한다.

뷰이와 모라쉬의 연구에서 인터뷰한 여성들은 가석방 보호처분의 중요성을 언급했다. 여성가석방자들은 가석방 담당관이 연계해 주는 프로그램과 서비스가 거의 도움이 되지 않는다고 언급했다. 그러나 가석방 담당관이 이해심을 가지고 여성들을 공정하게 대할 때, 프로그램과 서비스가 거의 도움이 되지 않았다 하더라도 자신이 지지받고 있음을 느꼈다고 하였다. 다음 인용문은 여성범죄자의 요구를 이해하는데 매우 유용하다. "이 여성들에게 좋은 인간관계란, 가석방 담당관이 무례하지 않고, 공정하고 합리적으로 대하며, 어려운 조건을 부과하여 문제를 일으키지 않았다는 것을 의미한다. 지지적인 인간관계란 그 담당관이 유연하고 여성의 요구사항을 해결해줬다는 것을 의미한다. 예를 들어 도시를 떠날 수 있도록 허가해 주거나, 필요할 때 면담일정을 재조정해 주는 것이다"(뷰이 & 모라쉬, 2010, p.15). 여성범죄자는 주로 보육과 관련된 요구들이 상충하는 상황이 있으며, 여성가석방자들을 인터뷰한 결과는 이처럼 요구가 상충하는 상황에 대해 보다 성별화된 이해가 필요하다는 주장을 지지하는 것으로 보인다.

뷰이와 모라쉬의 연구는 지역사회 내 보호처분을 받고 있는 여성범죄자의 욕구를 이해하는 것, 그리고 교도소와 지역사회 모두에서 여성범죄자들의 욕구가 충족될 수 있도록 노력할 것을 강조한다. 긍정적인 관계를 형성하는 것을 돕기 위해 보호관찰/가석방 담당관들을 교육하는 것은 범행단념을 격려하는 고무적인 접근방식으로 보인다. 보호관찰은 종종 (적어도 사전에) 복역기간을 수반하지 않지만, 복역기간만큼 부정적인 인간관계를 단절할 수는 없을지라도 가석방자와 동일한 전략이 보호관찰대상자에게도 유용할 것이라고 믿을 만한 이유가 있다.

제시된 연구결과에 비추어볼 때, 여성범죄자에 대한 효과적인 교정관리에 가장 유망한 접근방식은 효과적인 범죄자 개입을 젠더 중심의 방식으로 전향하는 것이다. 범죄학자들, 특히 페미니스트범죄학자들은 여성을 먼저 고려하는 조사, 정책, 실무(블랑슈테 & 테일러, 2009), 그리고 여성범죄자 개입에 있어 "젠더를 추가해 휘저어버리는^{add gender and stir}" 방식을 더 이상 유지하지 않는 실천방법을 주장해왔다.

여기에는 위험/욕구 평가도구와 지역사회 내 보호처분을 전반적으로 성별화된 접근을 통해 개선하는 것을 포함한다. 성별화된 시각에 따라 고안부터 검증, 최종 사용에 이르기까지 처음부터 다시 평가도구를 만들 필요가 있다(블랑슈테 &

브라운, 2006; 한나-모팻, 2009; 반 부리스 외, 2008). 만약 이렇게 한다면, 현재의 젠더 중립적인 평가도구와는 사뭇 다른 평가도구를 보게 될 것이다(홀트프레터 & 쿱, 2007; 반 부리스 외, 2008). 특히 남성보다 여성범죄자의 위험도가 낮다는 점을 감안할 때, 장점과 보호요인를 통합한 소위 제4세대9)라 불리는 평가도구는 여성범죄자에게 더 적합할 것으로 보인다(블랑슈테 & 브라운, 2006).

보호처분 전략과 치료선택권은 성인지적인 것이어야 한다. 현재 국립교정연구소 모델이 나쁜 모델이라는 것이 아니라, 여성범죄자의 삶과 범죄, 이어지는 보호처분에 있어 젠더가 가지는 중요한 역할을 인식하지 못하는 모델이라는 것이다. 우리는 증가하는 여성범죄자 인구를 위해 더 잘 할 수 있는 충분한 지식을 갖고 있다. 효과적인 교정개입에 성인지적인 접근을 더하는 것이 가장 중요한 단계다. 이는 여성범죄의 맥락과 경로가 다르다는 것을 인식하고 인정하는 것에서 시작된다. 남성범죄자와 달리, 여성범죄자는 약물오남용, 정신질환, 학대이력, 친밀한 관계 내 폭력, 제한적인 고용이력을 포함하는 상충하는 요청사항들이 종종 있다(모라쉬, 2009). 모라쉬(2009)가 언급한 것과 같이, "해결되어야 하는 욕구는 재범을 예측하는 요인에만 국한되지 않는다. 처우와 프로그램 비용은 재범위험이 높은 여성이나 그렇지 않은 여성 모두에 지출된다"(178쪽). 형사사법체계는 여성범죄자가 현재 통제할 수 없거나 과거에 통제할 수 없었던 요인들로 여성범죄자를 과도하게 통제하지 않는 동시에, 여성범죄자가 직면하고 있는 불균형한 학대이력을 인식할 필요가 있다.

---

9) [역자 주] 제4세대 평가도구는 LSI-R과 같은 제3세대의 평가도구가 과도하게 객관화된 약점을 극복하기 위해 표준화된 계량적 평가와 전문가의 구조화된 평가를 통합하여 범죄자 개개인의 위험 및 요구요인을 평가하고자 하는 시도를 가리킨다.

제8장

결 론

제8장 결 론

나는 밤이면 이런 생각들을 한다. 1) 다시 평범한 사람이 될 수 있을까 2) 마약을 끊을 수 있을까 3) 진심으로 나의 아버지를 용서한 것일까 4) 다시 한 남자를 사랑할 수 있을까 5) 늘 매력적일 수 있을까 6) 어머니와 여동생을 배신한 걸까 7) 나를 걱정해 주는 사람들을 밀어내는 것을 멈출 수 있을까 8) 성매매를 그만둘 수 있을까 9) 진심으로 나를 사랑하는가, 또는 사랑할 수 있을까 10) 교도소에 오는 것을 멈출 수 있을까 11) 범죄를 저지르고 훔치는 것을 멈출 수 있을까 12) 다시 내가 될 수 있을까.

－라이커스 교도소에서 마약소지 및 배회로 복역 중인 성매매 여성,
트리나[Trina]로부터 온 편지(르블랑, 1995)

저는 그저 할머니, 할아버지가 계신 집으로 돌아가고 싶어요. 제발, 제발 그렇게 되게 해주세요. 당신이 제 천사가 되어서 저를 집으로 돌아가게 해주길 진심으로 바래요. 이건 그저 편지일 뿐이지만, 말로 표현하려면 울기부터 해서 당신이 저를 이해할 수 없을 것 같아요. 오직 바라는 건, **한 번만 더 기회**를 달라는 거예요! 딱 한 번만. 읽어주셔서 감사합니다.

－호놀룰루에 구금 중인, 선고에 앞서 판사에게 보내는
16세 여자청소년 엔젤[Angel]의 편지(파스코, 2006)

캘리포니아 주 프레즈노^{Fresno} 외곽에 미국에서 가장 큰 여성교도소가 있다(르블랑, 1996, 35쪽). 1990년에 문을 연 캘리포니아 여성중앙교도소는 차우칠라^{Chowchilla}라는 작은 시골마을 인근, 나무를 심고 채소를 키우는 넓은 들판 사이에 자리잡고 있다. 캘리포니아 여성중앙교도소는 거의 틀림없이 세계에서 가장 큰 여성교도소인데, 여전히 많은 프레즈노 사람들은 여성교도소의 존재를 모른다(오웬, 1998).

2007년, 수용정원 2천 명으로 설계된 캘리포니아 여성중앙교도소는 3,918명을 수용했다(수용정원 대비 96% 초과; 교정 및 보호관찰국, 2007). 모든 여성수용시설에서 과밀수용 문제가 끊이지 않자 캘리포니아는 여성중앙교도소 맞은편에 수용정원이 더 큰(2,200명) 여성교도소를 신축했다. 캘리포니아 여성중앙교도소와 유사한 느낌의 밸리^{Valley} 주립교도소는 미국에서 두 번째로 큰 여성교도소로, 2010년 현재 수용정원 대비 75%를 초과하여 운영 중이다(르블랑, 1996; 감사관실, 2010).

이 책은 캘리포니아 교정체계 또는 과밀한 신축 구금시설로 사람으로 젊은 여성을 데려가는 상황을 묘사하고자 한다. 대부분의 미국인들에게 여성, 특히 "착한^{good}" 여성이 교정시설에 입소한 것은 상상조차 할 수 없는 일이다. 이 책을 읽고 난 후, 이러한 태평스러운 생각이 흔들렸기를 바란다.

이 책은 여자청소년이 겪고 있는 문제가 여자청소년범죄, 그리고 결국에는 여성범죄로 가는 단계를 형성했다는 점을 주장했다. 여자청소년의 범죄경로, 심지어 폭력에의 경로는 주변환경의 성별화된 속성과 특히 빈곤에 시달리는 지역사회에서 소외된 여자청소년이 겪어야 했던 경험으로부터 영향을 받는다. 살펴본 바와 같이, 여자청소년들의 갱단참여 증가는 빈곤지역의 폭력적 환경에 근간하고 있다. 슬프게도, 안전과 소속감을 약속했던 갱단은 그러한 피난처를 제공하지 않는다. 대신에 갱단은 여자청소년들이 폭력과 범죄에 한층 연루되도록 조장하는 한편, 여자청소년을 착취하는 새로운 장소가 된다.

그러나 체포된 모든 여자청소년이 저소득층 유색인종은 아니다. 살펴본 바와 같이, 아동에 대한 성학대는 신체적 학대와 달리 계층이나 인종적 경계가 없고 소년사법체계에 들어서는 거의 모든 여자청소년들은 이 끔찍하고 너무나 자주 일어나는 비밀스러운 상처를 공유한다. 여자청소년의 범죄피해(신체적·성적 피해 모두)와 가출로 그 학대를 피하기 위해 시도한 노력이 연결되어 있다는 것은 분명하다. 그러나 가출을 포함한 지위위반을 탈시설화하려는 30여 년 간의 노력에도 불구하고, 우리 사회는 이러한 여자청소년들의 생존전략을 계속해서 범죄화하고 있다.

탈시설화에 대한 사법부 및 부모의 저항은 오늘날 가출 여자청소년의 상황과 성인여성이 혼인 후 "법률상 사망civil death"으로 고통받았던 20세기 초 가출한 아내의 상황과의 비교로 이어진다. 법적 권리가 거의 없어져 버린 결과, 여성의 재산은 남편의 것이 되었다. 여성은 가족이나 친구를 방문하기 위해 여행하려면 남편의 허락을 받아야 했고, 이혼은 실질적으로 얻어내기가 불가능했다. 만약 여성이 잔인한 남편으로부터 도망쳤다면, 여성의 가족조차도 합법적으로 숨겨줄 수 없었다(싱클레어, 1956). 이러한 유형의 권력남용은 페미니즘의 제1물결 동안 여성의 시민권 보장을 위한 긴 행진을 촉발했다. 불행히도 젊은 사람들의 시민권은 여전히 억압받고 있어서 학대에서 벗어나고자 탈출을 시도한 여자청소년들을 체포하는 것을 가능할 뿐만 아니라 정상적인 것으로 만든다.

보다 최근에는 (많은 경우 부모, 흔히 어머니와 다투는) 여자청소년들을 폭행으로 체포하는 새로운 패턴이 소년사법체계에 등장했다. 이러한 실무는 본질적으로 한때의 지위위반을 폭력범죄로 변형시켰고, 이는 여자청소년들을 낙인하여 소년사법체계 깊숙이 밀어 넣었을 뿐만 아니라 문제 많고 제대로 감시되지 않는 구금시설의 수용인원을 증가시켰다. 그리고 이 패턴은 특히 유색인종 여자청소년들, 주로 흑인여자청소년 처우에서 두드러진다. 이러한 패턴은 소년사법체계가 백인여자청소년을 대상으로 하는 하나의 트랙과 유색인종 여자청소년을 대상으로 하는 또 하나의 트랙이 병행되는 이원주의two-track system로 진화해왔다는 사실로 설명된다. 백인여자청소년들이 "도움받고" "치료받는" 동안 권리는 유예되는 민간 "시설"과 병원, 사회복지시설 수용인원수는 증가했다.

이러한 패턴이 백인여자청소년에게 해로운 가운데, 유색인종 여자청소년의 상황은 훨씬 더 심각하다. 흑인, 히스패닉, 원주민 여자청소년들은 남자청소년들이 저지르는 범죄보다 훨씬 덜 심각한 범죄로 구금시설과 소년원에 수용된다. 유색인종 여자청소년들은 백인여자청소년들보다 구금시설과 소년원에 더 오래 수용된다. 구금시설과 소년원 수용환경이 적절히 감독되지 않은 결과, 과도한 태만, 성학대, 잔혹성을 수반한 긴 목록의 스캔들이 발생했다. 소년사법체계의 인종화된 패턴은 소년사법체계 초기부터 법원에 출몰했고 미국의 여자청소년들이 이러한 소년사법체계에서 정의를 발견할 수 있을지에 대해 더 큰 의구심을 불러일으키는, 여전히 명백한 섹시즘과 병존한다.

성인여성범죄에 있어 인종과 폭력의 역할은 "다루기 힘든^{unruly}" 여성범죄자의 배경을 살펴보면 명료해진다. 살펴본 바와 같이, 미국의 교도소를 가득 채운 여성들은 소년사법체계의 여자청소년들과 성학대 및 신체적 학대의 끔찍한 이력을 공유한다. 여성범죄자들의 삶에서 그들의 청소년기를 특징짓는 폭력이 성인기까지 뒤따라온 것을 보게 된다. 역설적이게도, 종종 성폭력과 가정폭력의 형태로 나타나는 중복피해^{revictimization}는 체포되고, 구속되고, 수용되는 성인여성의 삶에서 흔한 주제이다.

성인여성이 마약을 투약하는 이유에 불가사의할 것은 없다. 마약투약이 오락적이었을 수도 있었던 청소년기 패턴과는 달리, 성인기의 마약투약에는 자기치료와 경제적 생존(소규모 마약 판매의 형태)이 뒤섞여있다. 고통을 잠재우기 위해 투약했던 마약은 마약과의 전쟁을 선포한 사회에서 성인여성들에게 큰 문제가 되었다. 마약과의 전쟁은 극복전략이자 생계부양의 방법으로 마약과 연관된, 빈곤으로 황폐해진 지역사회 여성들의 처벌을 극적으로 증가시켰다. 수많은 하급 마약판매자들과 운반자들은 전형적인 마약조직 핵심인물과는 거리가 멀었으며, 합법적인 직업은 구하기 어렵고 심지어 성매매 시장마저 붕괴된 지역사회에서 겨우 생계를 유지하려던 여성들이었다.

21세기에 이르러 미국은 세계에서 가장 높은 여성수용률을 유지해왔다(카렌 & 워롤, 2004 참조). 1970년 이후 여성교정인구가 10배나 증가한 것은 우연이 아니라 미국사회가 범죄를, 특히 마약범죄를 집중단속하기로 한 데 따른, 의도치 않았지만 명백한 결과이다. 도덕적 관념이 없는 마약상들과 악질적인 폭력을 휘두르는 악마화된 낯선 사람에 대한 미디어의 이미지에 사로잡혀 있는 전형적인 미국인은 대중의 두려움 때문에 그렇게 많은 젊은 여성들 또는 누군가의 어머니들이 교정기관에 구금되어 있다는 것을 발견하면 종종 상당히 놀란다.

우리는 무엇을 할 수 있었을까? 이 책은 여러 선택 가능성을 확인했다. 분명 우리는 지난 30년 동안 여자청소년(특히 백인여자청소년들)을 탈구금하였을 때, 성인여성을 탈구금하는 것을 택할 수 있었다. 여자청소년을 탈구금하였을 때와 마찬가지로, 성인여성 탈구금이 여성범죄 급증(특히 복역 중인 여성들의 범죄유형을 감안할 때)을 유발할 가능성은 매우 낮았을 것이다. 미국 교도소에 수용 중인 여성들 중 대부분은 아니더라도, 많은 여성들이 마약중독치료와 직업훈련을 필요로 한다. 폭력범죄로 유죄판결을 받은 소수의 여성들은 종종 친밀한 관계의 사람(종종 그들을 학대한 사람)을 살해했고, 같은 범죄를 반복할 가능성은 거의 없다.

여성이 지역사회 및 자녀들과 재결합하게 되면 주거, 고용, 보육, 건강상 필요에 따라 그들을 (그리고 그 자녀를) 지원하는 프로그램에 추가비용을 지출하지 않더라도 납세자의 돈을 최소한으로 절약할 수 있다. 교도소에 수용된 여성 중 많은 여성들은 재범할 가능성이 낮기 때문에, 보호관찰 및 가석방 준수사항 위반에 따른 교도소 재입소율 감소로 정책목표를 바꾸는 것만으로도 교도소 수용인구의 극적인 감소를 쉽게 달성할 수 있다.

역사의 어느 시점에 모두를 위한 평등과 사회적 정의에 대한 비전을 가지고 있었던 우리 사회는 여성범죄자 수용에 소요되는 막대한 금액을 여성범죄자 및 그 자녀가 처한 상황을 개선하는 데 더 잘 쓸 수 있다. 여성수형자의 70% 이상이 자녀가 있다는 것을 상기해보자(사법통계국, 1999). 아버지는 거의 아이들을 돌보지 않기 때문에 많은 아이들에게 있어 어머니의 수감은 심각한 트라우마를 시사할 가능성이 높다. 그 결과, 여성수용자 자녀 중 거의 4분의 3은 생물학적인 아버지나 위탁가정에 가기보다는 친척에게 보내진 반면, 남성수용자의 자녀가 친척에게 보내진 경우는 10%에 불과했다(돈지거, 1996, 152쪽). 어머니의 교도소 수용과 관련된 트라우마로 인해 이들의 자녀가 다른 아이들보다 교도소에 가게 될 가능성이 훨씬 더 높다는 것은 이해하기 어렵지 않다(152-153쪽).

마지막으로, 성인여성범죄에 대한 대응방식으로 교도소 수용에 대한 의존을 낮출 가능성에 대해 생각할 때, 우리는 남성범죄에 대한 대응방식으로도 이 가능성을 고려할 수 있을 것이다. 그 이유는? 대답은 간단하다. 현재 25~29세의 흑인남성 중 거의 7명 중 1명이 수용되어 있고, 흑인남성의 전반적인 수용률은 백인

남성의 5배 이상, 히스패닉남성의 3배 이상이다(일생 중 교도소에 갈 가능성이 29%; 양형 프로젝트, 2011).

이 책은 여자청소년 및 여성의 과도한 교도소 수용이 초래한 결과에 초점을 맞췄다. 이러한 패턴이 여자청소년 및 여성들의 남자형제들, 아버지들, 아들들의 교도소 수용의 극적인 증가를 시사한다는 것을 지적하지 않고 이 책을 마치는 것은 불가능하다. 이 책의 초반에서 지적했듯이, 미국에서 범죄는 인종을 가리키는 음어가 되었다. 그 결과, 교정감독, 특히 구금과 수용이 유색인종 여성 및 남성을 그들의 "장소"에 격리하는 방식으로 다른 역사적인 인종통제 시스템(노예제, 짐 크로우 법,[1] 강제수용)을 대체한 것으로 보인다(시랄디, 카이퍼 & 휴이트, 1996). 비참한 인종차별 역사가 있는 미국에서 백인으로 태어나지 못한 여자청소년과 남자청소년, 여성과 남성은 분명히 그 영향을 받는다. 어느 한 학자는 이러한 추세에 대해 "'교도소'가 흑인들이 거주하는 끔찍한 장소를 가리키는 음어가 되도록 그 어휘를 교체하고 있다"고 언급했다(와이드맨, 시랄디 외에서 재인용, 1996, 5쪽).

성인여성수용자의 급격한 증가는 이러한 추세의 가장 극적인 척도 중 하나이지만, 남성수용인구의 증가 또한 미국의 인종공동체에 차별적인 영향을 미치기 때문에 역시 큰 관심사이다. 아무 의심 없이 인종차별에 가담한 것으로 우리 모두가 치러야 할 비용은 일반 대중에게서 나타나기 시작했다. 미국이 현재 범죄자 수용에 지불하고 있는 비용은 충격적이다. 현재 미국에는 160만 명 이상의 수형자가 있다. 수용자 1인당 하루 평균 운영비가 30달러인 수용비용은 현재 480억 달러 이상[2]이며 증가추세에 있다(사법통계국, 2010c 참조; 마우어, 1994). 보수적으로 소요비용을 추정할 경우, 교도소 수용거실 하나를 짓는데 약 10만 달러, 수용인원 한 명당 2만 2천 달러가 소요된다(돈지거, 1996, 49쪽).[3] 교정시설 신축 호황에 따른 직접적인 결과로 교정예산이 주 예산 중 큰 부분을 차지하는 가운데, 저소득층을 위한 의료지원뿐만 아니라 교육 관련 지출은 지속적으로 위협받고, 감소

---

1) [역자 주] 미국에서 1876년부터 1965년까지 시행된 인종차별법으로 모든 공공장소에서 백인과 흑인의 분리를 골자로 하여 인종차별의 법적 근거가 되었다.
2) [역자 주] 우리의 약 53조억 원.
3) [역자 주] 우리의 약 1억 1천만 원 및 2천 5백만 원.

하고 있다(돈지거, 48쪽 참조). 이는 한때 지역사회에서 저소득층 여성과 자녀를 지원하고 그들에게 교육의 기회를 제공하기 위해 지출했던 예산이 극적으로 삭감되고 있는 동시에, 경제적 소외계층에 있는 여성을 체포, 구속, 수용하기 위해 지출되는 비용은 증가하고 있음을 의미한다.

이 문제를 조사하기 위한 국가위원회를 이끄는 상원의원 짐 웹[Jim Webb]은 "미국은 인구 10만 명당 756명의 수용자를 구금하는데, 이 비율은 세계 평균의 거의 5배에 달하는 것이다. 이 나라의 성인 31명 중 약 1명은 구치소에 있거나 가석방/보호관찰을 받고 있다. 미국인이 세상에서 가장 악한 사람이거나 끔찍하게 뭔가 잘못된 행동을 하고 있는 것"이라며 선지적인 지적을 했다(웹, 2009, 1쪽).

우리가 여자청소년 및 여성범죄의 도전에 대응하고자 한다면, 잘못된 정보로부터 자라난 신화[myths]가 아니라 여성범죄의 실제 원인에 근거한 해결책을 모색해야 한다. 우리는 젠더와 인종이 여자청소년의 선택을 어떻게 형성하고 제거하는지, 여자청소년들이 어떻게 상처받는지(의도적이든 아니든), 여자청소년들이 평등을 약속했지만 너무나 자주 그 약속에 도달하지 못하는 나라에서 여성으로 태어난 젊은이들을 위한 완전히 다른 미래를 만들어 낼 수 있을지를 이해해야 한다. 미국이 산업화 국가 중 가장 높은 아동빈곤율을 기록하고 있다는 사실에 직면해야 하며(돈지거, 1996, 215쪽), 이러한 경제적 소외가 여자청소년 및 그 어머니들에게 직접적인 영향을 미친 방식을 이해해야 한다. 이러한 이해가 전제되었을 때에야 우리는 여성의 삶에서 발생하는 폭력과 범죄라는 끔찍한 문제에 대해 진정한 해결책을 생각해 볼 수 있다.

최근 캘리포니아와 뉴욕과 같은 주에서 여성수용자가 극적으로 감소한 것이 증명하듯이, 우리는 다르게 행동할 수 있다. 캘리포니아의 경우, 정책전환을 이끌었던 것은 유권자 자신들이었다. 국가의 경제적 어려움으로 주 예산이 엄청난 적자에 직면해 있는 상황은 대량구금에 따른 막대한 인적·경제적 비용을 지출하지 않는, 마약문제에 대한 해결책을 찾아야 한다는 것을 대중에게 이해시킬 수 있는 더 없이 좋은 기회다(듀크, 2009; 마우어 & 체스니-린드, 2002).

우리는 여자청소년과 여성의 폭력이라는 가장 당혹스러운 행동들이 맥락상 어떻게 이해될 수 있는지(그러나 정당화될 수는 없다) 살펴보았다. 여자청소년과 여성들의 목소리, 그들의 이야기를 경청함으로써, 그들이 다른 것을 하도록, 더 나은 미래를 꿈꾸도록, 성장할 수 있는 사람이 되도록 해주는 맥락과 선택 가능성을 떠올려 볼 수 있다. 마지막으로, 우리가 여자청소년과 여성들에게 더 나은 미래를 제공함으로써 우리 자신도 더 나은 미래를 보장받게 된다는 것을 이해해야 한다.

참고문헌

아래 QR코드를 스캔하면 「여성과 범죄」의 참고문헌을 열람할 수 있습니다.

용어 색인

가석방

    가석방에서의 LSI-R 평가 203

    가석방 동향 195

    가석방 준수사항 위반 107

가정폭력

    마약투약과 가정폭력 188

    가정폭력으로부터 탈출 190, 218

    가정폭력에 대한 젠더기반 반응 169

    가정폭력 개입 223

    청소년과 연관된 가정폭력 54

    보호처분과 가정폭력 221

    가정폭력으로 부상당한 여성 130

가족

    가족의 역기능 140

    수용 중인 여성과 가족 185

    가족 관계 문제들 209

    가족 내 폭력 130

가족기금^{Family Foundations} 185

감화원^{reformatories} 83

강간

    강간에 대한 이중 잣대 35

    강간피해 이력 129

    부부강간 131

    교도관에 의한 강간 116

    성매매 여성에 대한 강간 183

    강간에 대한 신고 141

강도 54, 171

개혁운동^{reformatory movement}　163

갱단가입에서의 "교육"　67

갱단조직원이 사용하는 "애정공세" 기술　71

갱단에 "덜컥 뛰어드는 것"　67

갱단에 관한 질적 연구들　63

갱단참여

　　　　흑인의 갱단참여　68

　　　　갱단에서의 보조 역할　63

　　　　갱단참여에 대한 상충되는 자료　58

　　　　갱단에 의한 범죄물결　76

　　　　비행행동과 갱단참여　61

　　　　갱단참여를 통한 평등 추구　75

　　　　갱단참여에 대한 초점　62

　　　　갱단참여의 젠더 영향　71

　　　　히스패닉 갱단참여　65, 71

　　　　갱단참여의 증가　58

　　　　갱단참여에서의 남자다움에 대한 주제^{macho themes}　48

　　　　갱단참여의 미디어 묘사　76

　　　　태평양제도민의 갱단참여　73

　　　　갱단참여의 패턴　59

　　　　갱단에 대한 질적 연구　63

　　　　갱단에서의 성적 피해　65

　　　　갱단의 사회적 역할　73

　　　　폭력적인 갱단　74

"거친 사랑^{tough love}" 부트 캠프　112

고용항목　205

공격성^{aggression}

　　　　공격성 묘사　4

　　　　과민반응　56

　　　　공격성 동향　52

공공장소에서의 만취　136

공립시설

　　　　공립시설의 동년배 무리　105

　　　　공립시설의 수용 패턴　109

	공립시설 내에서의 역기능 모니터링	117
	공립시설 내 인권유린	115
	공립시설의 범죄 패턴	104
	민간시설 대 공립시설	108
	섹슈얼리티와 공립시설	114
관여		29
교도소		
	교도소에서의 학대	182
	교도소에 대한 대안	186
	교도소의 단체 사슬	179
	교도소에서의 차별적 욕구 정책	179
	교도소에서의 마약투약	171
	교도소의 이윤추구	190
	젠더를 고려한 교도소	187
	교도소 증가	166
	재소자의 규칙 위반	184
	교도소의 국립교정연구소 모델	197
	교도소 과밀수용	229
	동등성^{parity}과 교도소	179
	교도소 내 인구팽창	185
	교도소 개혁 노력	178
	교도소 내 스캔들	181
	교도소 내 사회통제	183
	교도소 내 영상촬영	181
	교도소의 젊은 범죄자들	119
교육항목		205
교정산업단지		11, 190
구금시설		
	구금인구의 특성	97
	구금시설 수용, 젠더차이	99
	구금시설 불용^{disuse}	90
	구금시설 수용시 사전심리	85
구타^{battering}	(참조: 중독)	130
국립교정연구소$^{National\ Institute\ of\ Corrections}$ 모델		223

국립교정연구소 모델의 계리적 위험/욕구 평가도구^{actuarial} risk/need instruments   199

국립교정연구소 모델의 젠더에 대한 언급   198

국립교정연구소 모델의 원칙   197

국립교정연구소 모델의 사용   197

"기차에 태우는^{pull a train}" 갱단의 관행   67

길거리범죄^{street crimes}   141, 144

남성과시^{Machismo}   67, 71

논쟁, 재분류   54

다름, 다름의 정치   8

단체 사슬^{chain gangs}   180

대인범죄   54

도덕성   (참조: 성적 도덕성)

도시화   129, 149

동기부여 인터뷰^{motivation interviewing}   209

동년배 무리^{age sets}   67, 105

레즈비언, 양성애 또는 퀘스처닝(LBQ)   114

마약과의 전쟁^{war on drugs}

     마약과의 전쟁의 영향   131

     마약과의 전쟁의 감춰진 피해자   176

     구금률과 마약과의 전쟁   156

     양형기준과 마약과의 전쟁   157

마약범죄   (참조: 약물남용; 마약과의 전쟁^{war on drug})

     마약범죄로 인한 체포   132

     마약범죄로 인한 구금   5

     국제마약범죄   176

     마약범죄 참여율   139

     마약범죄 형량   156

     마약종류   160

메스암페타민   160

무작위 마약테스트   158

민간시설

     민간시설 내에서의 역기능 모니터링^{dysfunctional monitoring}   117

     민간시설 내 인권유린   115

민간시설 내 범행 패턴   104

민간시설의 문제점   111

공립시설 대 민간시설   96

민간시설의 범위   86

섹슈얼리티와 민간시설   114

지위위반과 민간시설   108

범죄

범죄감소   10

갱단과 범죄   76

범죄척결   119

범죄이력   129

범죄에 대한 언론보도   10

범죄경로   139, 194

대인범죄   54

범죄 재분류   54

길거리범죄   141

범죄동향   156

범죄자   (참조: 성인범죄자, 소년비행)

"범죄척결" 기조   119

범죄피해   (참조: 성적 피해)

범죄피해 사례별 분류   218

계층에 따른 범죄피해   142

범죄피해에 대한 고려   221

범죄경로로서의 범죄피해   139, 229

범죄로 이어진 범죄피해   139

범죄피해의 범죄화   33

범죄피해 강조의 역풍   41

갱단과 관련된 범죄피해   69

젠더에 따른 범죄피해 대응   39

범죄피해 이력   39

범죄피해의 영향   7

제도적 범죄피해   118

정신건강과 범죄피해   117

범죄피해의 축소   209

범죄피해로부터의 도피   229

약물남용과 범죄피해   222

범죄피해조사   131

범죄피해에 대한 전통적 이론   150

범죄피해 치료   124

범죄피해를 하찮은 것으로 만들기[trivialization]   4

범죄학의 "수사슴 효과[stag effect]"   4

판사

판사의 이중 잣대   82, 88

소년사법 및 비행예방법(JJDP)에 대한 판사의 저항   90

판사의 개인적인 감정   87

판사의 양형 제한   159

법원명령 위반   92

법정모독죄 적용   92

법집행 실무   190

보호관찰

구금절차와 보호관찰   85, 99

젠더 관련 욕구와 보호관찰   187, 191, 194

보호관찰 중인 청소년   86

LSI-R 평가와 보호관찰   203

보호관찰에 합당한 범죄   10, 54, 82

보호관찰대상자 특성   167

보호관찰과 인구비율   154, 160

보호관찰과 인종 관련 요인   175

보호관찰에 합당한   98

보호관찰 취소   109, 121

소년원과 보호관찰   104

보호관찰 동향   195

보호관찰 위반   222

보호관찰관

보호관찰관의 기대   109, 121

범죄자의 보호관찰관과의 관계   209

보호관찰관의 보고서   103

보호관찰관 훈련   225

보호처분	(참조: 지역사회 내 보호처분, LSI−R)	
부모들	(참조: 어머니들)	
	부모들에게 불리한 상황	174
	부모들과의 언쟁	54
	부모들의 이중 잣대	34
부트스트래핑^{bootstrapping}		
	부트스트래핑 금지	99
	부트스트래핑에 대한 논쟁	54
	폭행과 부트스트래핑	54
	부트스트래핑의 증거	103
	부트스트래핑의 영향	108
	소년사법 및 비행예방법(JJDP)과 부트스트래핑	91, 95
	강도와 부트스트래핑	55
	지위비행자와 부트스트래핑	107
빈곤		
	빈곤의 권태^{boredom of poverty}	73
	아동의 빈곤율	234
	빈곤의 집중	150
	빈곤의 종결	11
	인종차별주의와 빈곤	32, 142
	빈곤에 대한 대응	139
사기		171
사형		163
사회경제적 지위		
	사회경제적 지위의 영향	234
	소년사법체계와 사회경제적 지위	82
	해방가설 대 사회경제적 지위	151
	수형자의 사회경제적 지위	187
사회통제		184
사회통제기관		6
산업화		130
살인범죄		
	살인범죄의 정황	130
	살인범죄에 대한 사형선고	163

        살인범죄에 따른 사형집행   164

        살인범죄피해자와의 관계   171

"삼진아웃^{three stikes}" 법   161

상업적 상점절도   137

상점절도^{shoplifting}   136

"서로 다르면서도 평등^{separate but equal}"하다는 주장   178

서비스 조직   124

성매매

        마약투약과 성매매   176

        성매매에 대한 일반화   5

        강간과 성매매   183

        성매매 추적   133

성인구금   (참조: 교도소, 양형)

        성인구금을 이끄는 상황들   229

        성인구금과 통제율   175

        성인구금의 감소   234

        마약 관련 범죄에 대한 성인구금   157, 170

        성인구금을 위한 시설들, 성인구금의 증가   166

        젠더를 고려하지 않는 정책과 성인구금   186

        성인구금의 증가   154, 233

        법집행실무와 성인구금   189

        재산범죄에 대한 성인구금   161, 171

        성인구금률   189, 231

        성인구금동향   195

        폭력범죄에 대한 성인구금   157

성인범죄자

        성인범죄자의 체포동향   133

        성인범죄자의 사형   163

        성인범죄자의 특성   168

        성인범죄자의 유년기   167

        성인범죄자의 범죄유형   128

        성인범죄자의 마약복용   171, 190

        성인범죄자에 대한 평등한 대우   170

        성인범죄자의 이력   129

    성인범죄자에 대한 언론의 이미지   144

    모성과 성인범죄자   173, 185

    성인범죄자에 대한 비구금적 전략   186

    성인범죄자의 외부인 지위^{outsider status}   6

    참여율과 성인범죄자   138

    범죄피해와 성인범죄자   139

    성인범죄자에 의한 폭력   169

    여성운동과 성인범죄자   144

성인지적 프로그램^{gender-responsive programs}

    증거기반 성인지적 프로그램   197

    성인지적 프로그램의 예   121

    성인지적 프로그램을 위한 기금   122, 125

    성인지적 프로그램에 대한 욕구   120, 124

    성인지적 프로그램을 위한 정책   187

    성인지적 프로그램의 보호처분상 도전   204

성적 도덕성^{sexual morality}

    성적 도덕성을 의심하는 완충 혐의^{buffer charges}   86

    성적 도덕성에 대한 소년사법의 역사   82

"성적으로 난잡한 젊은 여성들^{hoodrats}"   68

성적 피해

    사례관리와 성적 피해   202

    성적 피해와 이중 잣대   66

    성적 피해에 대한 페미니스트의 대응   82

    갱단 관련 성적 피해   67, 69

    갱단에서의 성적 피해   67

    정신병원에서의 성적 피해   112

    성적 피해에 대한 언론보도   182

    성적 피해에 따른 가출   38

성차^{gender differences}

    학대 반응에 있어서의 성차   140, 177

    수감 유형에 있어서의 성차   105

    범죄이력에 있어서의 성차   205

    구금시설 수용에서의 성차   99, 111

    가정폭력 반응에 있어서의 성차   169

마약범죄 양형에서의 성차 · 159
교육수준에 있어서의 성차 · 205
횡령에 있어의 성차 · 134
정서적 어려움에 있어서의 성차 · · · · · · · · · · · · · · · · 213
가족 상호관계에 있어서의 성차 · · · · · · · · · · · · · · · · 208
주거안정성에 있어서의 성차 · · · · · · · · · · · · · · · · · · 210
LSI—R에서의 성차 · 201
결혼 상호관계에 있어서의 성차 · · · · · · · · · · · · · · · · 208
범죄 참여율에 있어서의 성차 · · · · · · · · · · · · · · · · · · 138
교도소 정책에 있어서의 성차 · · · · · · · · · · · · · · · · · · 179
교도소 프로그램에 있어서의 성차 · · · · · · · · · · · · · 185
재산범죄에 있어서의 성차 · 171
재범률에 있어서의 성차 · 196
재통합에 있어서의 성차 · 218
위험요인에 있어서의 성차 · 123
위험/욕구 평가도구에 있어서의 성차 · · · · · · · · · · · 199
성학대에 있어서의 성차 · 169
상점절도에 있어서의 성차 · 136
마약투약 문제에 있어서의 성차 · · · · · · · · · · · · · · · · 211
"삼진아웃" 법 적용에 있어서의 성차 · · · · · · · · · · · 161
소년원 송치에 있어서의 성차 · · · · · · · · · · · · · 82, 99
실업률에 있어서의 성차 · 205
범죄피해 반응에 있어서의 성차 · · · · · · · · · · · · · · · · 39
폭력범죄에 있어서의 성차 · 52

성학대^{sexual abuse}

성학대 이력 · 215
수용자의 성학대 이력 · 167
여러 건의 성학대 사건 · 142
교도소 내 성학대 · 117, 182
성학대 유형들 · 130

섹슈얼리티^{sexuality} · 114, 123
소년비행^{juvenile delinquency} (참조: 지위위반)
학대이력과 소년비행 · 6
갱단참여와 소년비행 · 61

소년비행의 젠더 이슈	4
소년비행의 언론보도	47
소년비행의 다중문제 상황	95
소년비행의 범죄자료	17
소년비행프로그램의 효율성	5
소년비행의 자기보고식 연구	18
소년비행의 동향	15
소년사법 및 비행예방법^{Juvenile Justice and Delinquency Prevention Act: JJDP}	16
소년사법 및 비행예방법의 우회	912
탈시설화와 소년사법 및 비행예방법	111
소년사법 및 비행예방법의 연방기금	96
소년사법 및 비행예방법의 무력화	91
소년사법 및 비행예방법의 연장	92, 94
소년사법 및 비행예방법의 요구	90
소년사법 및 비행예방법의 도전 E 절	95
소년사법체계	14
소년사법체계에서의 기소	81
소년사법체계에서의 전환처우 운동	102
소년사법체계에 의한 이중 잣대 집행	89
소년사법체계의 설립	80
소년사법체계의 구금률	90
소년사법체계의 판사	91
소년사법체계에 의한 정신보건 수용	111
소년사법체계의 보호관찰	85
진보운동과 소년사법체계	81
소년사법체계로의 송치	100
소년사법체계의 개혁	87
소년사법체계의 위험요인	123
소년사법체계에서 서비스 조직	93
소년사법체계와 사회복지 표본	103
소년원	
소년원 불용^{disuse}	111
소년원 설립	84
성차와 소년원	87

	위반 부트스트래핑과 소년원	55, 88
	소년원 입소 요인	104
시설	(참조: 민간시설, 공립시설)	
아동구조childsaving		80
아동센터		186
알몸수색		181
앨비온 수형자Albion prisoners		181
약물중독	(참조: 마약범죄)	
	범죄위험과 약물중독	216
	약물남용과 음주운전	141
	약물중독에 있어서의 젠더 영향	145
	교도소 내 약물중독	171
	재범과 약물중독	222
	트라우마와 약물중독	188
	약물중독 치료	221
	약물중독자 유형	169, 173
	폭력과 약물중독	169
양육		
	양육상 과제	220
	마약투약과 양육	7
	양육의 영향	218
	양육책임	137
양형		
	중죄에 대한 양형	163
	인구사회학적 특성에 따른 양형	156
	양형과 차별적 욕구 정책	178
	가혹한 양형동향	161
	주별 양형	155, 158
	최소 의무형량 선고	159, 161
	양형에 대한 관점	162
	지위위반에 대한 양형	97
	"양형의 진정성truth-in-sentencing" 입법	161
어머니들		
	마약에 중독된 어머니들	141, 176, 218

어머니들에 의한 훈육 54, 230
갱단생활과 어머니들 68
어머니들을 위한 비구금시설 187
어머니들의 교도소 경험 178, 185
어머니들에 대한 형 선고 159
일하는 어머니들 31
언론
성인범죄자에 대한 언론보도 144
언론의 범죄 보도 10
마약투약자에 대한 언론의 묘사 176
언론의 여성범죄 보도 46
갱단에 대한 언론보도 81
자유가설과 언론 147
언론의 동조경향 49
청소년폭력에 대한 언론보도 47
엎드린 상태에서의 강제적인 제압 절차^{Face down restraint procedure} 117
여성 (참조: 여자청소년)
여성의 법적 권리 부재 230
여성에 대한 가정폭력 54
다중적 주변화된^{multiple marginal} 여성 7
여성에 대한 치안 82
여성운동 (참조: 페미니즘)
여자청소년 (참조: 여성)
여자청소년의 체포율 5
여자청소년의 체포 동향 52
여자청소년에 대한 이분법적 이미지 83
여자청소년의 건강한 발달 95
여자청소년을 위한 프로그램 120
여자청소년의 고유한 문제들 3
노동자 계층의 여자청소년 83
여자청소년법정 121
연방소년범죄자법^{FederalJuvenile Delinquents Act} 90
영상촬영 181
LSI－R(Level of Service Inventory－Revised)

LSI−R의 재정상태 영역   207

젠더요인과 LSI−R   201

LSI−R의 항목   200

LSI−R의 혼인 영역   208

LSI−R의 정신건강 조치   215

LSI−R의 개인적 영역   213

LSI−R의 예측치   202

LSI−R의 약물남용 영역   211

LSI−R의 주거안정성 영역   210

LSI−R의 내용 타당도   204

LSI−R의 범죄이력 영역   205

LSI−R의 영역 세부설명   201

LSI−R의 교육 영역   205

LSI−R의 감정 영역   213

LSI−R의 고용 영역   205

LSI−R의 가족 영역   208

위탁가정   169

유년기   167

음주운전   136

인종   (참조: 인종과 민족성ethnicity)

인종과 민족성ethnicity   (참조: 특정 집단들)

인종과 민족성에 대한 음어   233

구금시설과 인종 및 민족성   105

구금과 인종 및 민족성   175

구금된 청소년과 인종 및 민족성   102

빈곤과 인종 및 민족성   32, 143

인종과 민족성에 기반한 프로그래밍   124

양형패턴과 인종 및 민족성   230

치료권고와 인종 및 민족성   103

자기보고식 연구self-report studies   18

자발적 입소voluntary commitments   105

자유가설

체포율과 자유가설   148

정의된 자유가설   146

	경제적 요인 대 자유가설	150
	자유가설의 재활용	148
자의성^{waywardness}		82
재범^{recidivism}		
	가장 큰 재범 확률	200
	재범에 대한 LSI−R 측정	207
	재범예측요인	203
	재범률	200
	마약남용과 재범	222
재분류^{relabeling}	(참조: 부트스트래핑)	
재산범죄		161
절도^{larceny, theft}		136, 171
정서적 어려움		213
정신건강		
	학대이력과 정신건강	218
	정신건강 평가	217
	정신건강 치료	208, 213
정신보건체계		
	정신보건체계에 대한 접근	109
	정신보건체계의 탈시설화	111
	정신보건체계에서 청소년 입원	111
	정신보건체계에서의 신체적 학대	112
	정신보건체계에서의 성적 피해	112
정치		
	정치에서의 차이	8
	정치에서의 폭력	144
젠더		
	젠더 편향^{gender bias}	94
	젠더 기대^{gender expectations}	103
	젠더 정체성^{gender identity}	4
	젠더의 영향	7
젠더를 고려하지 않은 정책^{gender-blind policy}		187
주거		
	LSI−R과 주거	210

주거에 대한 가석방자의 욕구 221

주거지원 프로그램 124

중첩된 주변성^{multiple marginality} 7

지역사회 보호처분^{community supervision} (참조: LSI－R)

학대경험 이력과 지역사회 보호처분 215

아동과 지역사회 감독 217

지역사회 보호처분에서의 비용절감 231

증거기반 실무와 지역사회 보호처분 197

종교와 지역사회 보호처분 224

건강이슈와 지역사회 보호처분 218

지역사회 보호처분을 위한 프로그램 223

재통합과 지역사회 보호처분 218

지역사회 보호처분 동향 195

지위위반^{status offenses}

지위위반의 남용 89

지위위반에 대한 체포 15

"5대" 지위위반 87

지위위반의 부트스트래핑 실무 91, 98

지위위반에 있어서의 젠더 편향 91

지위위반 정의 축소 90

민간시설과 지위위반 108

지위위반 처리절차 87

지위위반 송치이유 86

지위위반 대응 80

지위위반 양형 98

국가의 지위위반 범죄화 97

지위위반의 모호한 특성 87

지표범죄^{index offenses} 52

진보운동 81

차이 욕구 정책^{difference needs policy} 178

참여율^{participation rates} 138

처벌

사형 163

	체벌	54
	교도소 규칙위반 처벌	182
청소년 구금	(참조: 청소년 수용)	
	청소년 구금에서의 학대	100
	청소년 구금에서의 행정위반	98
	탈시설화와 청소년 구금	91
	청소년 구금의 인구통계	102
	청소년 구금의 시설차이	105
	청소년 구금의 위반행위 패턴	107
	청소년 구금에 대한 선택지	120
	보호적인 청소년 구금	83, 97
	청소년 구금률	5, 8, 90
	청소년 구금의 최신 동향	230
	청소년 폐쇄구금	109
청소년 수용		
	종점end-of-line 옵션인 청소년 수용	100
	청소년 수용에서의 성차	106, 112
	청소년 수용에 대한 예측요인	36
	청소년 수용의 이유	110
	무비판적인 청소년 수용	54
	자발적 청소년 입소	105
체벌		54
체포		
	해방가설과 체포	49
	비범죄 체포	55
	체포동향	51, 132
초라스 갱단Cholas gang		66
최소 의무형량mandatory minimum sentences		159
코카인		160, 176
"크랙 창녀crack whores"		176
탈시설화deinstitutionalization		
	탈시설화의 영향	97
	탈시설화에 대한 판사들의 견해	91
	정신보건체계와 탈시설화	111

탈시설화에 대한 저항   230

탈시설화로의 역전   119

태평양제도민^{Pacific Islanders}

태평양제도의 갱단조직원   73

텔레비전   47, 50

통제율^{control rate}   175

트라우마

트라우마의 원인   123

트라우마와 연계된 범죄   140

관계와 연계된 트라우마   210

약물남용과 트라우마   188

트라우마 치료   214, 222

치료되지 않은 트라우마   212

"팩 저널리즘^{pack journalism}" 현상   49

페미니스트범죄학   4

페미니즘

범죄물결^{crime wave}과 페미니즘   145

소년사법과 페미니즘   82

정치적 폭력과 페미니즘   144

폐쇄구금   109

폭력   (참조: 가정폭력, 살인)

성인폭력범죄 추세   146

폭력의 특징   143

폭력의 형종   108

폭력에 있어 마약의 영향   170

갱단과 관련된 폭력   75

폭력에 있어서의 성차   53

폭력에 따른 구금   158, 229

소년폭력범죄 추세   53

해방가설과 폭력   146

폭력에 대한 언론보도   47

정치적 폭력   144

폭력의 이유   131

폭력사용   20

	여성운동과 폭력	145
폭행		
	폭행에 대한 체포	46
	기타 폭행	54
	폭행참여율	139
	학교에서의 폭행	56
학교폭력		56
학대	(참조: 성적 피해, 범죄피해)	
	학대 범죄와의 연관성	139
	학대이력	6, 215
	학대와 인권	115
	수용자들의 학대이력	169
	학대와 정신병원	113
	학대에 대한 보고	99
해방가설^{emancipation hypothesis}		51
행정위반^{administrative offenses}		98
혼인 영역		209
"홈걸^{homegirls}"		65
화이트칼라 범죄		135
회계감사원 연구		91
횡령		135
흑인		
	흑인성인구금률	155
	흑인의 적대적 양육환경	174
	흑인의 유년기 경험	143
	흑인에 대한 통제율	175
	흑인에 대한 이분화된 처우	103
	흑인의 마약투약	173
	위탁가정 내 흑인	169
	흑인갱단조직원	68
	흑인구금률	175
	흑인청소년구금	101, 117
	흑인에 대한 언론보도	50
	흑인에 대한 교정시설 내 처우	163

양형기준과 흑인 162

흑인에 대한 양형 패턴 229

길거리 범죄와 흑인 149

흑인의 범죄피해 143

히스패닉

히스패닉성인구금률 155

히스패닉의 적대적 양육환경 174

히스패닉에 대한 통제율 175

히스패닉 문화 66

히스패닉에 대한 이분화된 처우 103

히스패닉에 의한 마약거래 177

히스패닉의 마약투약 169

위탁가정 내 히스패닉 169

히스패닉갱단조직원 64, 71

히스패닉구금률 175

히스패닉의 소년교정인구 102

히스패닉에 대한 양형 패턴 229

길거리 범죄와 히스패닉 149

인명 및 고유명사 색인

ABC News	ABC 뉴스	48
Acoca, L.	애코카	100, 108
Aday, S.	어데이	10
Adler, F.	애들러	51, 145
Alder, C.	앨더	124
Alderden, M.	앨더든	202
Allan, E.	앨런	135
American Bar Association study	미국변호사협회 연구	99
American Civil Liberties Union (ACLU)	미국시민자유연맹	115
Andrews, R. H.	앤드류스	87
Anthony, Susan B.	앤소니	82
Arnold, R.	아놀드	143
Austin, J.	오스틴	189
Bartollas, C.	바톨라스	104
Baskin, D.	배스킨	149
Bernard, Jessie	버나드	4
Bishop, D.	비숍	92
Bloom, B.	블룸	157, 173
Boritch, H.	보리취	129
Brown, M.	브라운	226
Bui, H. N.	뷰이	224
Bureau of Justices Statistics study	사법통계국 연구	170
Bush – Baskette, S. R.	부시 – 배스켓	176
Butts, J. A.	버츠	90
Buzawa, E. S.	부자와	54
Bynum, V. E.	바이넘	129

Cameron, M. B.	캐머런	136
Campbell, A.	캠벨	64, 137
Central California Women's Facility	캘리포니아 여성중앙교도소	229
Cepeda, A.	세페다	67
Chesney−Lind, Meda	체스니−린드, 메다	73, 83, 99, 118
Child and Protective Services (CPS)	아동보호국	218
Child in Need of Supervision (CHINS)	요보호아동	103
Children of the Night	어둠의 아이들	93
Children's Defense Fund	아동수호기금	96
Children's Protection and Young Offender's Act	아동보호 및 청소년범죄자법	90
Chisholm, Shirley	치점, 셜리	3
Cobbina, J. E.	코비나	172
Cohen, I.	코헨	23
Cohn, A. H.	콘	87
Commission on Female Inmate and Parolee Issues	여성수용자 및 가석방자 위원회	187
Community Welfare Services Act	지역사회복지서비스법	89
Corday, Charlotte	코르디, 샬롯	144
Corrado, R.	코래도	95
Corrections Today	코렉션스 투데이	51
Corriveau, P.	코리보	70
Cupp, R.	쿱	200
Curry, G. D.	커리	58
Curtin, M.	커틴	114
Daly, K.	댈리	135, 162
Davidson, Janet T.	데이비슨, 자넷 T	v
Davis, Ed	데이비스	145
Dedel, K.	데델	100, 108
DeHart, D.	드하트	139
Dejong, D.	데종	195
Deschenes, E.	데스체네스	196
Dohrn, Bernardine	돈	16
Donahue, T.	도나휴	189
Dorais, M.	도레	70

Dwight, D.	드와이트	38
English, K.	잉글리시	138, 176
Esbensen, F.	이스벤센	59
Feeley, M.	필리	129
Feld, B.	펠드	21
Figueria−McDonough, J.	피게이라−맥도너	22
Fishman, L. T.	피쉬맨	68
Fortuin, B.	포투인	222
Frazier, C.	프래지어	92
Funk, S. J.	펑크	201
Gilfus, M.	길푸스	141
Girls, Gangs, Women and Drugs (Taylor)	여자청소년, 갱단, 여성, 그리고 마약 (테일러)	64
Girls Incorporated (Girls Inc.)	여자청소년재단	93, 99
Girls Study Group	여자청소년 연구그룹	96
Good Morning America	굿모닝 아메리카	50
Greene, Peters and Associates report	그린, 피터스와 동료들의 보고서	95
Hagan, J.	헤이건	129
Hagedorn, J.	해거돈	62, 71
Hansen, J.	핸슨	65
Harcourt, B. E.	하코트	199
Harris, M. G.	해리스	71
Hartman, M. S.	하트만	131
Hawaii Youth Correctional Facility	하와이 청소년교정시설	120
Headman, Rebecca	레베카 헤드맨	97
Health management organizations (HMOs)	건강관리조직	108
Hearst, Patty	패티 허스트	76
HIV/AIDS	HIV/에이즈	173
Holtfreter, K.	홀트프레터	200, 208, 220
Hotaling, G. T.	호탈링	54
Huebner, B. M.	휴브너	221
Huling, T.	헐링	161
Hunt, G.	헌트	65
The Independent	인디펜던트	48

International Self−Report Survey	국제 자기보고식 비행조사	19
Islands in the Streets (Jankowski)	거리의 섬들(얀코프스키)	24
Jamieson, K.	재미슨	10
Jankowski, M. S.	얀코프스키	24
Juvenile Justice and Delinquency Prevention Act (JJDP)	소년사법 및 비행예방법	90
Joan of Arc	잔 다르크	144
Joe, K.	조	42
Joe−Laidler, K.	조 레이들러	70
Jones, A.	존스	130
Junger−Tas, J.	정거−타스	19
Khaled, Leila	레일라 칼레드	144
Koop, C. Everett	C. 에버렛 쿱	131
Krabbe, Friederike	프리데리케 크랩	76
Kreimer, Mystie	미스티 크라이머	113
Landry, P. H., Jr.	랜드리	19
Langan, P. A.	랭건	162
Larry King Live	래리 킹 라이브	50
Las Vegas Review Journal	라스베이거스 리뷰 저널	48
Lauderback, M.	라우더백	71
Law Enforcement Assistance Administration	법집행지원국	91
Little, D. L.	리틀	129
Los Angeles Juvenile Court study	로스앤젤레스 소년법원 연구	85
Lurigio, A. J.	루이지오	202
MacKenzie, K.	맥켄지	70
MacKinnon, C.	매키넌	178
Majd, K.	마즈드	114
Martinez, Matthew	매튜 마르티네스	92
Mauer, M.	마우어	161
The Maury Show	머레이 쇼	50
McClellan, D. S.	맥클레란	184
Milgram, Anne	밀그램	148
Miller, E.	밀러	141
Miller, J.	밀러	69, 102

Milligan, John R.	밀리건	91
Minnesota Women's Fund	미네소타 여성기금	123
Moloney, M.	말로니	70
Moore, J.	무어	62, 66, 71
Morash, M.	모라쉬	188, 202, 224
Morton, D. C.	모턴	157, 167
Naffine, N.	내핀	32
National Council of Juvenile and Family Court Judges	전미 소년 및 가정법원 판사협의회	91
National Council on Crime and Delinquency	국립범죄 및 비행위원회	96
National Crime Victimization Survey	전미범죄피해조사	131
National Girls Institute	국립여자청소년연구소	96
National Institute of Justice	국립사법연구소	186
National Institute of Mental Health	국립정신보건원	130
National Longitudinal Youth Survey	전미종단청소년조사	61
National Youth Risk Behavior Survey	전미청소년위험행동조사	20
National Youth Study	전미청소년연구	57
National Youth Survey	전미청소년조사	19
Newsweek	뉴스위크	47
New York Times	뉴욕타임즈	76
Nuevo Dia program (Utah)	누에보 디아 프로그램(유타)	125
Odem, M. E.	오뎀	85
Odgers, C.	오저스	95
Office of Juvenile Justice and Delinquency Prevention (OJJDP)	소년사법 및 비행예방국	5, 111
Olson, D. E.	올슨	130
The Oprah Winfrey Show	오프라 윈프리 쇼	50
Owen, B.	오웬	157
Pace Center for Girls	여자청소년들을 위한 페이스센터	93
Pasko, Lisa	파스코	54, 82, 108, 115
Philadelphia Inquirer	필라델피아 인콰이어러	50
Pitchess, Peter	핏체스	145
Poe, E.	포	90
Portillos, E.	포틸로스	67
Quicker, J. C.	쿠이커	60

Raeder, M.	래더	160
Rafter, N. H.	래프터	163
Rans, L.	랜스	147
Reisig, M. D.	레이시그	202
Reitsma—Street, M.	라이츠마—스트리트	109
Research Triangle Institute	리서치트라이앵글연구소	96
Reyes, C.	레예스	60
Ricki Lake Show	리키 레이크 쇼	50
Robinson, R.	로빈슨	103
Rodriguez, N.	로드리게스	141
Romer, D.	로머	10
Salisbury, E.	솔즈베리	139
Saxe, Susan	색스	144
Schlossman, S.	슐로스만	81
Schwartz, J.	슈와츠	57
Simon, R.	사이먼	135
Sister Marion	마리온 수녀	177
Sisters in Crime (Adler)	범법자매들 (애들러)	51
Steketee,M.	스테케티	111
Smart, C.	스마트	146
Snell, T.L.	스넬	157, 167
Somerville, D. B.	소머빌	87
Sommers, L.	소머스	149
Steffensmeier, D.	스테판스마이어	21
Street stories	스트리트 스토리	47
Tappan, Paul	폴 태판	84
Taylor, C.	테일러	64
Taylor, K. M.	테일러	221
Teilmann, K. S.	테일만	19
Thomas, W. I.	토마스	146
Toronto Star	토론토 스타	48
Transition, reunification and reentry program	변화, 재결합, 재편입 프로그램	223
Tyra Banks Show	타이라 뱅크스 쇼	50
United States v. Booker	Booker 결정	159

Valdez, A.	밸디즈	67
Valley State Prison	밸리 주립교도소	229
Van Voorhis, P.	반 부리스	201
Vedder, C. B.	베더	87
Vice Kings	바이스 킹스	68
Vice Queens	바이스 퀸즈	68
Waldorf, D.	발도프	71
Wall Street Journal	월스트리트 저널	48
Wayward Minor Court	뉴욕 소년법원	84
Webb, Jim	짐 웹	234
Weithorn, L. A.	와이트혼	111
White, B.	화이트	116
Widom, C.S.	와이덤	139
Women's Prison Association in New York	뉴욕의 여성교정협회	185
Youth Services International	국제청소년서비스	113
Youth Risk Behavior Surveillance System (YRBSS)	청소년 위험행동 감독시스템	57

저자 약력

메다 체스니-린드

하와이 마노아 소재 하와이대학교 여성학과 교수다. 일곱 권의 저서를 집필하였으며, 여성과 범죄에 대한 연구로 인정받은 체스니-린드는 소녀의 폭력범죄 추세를 다룬 두 권의 집필을 끝냈다. 한 권은 나쁜 소녀들 저편에: 성별, 폭력, 그리고 과도한 주목^{Beyond Bad Girls:} Gender, Violence and Hype이라는 책을 캐서린 어윈^{Katherine Irwin}과 함께 집필하였고, 다른 한 권은 소녀를 위한 투쟁^{Fighting for Girls}이라는 책을 니키 존스^{Nikki Jones}와 공동 편집하였다. "소녀를 위한 투쟁"은 최근 국립범죄 및 비행위원회^{National Council on Crime and Delinquency}로부터 "소년사법제도 및 복잡한 범죄 문제에 대한 대중의 관심을 환기하였다"는 공로로 상을 받았다. 2001년 4월에는 미국형사정책학회^{Academy of Criminal Justice Sciences}가 수여하는 브루스 스미스경 상^{Bruce Smith,} Sr. Award을 수상하였다. 체스니-린드는 1994년 미국범죄학회 회원으로 임명되었고, 미국범죄학회로부터 학계와 사회에 대한 헌신으로 허버트 블록 상^{Herbert Block Award}을 수상하였으며, 2018년부터 2019년까지 미국범죄학회장을 역임하였다. 또한 체스니-린드는 범죄학 분야에 대한 탁월한 기여"로 국립범죄 및 비행위원회로부터 도널드 크레시 상^{Donald Cressey Award}을 수상하였고, "형사사법의 질적 발전에 중요한 기여"를 인정받아 서부범죄학회^{Western Society of} Criminology 설립자 상을 수상하였으며, 하와이대학교 운영협의회로부터 연구분야의 우수성을 인정받아 훈장을 받았다.

체스니-린드는 국립사법연구소의 청소년 갱단의 동향을 연구하는 그룹에 합류하였고, 소년사법비행예방사무소의 여자청소년 연구그룹 연구원 중 한 명이다. 하와이에서 가정법원, 제1연방순회법원과 함께 일하며, 최근 만들어진 여자청소년법원에서 전문적 조언을 하고 있을 뿐만 아니라 청소년 구금의 대안법안을 발의하고 구금 중인 여자청소년들의 상황을 개선하는 데 도움을 주고 있다.

리사 파스코

덴버 대학의 사회학과·범죄학과 교수다. 마노아의 하와이대학교에서 박사학위를 받았으며, 주요 연구 및 강의 분야는 범죄학, 여성범죄자, 비행 및 소년사법제도, 섹슈얼리티, 형벌에 관한 것이다. 파스코의 논문은 하와이의 소년범죄 및 소년사법에 관한 것으로, 특히 제도적인 정책과 의사결정이 남자청소년 및 여자청소년에 미치는 영향 차이를 연구하였다. 파스코는 콜로라도 주 법무부의 연구지원으로 "제도 내부 및 외부: 콜로라도의 여성청소년 범죄자에 대한 이해와 대응^{In and Out of the System: Understanding and Addressing the Female Juvenile Offender in} Colorado" 제하의 연구를 수행했다. 파스코의 최근 연구는 여자청소년에 대한 교정 태도, 성적 행동, 임신·출산 의사결정, 성 정체성 이슈에 대한 것이다. 공공사회학자로서 파스코는 여자청소년을 위한 콜로라도 연합체 위원으로 활동하고 있으며, 콜로라도 스프링스의 여자청소년 범죄자 개입프로그램인 인터셉트^{InterCept} 평가연구를 수행하고 있다. 파스코는 "여성범죄자"를 공동 저술한 것 외에도 교정체계 안팎의 여자청소년들의 경험에 초점을 맞춘 여러 기사, 책, 연구보고서 등을 저술했다.

역자 약력

한민경
서울대학교 사회학 석사
독일 프라이부르크대학교 사회학 박사
한국형사정책연구원 부연구위원 역임
현 경찰대학 행정학과·치안대학원 범죄학과 교수

김세령
경찰대학 치안대학원 범죄학 석사·Univ. of Central Oklahoma 석사
경찰대학 치안대학원 범죄학과 박사과정
현 경찰인재개발원 인권감성교육센터 교수요원

최재훈
경찰대학 치안대학원 범죄학 석사·충북대학교 공학석사(빅데이터)
경찰대학 치안대학원 범죄학과 박사과정
현 경찰수사연수원 지능범죄수사학과 교수요원

홍세은
고려대학교 심리학 석사
경찰대학 치안대학원 범죄학과 박사과정
현 치안정책연구소 스마트치안지능센터 연구관

여성과 범죄

초판발행	2021년 2월 25일
지은이	Meda Chesney-Lind·Lisa Pasko
옮긴이	한민경·김세령·최재훈·홍세은
펴낸이	안종만·안상준
편 집	우석진
기획/마케팅	오치웅
표지디자인	최윤주
제 작	고철민·조영환
펴낸곳	(주) **박영사**
	서울특별시 금천구 가산디지털2로 53, 210호(가산동, 한라시그마밸리)
	등록 1959. 3. 11. 제300-1959-1호(倫)
전 화	02)733-6771
f a x	02)736-4818
e-mail	pys@pybook.co.kr
homepage	www.pybook.co.kr
ISBN	979-11-303-1212-5 93350

copyrightⓒ한민경·김세령·최재훈·홍세은, 2021, Printed in Korea

* 파본은 구입하신 곳에서 교환해 드립니다. 본서의 무단복제행위를 금합니다.
* 저자와 협의하여 인지첩부를 생략합니다.

정 가	16,000원